LE PAYSAN
PERVERTI

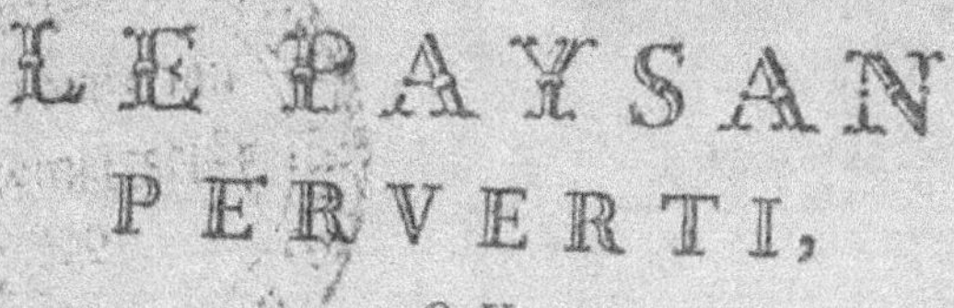

# LE PAYSAN PERVERTI,

## OU

# LES DANGERS DE LA VILLE;

HISTOIRE récente, mise au jour d'après les véritables LETTRES des Personnages.

Par N. E. RÉTIF DE LA BRETONE.

## Tome Second.

## Troisième Partie.

Imprimé À LA HAIE.

Et se trouve à PARIS,

Chés les Libraires indiqués au frontispice de la
I Partie.

M. DCC. LXXVI.

# LE PAYSAN
## PERVERTI,
### OU LES
## DANGERS DE LA VILLE;

*Histoire récente, mise au jour d'après les véritables Lettres des Personnages.*

## TROISIÈME PARTIE.

### SOIXANTENEUV.ᵐᵉ LETTRE.
*L'Abbé* GAUDET, *à* EDMOND.

[Il prépare son Disciple par des choses vraies, à des sophismes dangereus.]

15 mars.

Tu as de l'esprit, mon Chér, une sorte de tact, que te donne cette extrême sensibilité dont la Nature a doué tes organes, & qui m'a souvent causé de l'admiration. Mais l'éducation que tu as reçue, t'a fauſſé le jugement : quand je l'aurai redreſſé, il faudra commencer avec

toi par où j'aurais débuté avec un Homme
ordinaire. Pour accélérer le changement
heureus qui doit te rendre stable, & bannir
les vaines terreurs qui t'agitent encore, il
faut oublier tout ce que tu crois savoir, &
revenir aux élémens. Lorsque tu vois une
chose, tu la juges mal réellement, & bien,
d'après les principes dont tu es imbu. Il
faut donc réformer ces principes. C'est ce
que je me reserve de faire quelque jour par
écrit : tu reliras ma Lettre : elle laissera
par ce moyen des impressions plus profondes
qu'un entretien trop tôt oublié (1).

Depuis que tu es dans le monde, tout paraît t'étonner & te révolter. Tu portes
partout avec toi une humeur chagrine, &
ton fiel se distile sur tous les objets : tout
est mal à tes ieux, à-moins que les choses
ne sortent de la nature. En veux-tu savoir
la raison ? C'est que tout d'un-coup, & sans
te faire suivre les gradations nécessaires, on
t'a imbu d'une morale surnaturelle. Voyons
donc ce qui te révolte tant dans nous ; exa-
minons à la lumière de la raison, tous ces
vils Mortels, pour qui ton mépris parait si
décidé; ausquels, quand par-hazard tu t'ou-
blies, tu es au desespoir d'avoir ressemblé !
car je crois t'avoir pénétré ; c'est plûs ton orgueil qui souffre, de t'être ravalé jusqu'à

---

(1) Voyez la ci.ᵐᵉ Lettre.

nous, qu'un véritable remords. Je vais donc mettre sur la même ligne, tes principes gothiques, surannés, & notre conduite, pour faire mieux sortir l'opposition.

L'on t'a dit, & tu penses, qu'*il faut se refuser à ce qui nous flate davantage ; s'humilier devant les Autres ; leur rendre le bien pour le mal :* L'on t'a montré les avantages de cette conduite, & tu les a sentis, à la faveur de la supposition, *Si tout le monde pensais ainsi, la terre serait un séjour de délices et d'innocence.* D'un autre côté, des Hommes qui te valent bien pour le sens & les mœurs, donnent tous les jours des exemples contraires à cette belle théorie. On les voit s'accorder les plaisirs, satisfaire leurs passions, l'amour de la gloire, l'ambition, & de moins nobles encore. Tout le monde, à tes ieux, *voit le mieux, et suit le pire.* Cependant ce n'est pas cela : Tout le monde *suit le mieux, et fuit le pire.* Pour t'expliquer cette énigme, il faut te rappeler le mot du Poète,

*Trahit sua quemque voluptas.*

Le méchant & l'Homme vertueus font tous deux ce qui leur plait davantage ; tout dépend de la position, du point-de-vue, de la détermination qui les a mis en mouvement. Penses-tu que Saint-François-d'Assise ne trouvât pas plus de plaisir dans la macération & dans la pauvreté, qu'il n'en eût trouvé dans toutes les délices mondaines? Je dis *plus;* il n'eſt pas de Mondain qui trouve dans ſes voluptés le plaiſir que Saint-François trouvait dans ſes mortifications. Où donc eſt le mérite, me diras-tu ? Je n'en ſais rien, quant au fond des choses; mais je le ſais bien relativement à la Société. Nous aimons, tous tant que nous ſommes, Ceux qui ſe privent de ce que nous convoitons; cette privation de leur part tient en nous dans le repos deux paſſions fatiguantes, la jalousie, & la plus baſſe de toutes, l'envie : Saint-François ſ'étant fait un genre de bonheur, des jouiſſances extraordinaires, qui ne prenaient à qui que ce fût, ni ſa Maitreſſe, ni ſes trésors, ni ſes terres, ni ſes meubles, ni les honneurs & les places qu'il ambitionnait, il fut généralement reſpecté, vénéré. Qui l'aurait jalousé ? Celui qui aurait couru la même carrière. Auſſi je ne doute pas que ſi tous nos Inſtituteurs monaſtiques euſſent vécu enſemble, ils ne ſe fûſſent pieusement déchirés.

A-présent, voici pourquoi Ceux qu'on appèle Méchans ſont généralement haïs & déteſtés ; c'eſt qu'il y a trop de monde qui prétend aux mêmes biens : pour ſe les procurer, il faut écrâser une foule de Jalous & d'Envieus. Depuis le Voleur-aſſacin, juſqu'au Citoyen laborieus qui ſ'enrichit à force de travail, tous-ceux qui jouiſſent ſont haïs, & haïssent à leur tour. Le Voleur-assacin est un Jalous, un Ambicieus, un Homme si avide de jouir, que pour arracher aux Autres les objets de sa cupidité, il leur ôte la vie, en exposant la sienne; la douleur de la privation de ces biens est plus forte en lui que la crainte de la mort. Cet Homme est bien malheureus à tous égards! il vit dans la crainte & le tremblement, & de l'instant où il est pris, il devient plus pauvre que le plus pauvre des Hommes; il a tout perdu, jusqu'à la pitié naturelle qu'on a pour son Semblable. A l'égard de Ceux qui s'enrichissent & qui jouissent par des moyens moins odieus, tu sais comme ils sont regardés par les Misérables; il n'est pas un Noble, pas un Riche, qui ne trouvât dans sa Patrie vingt Assacins, s'ils pouvaient compter sur l'impunité. Ils sont donc jalousés, enviés, haïs, abhorrés; qu'ils observent, en abordant le Pauvre, le premier coup-d'œil qu'il jète sur eux, ils n'en pourront douter. Cette comparaison de l'Homme vertueus & de l'Homme vicieus (j'entens par *Homme vertueus*, celui qui se fait un genre de jouissance que Personne ne jalouse; & le *Vicieus* est le contraire), indique suffisamment la raison de l'estime que les Hommes ont pour le Premier, & celle de la haîne qu'ils portent au Second. Ainsi, point d'idée naturelle & innée du juste & de l'injuſte ; cette idée eſt factice & l'effet de la conſtitution ſociale.

Cependant, tu dois inférer de-là, que tout Homme-ſocial qui a l'eſprit juſte, ne ſaurait être méchant. Je dis l'*eſprit juſte*, parce que la juſteſſe de l'eſprit eſt la ſource de la bonté du cœur ; les Méchans-cœurs le ſont en conſéquence d'un eſprit faus, comme les Muets de naiſſance le ſont en-conſéquence de la ſurdité. Or, mon mon chèr Edmond, tu ſais combien il eſt peu d'Eſprits véritablement juſtes, & bons *diſcernateurs :* & dès-là, tu ne dois pas être ſurpris de voir tant de Méchans ; c'eſt-à-dire, d'Aveugles qui prennent pour arriver au bonheur, que nous desirons tous éga-lement, une route qui n'y mène que bien obliquement, & encore à certains égards.

L'on a dit que les grand Scélérats euſſent été de Grands-hommes : & par-là, ſans-doute la Médiocrité ſe conſole de la ſupé-riorité des Héros, en regardant leurs ver-tus comme un effet des circonſtances. Mais elle ſe trompe groſſièrement ! le Héros eſt l'oppoſé parfait du Scélérat : ils ne ſe reſ-ſemblent qu'en un point ; c'eſt par une force de desir inſurmontable : Mais quelle dif-férence ! l'Un embrâſé d'un noble desir, veut le bien de ſes Semblables, & leur ſa-crifie tout, juſqu'à lui-même : l'Autre dévo-ré par une cupidité baſſe, égoïſte, veut tout

pour lui, & sacrifierait la Patrie toute-entière au moindre de ces appétits. Ce n'est
donc pas seulement les circonstances, qui
font le Héros, c'est-à-dire, le Vertueus au
plus haut degré ; & le Scélérat, ou l'É-
goïste le plus avide ; il diffèrent substanciellement. (Tu vois par-là que je ne fais pas
du mot *Héros*, le synonyme de *Conquérant*.)

Mais ces deux espèces d'Hommes, l'a-
mour & l'horreur de la Société, lui font
peut-être également nécessaires pour en
maintenir le ressort. Ce qu'il y a de certain,
c'est que la Nature qui les produit tous-
deux, & dans laquelle il ne font que les
nuances extrêmes des possibles moraux,
ne fait rien d'inutile. Qui fommes-nous
pour fonder fon impénétrable profondeur,
& juger l'Intelligence infinie ? Pourquoi
la Nature produit-elle des poisons dans le
règne minéral & dans le régne végétal ? Par
les mêmes vues fages qui font qu'elle a produit les Animaux-carnaciers dans le règne
animal ; & pour fuivre la gradation, elle
produit encore parmi les Êtres intelligens,
les Vicieus & les Scélérats, par les mêmes
vues qui lui ont fait produire les poisons &
les Carnivores.

Suis donc le conseil que je vais te donner,
mon Ami. Dans toute occasion, modère ta
bile, & prens, fans t'effaroucher, le monde
tel qu'il est : applique-toi les préceptes fages

qu'un Père honnête-homme donne à son Fils dans une Comédie intitulée *la Gouvernante*, & ceux de l'*Ariste* du *Misanthrope* de Molière. Garantis-toi des Méchans, & ne le sois pas toi-même ; mets ton étude à être heureus sans rien enlever aux Autres ; sur-tout cultive le champ de l'amitié : cette manière de s'enrichir & de se procurer des jouissances, ne choque Personne ; au contraire, on l'admire, mais toujours par le même motif que j'ai dit plus haut, l'intérêt personnel : quoique tout le monde n'ait pas le cœur assés bon pour aimer, il n'est Personne qui ne desire de l'être ; or, un véritable Ami donne un exemple, dont ils voudraient que tout le monde profitât à leur égard. Mais ces Gens ne songent guères à la maxime,

*Ut améris, amabilis esto.* Ovid.

Repasse quelquefois les exemples que tu as eus sous les ieux. De deux Personnes qui t'ont trompé, qui m'avaient séduit moi-même, l'Une a été la victime de son propre crime, qui la bourrelait sans cesse : l'Autre s'est vu déchu de toutes les espérances qu'il avait formées ; & peut-être qu'il autorise Quelqu'un à lui manquer... Je ne sais si tu m'entendras ? Toi-même, qui t'es émancipé un-peu trop avec Laure, que n'as-tu pas souffert ?

Cependant, faibles & passifs Mortels que nous sommes, dépend-il toujours de nous

d'éviter le crime !   J'obferve l'Homme depuis fon enfance ; je le vois à deux & trois
ans mettre le bonheur dans des Poupées &
des fifflets ; un-peu plus tard , dans la pof-
feſſion d'une bale, d'un volant & d'un oiseau;
enfuite je vois fon jeune cœur f'ouvrir aux
impreſſions d'un Objet aimable :  que de folies !   Encore cette erreur paſſe-t-elle trop-
vite dans nos Villes ; l'illusion ceſſe trop  tôt
par la jouiſſance ,  & la connaiſſance prématurée des Femmes tarit une fource de bonheur, qui devrait abreuver notre printemps
& notre été.  Les affaires fuccèdent.  C'eſt
ici la grande pièce : voyez tous ces Maſques
f'agiter ,  fe tromper ,  rire ou profiter de
leurs communes méprises !  Et de toute cette Troupe de Marionettes , il n'en eſt pas
une qui f'imagine qu'elle n'eſt que paſſive ,
& qu'il eſt un fil-d'archal qui la fait mou-
voir......  Mais c'eſt aſſés de morale pour
cette fois.  Je n'en ai jamais tant écrit ,
parce-que je n'ai jamais aimé d'Homme
autant qu'Edmond.  Adieu, mon Ami.
Toujours prêt à te fervir, G A U D E T - D'Arras.

<hr>

### L X X.ᵐᵉ  10 avril.

E D M O N D ,  à l'Abbé  G A U D E T.

[ Il rettouve Edmée :  ce qui n'empêche pas qu'il
n'ait une avanture avec une Corruptrice ,  capable de rendre le vice aimable, f'il pouvait l'être.]

Excellente philosophie, beau Père !
( car tu l'es encore, puifque tu en gardes
f'habit, dit-on ) elle eſt propre à faire faire

en peu de temps beaucoup de chemin. Tu
es perſuasif : mais ( & tu vas encore dire que
l'*éducation m'a fauſſé le jugement* ) il me ſemble que ſi j'étais bon fils, bon frère, bon
ami, honnête-homme enfin, elle me per-
ſuaderait plus difficilement. Ce qui veut
dire que je la goûte néanmoins ; & c'eſt la
vérité ; mon eſprit eſt convaincu ; mon cœur
ſeul ſ'y refuse encore. Mais il ne t'en veut
pas d'avoir éclairé l'eſprit ; il lui ſemble
qu'il ſerait beau d'être vertueus indépendamment de ce dernier : ſans-doute Socrate
était vertueus ainſi ; Platon, Ariſtide, É-
picure, Scipion, Caton, Cicéron, Titus,
Julien, & tant d'autres Grandshommes furent vertueus & bienfesans, malgré leurs
lumières Et c'eſt-là ce qui double leur mérite, ce qui le met audeſſus de tous nos
*Prud'hommes* vulgaires, chés qui l'eſprit
aveuglé guidait un bon cœur. Mais trève
de philosophie ; traitons un ſujet plus gai.

Dis moi, la jolie Baron l'ainée, & ſa
fidelle compagne Églé Corhaux, ſont en-
doctrinées par toi ſans-doute ? Tudieu !
quelles Commères ! quelle force d'eſprit !
quel dégagement des préjugés ! Mais c'eſt
charmant ! Je n'avais pas encore l'idée de
cet agrément-là : une Femme eſprit-fort
a pour moi toute la fleur de la nouveauté !
Je ne m'y fais pas ; je ſuis toujours plus
enchanté ! C'eſt d'ailleurs une vivacité,
une étourderie ; &-puis du ſentiment, un

ton affectueus, seduisant. Quelles aimables
Friponnes ! Le plaisir eſt leur but, elles l'affichent; leur gloire, d'exciter les desirs; &
le premier devoir qu'elles s'imposent, c'eſt de
les couronner : telles nos anciennes Gau-
loises , ſans frein au milieu de léurs forêts ,
après ſ'être repues de gland & de gibier ,
recevaient ſur un lit de mouſſe le premier
Blondin qui leur plaisait.  Honneur, vertu,
pudeur , grands mots du Dictionnaire des
Prudes; qui, ſelon elles, ne ſignifient rien,
ou n'expriment que des platitudes ; & la
preuve , c'eſt que chaque Homme les fait
reſpecter relativement aux autres, & tâche
de les détruire le plutôt qu'il peut dans le
cœur de toute Femme , relativement à lui-
même.  Mais l'Amour, le Plaisir, voila
les arbitres du ſort de l'aimable Madelon
Baron, a laquelle je me ſuis abſolument
attaché , ſuivant tes vues.  Philosophe,
déiſte, matérialiſte, athée ( car je l'ai vue
tout cela en moins d'une heure ) ; jugeant de
la religion par ſes abus, & par-conféquent
la jugeant mal; des devoirs de ſon ſexe
par la conduite des Femmes, & ne rencon-
trant pas mieux, elle ne voit clair que ſur
notre compte (1) : elle penſe en vérité des

---

(1) Ce n'eſt ici qu'une Coquette de Province ;
elle ne joue pas & ne ruine Perſonne : le portrait
d'une Coquette de la Capitale ſerait bien autre
chose !  Voyez-le dans l'excellent & utile Roman
intitulé, le PÈRE-AVARE.  [ *Note du l'Editeur.*

Hommes tout le mal qu'ils méritent ; &
pourtant vois-tu, tout en convenant qu'elle
les aime à-la-folie. Pour moi, s'il faut
te parler bonnement, je ne l'eſtime guère,
& je ne ſaurais paſſer un jour ſans la voir.
C'eſt une ſorte d'enchantement nouveau
pour moi ; car je ne l'aime pas ; je ne ſuis
inquiet ni jalous : mais elle me plait ; je
trouve toujours le plaiſir auprès d'elle ; j'y
vais ſans empreſſement, je la quitte ſans
peine. Serait-ce là le bonheur, mon Ami ?
Juſqu'à-préſent ne l'aurais-je pas connu ?
La vertu (chés les Femmes) ne ſervirait-elle
de rien à la félicité ? Il y a des momens où
je ſuis tenté de t'en croire là-deſſus, ſi je
ne craignais d'outrager la Nature & la Divinité même. Je ne juge pas ; mon cœur
m'empêche de juger, mais pourtant je ſens
que je ne fus jamais ſi bien. Mon amitié
pour ma belle Cousine eſt un ſentiment
inquiet, triſte, profond, & ſi ſingulier,
que je m'applaudis de ſon abſence, qui eſt
un tourment affreus, parce-que cette abſence cruelle l'éloigne auſſi-bien du Grand-
dormeur que de moi : ce que j'ai ſenti pour
ma Femme, m'a quelquefois bien fait ſouffrir ! une petite Edmée (tu ne connais pas ça)
m'a rendu tout mélancolique durant quelques ſemaines : Laure,.. ah ! pour celle-là,
je crois qu'il y avait quelque rapport avec ce
que m'inſpire M. lle Baron ; car ce que j'éprou-

vai pour elle était du genre le plus évaporatif, & ce que j'ai pour Celle-ci, est un goût vif, léger, superficiel, & pourtant délicieus. Oui, Papa, je commence à le croire, voila le sentiment pour lequel nous sommes faits : Il est donc dans la nature, & les Gens du bel-air, dont tu me parlais un-jour, ont raison de s'en tenir à celui-là : je les condamnais, d'après la peinture de leurs mœurs que j'ai vue dans le *Sopha*; ils m'avaient révolté même, le tout, faute d'expérience : une Femme n'est pas faite pour Un-seul ; toutes les Belles ont des droits sur nous ; une aimable inconstance est l'instinct naturel ; l'amour exclusif est un sentiment factice, pesant, injuste, tyrannique.... Envérité, la *divine* Baron eut l'appercevance admirable, lorsqu'elle se décida pour son *adorable* coquetterie...., Pourtant, il est bien-doux d'être uniquement aimé !.... Mais oui ! toute propriété est douce ! Il est bien-doux d'avoir un beau château, une belle terre, des revenus qui procurent l'aisance, de posséder tout cela, d'en disposer !.... Un-moment, je crois que, malgré certaine répugnance que j'éprouve encore, je deviendrai Philosophe *Gaudétiste* ou *Baroniste*.... Cela me semblerait dur, cependant, je renoncerais.... Effet du préjugé ! n'est-ce pas, chèr Mentor ? Tiens, le meilleur argument en faveur de la nouvelle façon de penser que tu m'invites à prendre, ce sont les charmes de la *délicieuse* Baron. Dès que je la vois, je ne raisonne plus, je sens que l'évidence est pour elle & pour toi.

Un certain Pollet de Sens, est le Corifée du cercle. C'est un prodige d'inconduite; fat, vain, affecté, ridicule, impertinent, & par une conséquence nécessaire, du bon-ton, charmant, *délicieus*, *divin*. ( Ces termes choisis nous sont nouvellement arrivés de la Capitale par le coche). Il me répète à-tout - moment! qu'il veut me former. Je cherche en moi-même si c'est promesse, ou menace ; car envérité, il faudrait qu'il me formât autrement que lui, puisque je rougirais de lui ressembler. Est-il du ton à-la-mode de publier une faveur dès qu'on l'a reçue, & quelquefois auparavant? Il le faut bien, car Pollet le fait, & Personne ne l'en blâme. Je serais pourtant un-peu tenté de l'imiter pour l'indiscrétion, mais seulement avec toi, grâve Mentor. Ce soir, on danse chés la-Baron suivant la coutume; j'y suis invité : mais cette charmante Fille ne s'en tient pas à cette faveur vulgaire, elle veut qu'au-milieu du tumulte, nous nous dérobions, & que *rétirés dans* son *boudoir, nous jouissions quelques instans l'un de l'autre en liberté.* Hem? que pense ta Philosophie de ce tête-à-tête-là ? Je t'en rendrai bon compte, & je veux ne fermer ma Lettre que ce soir, après avoir quitté cette aimable & prévenante Fille. Je

à 8 heures du soir.

Je prens la plume avant mon rendévous, pour te dire que je viens de faire la plus jolie, la plus singulière, la plus agréable découverte! A l'heure de quitter l'ouvrage, Pollet m'est venu prendre, & nous avons été nous promener sur le rempart du côté des Bénédictins, en attendant le souper. Ce qui nous a fait choisir cet endroit solitaire, & peu agréable par lui-même, c'est qu'on nous avait dit que c'est le rendévous de quelques Filles de bonne volonté : nous en vimes effectivement trois ou quatre fort-laides, de véritables préservatifs contre la débauche. Une-seule est passable ; c'est une Chèvrière, qui paraît avoir quatorze ans : cette petite Créature m'a fait pitié ; je l'ai appelée, & après quelques informations, j'ai cru pouvoir tenter de la tirer du gouffre où elle commence à se plonger. Elle m'a mené chés ses pauvres Parens, qui probablement ont suggéré à cette Enfant tout ce qu'elle fait ; je leur ai proposé de placer leur Fille pensionnaire à la Maison - commune (1) ; leur promettant de lui trouver une place, dès qu'elle saurait lire, écrire, & sa religion : ( car il faut toujours en revenir-là

---

(1) Sorte d'Hôpital, où l'on reçoit de pauvres Enfans des deux-sexes, moyennant une somme modique, pour les instruire & leur apprendre à travailler.

Tome II.         B

comme malgré foi, quand on veut donner des mœurs). Ils y ont confenti ; & comme il n'y avait qu'un pas, je l'y ai conduite à l'inftant. Mais ce n'eft pas-là ce que je voulais dire. Tandis que je fesais les démarches, Pollet continuait de fe promener feul : à mon retour de la Maison-commune, où je venais de placer la Petite, & de la recommander à la Mère-fupérieure, parente de ma Femme, il m'a dit qu'il venait d'entrevoir un inftant à la fenêtre d'une maison voisine, un Prodige de beauté. Il m'a designé cette maison. La curiofité m'a fait demander à Quelqu'un du quartier, le nom du Propriétaire. —C'eft, m'a-t-on dit, un riche Vigneron, nommé le Père *Servigné*. Je n'aurais pas imaginé que ce nom dût me causer une émotion fi vive ! Elle était telle, que fans l'obfcurité, Pollet aurait pu facilement f'en appercevoir. En continuant notre promenade, nous avons paffé devant la porte ; elle était ouverte, & j'ai vu très-diftinctement la charmante Edmée. Elle eft encore embellie, je crois : fa parure était pourtant fort négligée ; & malgré cela, Edmée était le bijou le plus appétiffant qu'on puiffe voir. Je reftais immobile à la confidérer, lorfqu'on eft venu fermer la porte affés brufquement. Cette rencontre inattendue m'a rendu rêveur. Papa, la jeune Edmée eft charmante ; elle eft vertueuse,

honnête ; elle aura quelque fortune : crois-
tu que ce fût une folie de s'attacher à elle ?
Il est vrai (& je le sens à l'impression qu'elle
m'a faite), que cette jeune Beauté rendrait
à ton Edmond toute sa bonhommie. Eh !
qu'importe, s'il était heureus? N'est-ce
pas son bonheur que tu desires?.... Je vais
me mettre à table ; je verrai la-Baron après
souper ; mais je t'avertis qu'elle aura besoin
de toute sa legèreté pour dissiper ma rêverie.

à minuit.

Chanter la palinodie aubout de quatre
heures ! c'est bien-fort !  Il le faut pourtant.
Oui, mon Chèr, tout dans l'Univers doit
le céder à l'aimable Baron: esprit, beauté,
talens, vertu, elle éclipse tout ; & l'amour,
oui l'amour même, la douce & constante
tendresse n'ont pas autant de charmes que sa
voluptueuse coquetterie. Recueille, toute
ton attention, chèr Père ; c'est un récit que
je te dois; mes plaisirs font ton ouvrage :
&-puis, n'est-ce pas les goûter une seconde-
fois que de te les raconter ?

A huit heures-&-demie, je me suis rendu
chés la Maman-Baron. A-propos d'elle, je
ne saurais taire une reflexion qui me revient
sans-cesse : sais-tu bien que c'est une Femme
infiniment respectable ? elle n'est que belle-
mère de Madelon & de ses Sœurs ; elle les
élève comme des Filles chéries ; elle leur
permet des plaisirs honnêtes, & si les

adroites Friponnes s'en procurent d'autres, la Bonne-maman ne s'en-doute pas. Et voila, mon Ami, comme les cœurs droits, francs, généreus, sont toujours dupes! Ce serait un vrai bonheur pour eux de n'être jamais détrompés, & de garder jusqu'au tombeau, une erreur, dont la perte les rend plus à-plaindre que les Méchans (1). Tu me diras, que tout ce que sont les galantes Sœurs n'est pas un mal réel ; qu'il ne le serait que dans l'imagination de leur Bonne, lorsqu'elle le découvrirait ; que jusqu'à ce moment, qui n'arrivera peut-être jamais, il est nul. J'entens parfaitement cela ; mais je t'avoue que je ne suis pas encore assés perverti.... (ou si tu veux, assés instruit) pour le croire bien-fermement. Cependant laissons les discussions, & venons aux faits.

A huit heures-&-demie j'étais auprès de ma belle Voisine. Les menuets ont d'abord tenu tout le monde dans la gravité ; mais dès que les contredanses ont eu mis un-peu de confusion dans l'Assemblée, les choses ont été beaucoup mieux. Nous paraissions toujours les premiers sur les rangs, Madelon

(1) Un Homme vertueus souffre cruellement, il est vrai, lorsqu'il découvre que le vice à su profiter de sa confiance & de sa candeur ; mais il n'est pas vrai qu'il soit alors aussi malheureus qu'un Méchant qu'on a trompé. La preuve de cette vérite est sans-doute à la portée du Lecteur. [ *L'Editeur.*

Binet inv.

& moi ; au point que *Berdon* la seconde
Sœur, nous a demandé avec quelqu'humeur, si chaque tour serait le nôtre ? C'é-
tait ce que nous attendions. Nous nous sommes doucement retirés. Madelon est montée dans sa chambre ; un-moment après, je
l'y ai suivie. La vue d'Edmée m'avait un
peu refroidi pour elle. Lorsque nous avons
été assis, elle ne m'a pas trouvé cet empressement, que ses charmes ont coutume d'exciter. En Femme adroite, & difficile à
décourager, elle m'a fait observer qu'elle
avait très-chaud. —Comme nous alons être
fort tranquiles, a-telle ajouté, je crois qu'il
ne serait pas inutile de changer ? —Croyez-
vous ? —Mais oui. —Je vais vous délacer ?
—Non pas, non pas ; appelez Marote (1).
—Le ciel me préserve d'une si haute sotise!..
Otons d'abord cette respectueuse-. Un
peu de resistance. Mais ce que j'ai vu m'a
rendu téméraire. Ami, sein d'albâtre ;
reflux charmant! ma main voulait s'égarer ;
on l'a reprimée par un *Finissez, monsieur !*
*votre main me glace !* ( Admire un peu jusqu'où les Belles portent le persiflage,
quand elles ont soupçonné la moindre froi-
deur !) Cependant j'aidais toujours ; &
je me récriais : —Quelle taille ! —Trouvez-vous ? —En vérité, votre robe, & ce

---

(1) Nom de la Fille qui les servait.

deshabiller , tout galant qu'il eſt , ne vous ôtent que des charmes! —A-préſent vous alez me laiſſer… un-moment. —Pourquoi, Reine de mon cœur? —Mais il doit vous être aſſés indifférent… —Indifférent!… ah! Fille adorable !… —Mais, mais, on dirait que vous revenez à vous-même !… modérez-vous, ſ'il vous plait , ou-bien—… Je ne me ſuis pas modéré, Papa; tout eſt tombé ſous ma main libertine… Ah-ciel ! que d'appas ! *Zeuxis* avait un pareil modèle ſans-doute , lorſqu'il peignit les trois Déeſſes étalant leurs tréſors au ieux du Berger Phrygien, & la Déeſſe des cœurs , qui l'emporta ſur ſes Rivales, n'avait pas plûs de moleſſe & de fini dans le contours ! Tranſporté hors de moi, j'aurais dans ce moment triomphé de la Vertu même. Une défenſe vive, dont un doux ſourire tempérait l'opiniâtreté, m'a laiſſé parvenir à-travers mille délicieus obſtacles au comble du bonheur………… Madelon ſ'applaudiſſait du pouvoir de ſes charmes ; mais, nouvelle Galatée , elle ſ'eſt hâtée de voiler ſes appas. Elle a pris un joli deshabiller , & ſa tâille fine , exactement deſſinée , a paru comme recouverte de flocons-de-neige : ſein à-demi-contraint ; ruban roſe autour du cou, dont la pendeloque, terminée par un brillant , alait ſe perdre dans un océan de blancheur ; une mule mignone ; c'était une autre Beauté , qui ſemblait me provoquer à l'inconſtance. —Notre éclipſe a été longue, m'a-t-elle dit enfin ; alez vous montrer ; je vous ſuis : ſi l'on a remarqué mon abſence , cette nouvelle toilette ſera mon excuse-. J'ai obéi. Lorſque je ſuis revenu, Perſonne n'a paru avoir fait attention à nous, ſi ce n'eſt Églé Corhaux, qui m'a ſerré la main à-la-dérobée. Madelon m'a ſuivi de-près. Elle eſt rentrée avec bruit ; l'on ſ'eſt retourné de ſon côté , on l'a regardée avec admiration : la *Bonne* l'a appelée pour l'embraſſer , & ne ſe ſentant pas de joie de la voir ſi jolie , elle lui a recommandé de ſe bien divertir. Elle obeiſſait, chèr Mentor , envérité, elle obéiſſait de tout ſon petit cœur : A la première contredanſe , nous nous ſommes placés pour figurer enſemble. L'aimable Fille m'accordait mille petites faveurs dont on ne pouvait ſ'appercevoir , & auſquelles la manière donnait un nouveau prix : Cette contredanſe-là-valait une jouiſſance.

Après avoir aſſés longtemps aigüiſé mes desirs, Madelon ſ'eſt encore dérobée. Dès que je ne l'ai plus vue dans la ſalle, je me ſuis gliſſé juſqu'à la porte de ſa chambre : elle était entr'ouverte. J'ai vu ma Divinité nonchalamment étendue ſur une chaiselongue, la tête appuyée ſur une de ſes mains, les ieux demi-fermés : Tout ſes attraits étaient voilés comme ceux de la plus modeste Espagnole ; à-peine découvrait-on le bout de son petit pièd. J'ai mis les verrous, j'ai volé... Le desir étincelait dans mes ieux. —Doucement, Monsieur ! —Ah ! ma Souveraine, voulez-vous différer... —Analysons le plaisir. —Ma chère âme, savourons-le d'abord, nous l'analyserons après. .—Vous êtes un Étourdi, que je veux rendre sage, entendez-vous. Tout ce qui précède la dernière faveur est charmant ; une delicieuse gradation fait succéder au plaisir, un plaisir plus grand ; de petits riens, à de petits riens encore, qui reçoivent d'elle une teinte de volupté d'un prix inestimable. Ce n'est plus la même chose après ; l'imagination éteinte n'agit plus ; la mémoire, cette faculté froide, ne trace que la réalité ; l'illusion ravissante, toujours audessus de la vérité, n'unit plus ses charmes à ceux de l'Amante. Eh ! sans l'illusion, que serait la plus Belle des Mortelles ? —Pour moi, ma Déesse, son secours m'est inutile ; la réalité surpasse en vous tous les charmes que l'imagination pourrait vous prêter. —Vous êtes flateur ! —Quand on aime... —Vous m'aimeriez ! —Si je vous aime ! —Pour longtemps ? —Pour toujours. —Oh ! peut-on mentir !... Alez, bientôt un nouvel Objet... —Vos attraits vous disent que lorsqu'on vous aime on ne saurait changer. —Mes attraits ne m'en imposent pas ; & j'ai si peu de confiance en

eux,

eux, que je n'espère pas même de conserver
ma Conquête autant de temps que je serai jolie. —Ah! vous le serez toujours. Et quand
vous changeriez, toute ma vie je vous verrai comme vous êtes en ce moment. —Insi-
gne menteur (dit-elle en riant).  Mais suis-je
donc si bien?  —Vous n'avez pas d'Égale.
—C'est bien vague,  & les détails vous
embarrasseraient!   —*M'embarrasseraient!*
Par-exemple,  cette bouche mignone,  que
de baisers elle appelle! & ce beau sein....
—Vous agissez, & je ne vous demande encore que des détails!  —C'est, je crois, la
bonne manière de les donner.  Madelon
a souri avec finesse.  Ses bras m'ont pressé
légèrement, & j'ai senti ce délicieus aban-
don qui livre l'âme à l'ivresse du plaisir......

Que les momens sont courts, lorsqu'ils
sont filés par le plaisir!.... Il a falu nous
quitter; & je suis venu t'écrire.

Adieu, chèr Ami.  S'il n'est de bonheur
que dans l'illusion & dans la douce ivresse,
la froide & sentencieuse philosophie peut-
elle le procurer?

✳══════════════════✳

### LXXI.<sup>me</sup>

30 avril.

E D M O N D, à P I E R R O T.

[ Il n'en aime pas moins Edmée , après ce qu'on
vient de lire, & veut l'épouser: il m'envoye
une Lettre d'Ursule. ]

JE crois que souvent il dépend de nous

Tome II.                                        C

de haïr ; mais que nous aimons malgré nous, chèr Aîné. Heureus Celui à qui le hasard offre tout-d'un-coup l'Objet le plus digne de son attachement ! qui n'est pas entraîné, avant que de le rencontrer , d'erreurs en erreurs !... Mon Ami, le Ciel ne m'aurait-il pas d'abord offert cet Objet de préférence dans l'aimable & naïve Edmée ? Je l'ai re-trouvée il y a quelques jours , & je fus hièr lui rendre ma premiere visite. Elle était feule : je me fis connaître , & la priai de m'accorder un moment d'entretien. Son embarras , sa rougeur, ses ieux timidement baissés , mais qui laissaient percer la satis-faction , tout femblait me dire que je n'étais pas effacé de son cœur. Ma visite fut cour-te , parce que je craignais d'être incommo-de ; mais je suis sorti de chés elle aussi char-mé que je le fus à Vaux. Qu'en penses-tu, mon Frère ? Ferais-je mal de borner à cette Jeune personne toute mon ambition & tous mes desirs? Je suis néanmoins dans une étrange perplexité ! Ma Cousine a eu la bonté de me faire part de ses vues sur moi ; bien-plûs ; je me sens porté d'inclination à y entrer ! Mais M.<sup>lle</sup> Fanchette est si jeune, & le temps que je serais forcé de l'attendre me laisse exposé à tant d'égaremens , que je ne desespère pas d'amener ma vertueuse Cousine à penser comme moi. Elle a tant de bontés !.... Cependant, je serais bien

flaté d'être son frère! Fanchette eſt charmante.... Décide-moi, chèr Aîné : il faut
ici moins conſulter l'ambition, que chercher à mettre les mœurs en ſûreté. Une
Fille comme Edmée eſt capable de remplir
tout le cœur, qui s'attachera ſérieuſement
à elle. . . . . . . . . . . . . .
Tandis que je t'écris, l'on m'apporte une
Lettre d'Urſule. Je vais te la tranſcrire :

LETTRE D'URSULE, à EDMOND.

Si j'avais ſuivi mon inclination, chèr Ami,
je t'aurais déja écrit vingt Lettres depuis mon
arrivée : mais M.^me Canon nous géne ; il faut
lui demander permiſſion pour tout ; et ne voici
que la ſeconde fois qu'elle m'accorde de m'entretenir avec toi. Elle me refuſa l'autre jour,
ſous prétexte que la Lettre de notre adorable
Amie ſervirait pour nous-deux. Je ne me
plains cependant pas de l'empire qu'elle exerce
ſur nous ; Celle qui pourrait s'en affranchir, et
que je me ferai toujours une loi d'imiter, nous
donne elle-même l'exemple d'une entière ſou-
miſſion à M.^lle Fanchette et à moi. Non, mon
chèr Frère, je ne ſaurais penſer à M.^me Parangon, ſans remercier le Ciel du préſent qu'il m'a
fait, en m'accordant une ſi digne Protectrice.
Que nous devons l'aimer tous-deux !.... Elle
a fait pour moi beaucoup de dépenſes ; je te prie
d'en parler a notre chèr Père et à notre chère
Mère. Mais je ne ſaurais revenir de ce qu'elle

m'a obligée de recevoir quelques bijous de prix, qu'il n'est pas indispensable d'avoir, et qui font que lorsque j'en suis parée, je me trouve mise trop audessus de mon état. Je crus, la première-fois que je parus avec un beau collier, des boucles brillantes à mes oreilles, et le reste, que M.me Canon y trouverait à redire, et que par-là je serais dispensée de les mettre; car j'étais toute-honteuse d'être si magnifique: mais justement elle, qui gronde pour des riens, n'a pas ouvert la bouche; elle a paru ne s'en pas appercevoir. Voila de ses caprices !... Tu seras peut-être curieux, mon Ami, de savoir ce que je pense de cette grande Ville ? Je ne la connais que très-peu encore: nous sortons rarement, et presque toujours en voiture, de-sorte que je sais à-peine comment les rues sont faites, par l'attention qu'a M.me Canon de lever les deux portières. Si nous sommes à-pié, elle nous oblige à nous ensevelir sous nos calèches, de-manière à ne voir exactement que le pavé. Je ne sais pourquoi l'on ne veut pas nous permettre de prendre l'air à la croisée, où nous avons un joli balcon. Le lendemain de notre arrivée, M.lle Fanchette et moi nous nous y étions mises, et nous avions un plaisir infini a voir cette Foule qui va comme par flots, nous en riions, sur-tout Fanchette, qui est fort-gaie: mais ne voila-t-il pas que M.me Canon vint nous faire retirer, du même air que si nous avions commis un grand crime ! et depuis il nous est défendu d'en approcher. Apparemment que cela avait déplu à Quelqu'un; car j'entendis la Maitresse de la maison qui répondait fort-haut à un Homme bien-mis, qui sortait de chés elle, et qui nous regardait en se retirant. Il faut pourtant-avouer qu'en entrant dans Paris, du côté de la Bourgogne, je vis de très-vilaines rues, toutes remplies d'un Peuple sale et misérable: mais dans le faubourg Saintgermain que nous habitons, ce n'est pas la même chose; et ce fut bien mieux encore l'autre jour, que M.<sup>me</sup> Canon nous mena aux Tuileries. Il sesait un très-beau temps, et comme il est rare dans la saison où nous sommes, tout le monde en veut profiter. L'on m'avait prévenue que nous alions dans un lieu enchanté: je m'étais donc promis beaucoup de plaisir; mais en ne songeant qu'au jardin: je me le représentais comme n'ayant de plus que le nôtre, que les embellissemens de l'art. Mais il n'y a pas la moindre ressemblance. La moitié de ce beau jardin est en sable; un quart est destiné pour les fleurs, et quelques arbustes; le reste est planté d'arbres stériles. Je sens bien que ce qu'on loue dans ce vaste jardin, ce sont les compartimens, l'ordonnance; cet air de grandeur qui surprend agréablement quand on y entre; ces belles Statues, dont je commence à connaître le mérite; la façade du palais qui le borne d'un côté, et le reste: mais tout cela ne m'aurait pas enchantée, sans un spectacle bien nouveau pour moi, assurément, et qui captiva

toute mon attention : ce fut une Foule innombrable et brillante des deux-ſexes : Je n'avais
encore rien apperçu qui approchât de cette ma-
gnificence : après cinq minutes de ſéjour dans
ce beau lieu, je n'ai plus rougi d'avoir des brillans, et je crois qu'en voyant la parure des autres Dames, j'aurais plutôt rougi de n'en pas
avoir de plus riches. Mais ce petit mouvement
d'une vanité ſote n'as pas duré. Je me ſuis oc-
cupée des Autres, ſans ſonger à moi. Cependant, je crois que je puis ſans crime, profiter
de mille choſes que j'ai vues, pour mettre plus
de goût dans ma parure : cela eſt très-permis,
et mon Amie elle-méme le fait. Il m'eſt venú
à ſon ſujet une idée, dont dont je me ſuis promis
de te faire part : J'ai voulu voir ſi dans toutes
ces Femmes ſi bien mises, j'en trouverais quelqu'une qui l'égalât en attraits : Pas Une-ſeule,
mon Chèr, croi-moi, pas Une-ſeule qui en approchât. En-général, les Femmes ici ne ſont
pas belles : mais leur goût déguise à-merveille
les torts de la Nature, comme on dit. Il n'y a
qu'une chose que je ne ſaurais digérer, c'eſt le
rouge : apparemment que les ieux y ſont faits
ici ? Quel usage ridicule ! comment de jeunes
et jolies Perſonnes peuvent-elles ſacrifier la
fraîcheur de leur teint, à une mode inventée
par des Femmes ſans phiſionomie, et ſans-
doute déja ſur le retour ! Sans rouge, les
Jolies ſont mieux, les Laides moins mal,
et les Vieilles ne reſſemblent pas à des Furies :

*ear j'observe que fi le rouge paraît donner de
l'éclat et de la vivacité aux Jeunes-femmes,
ce n'est que de l'enluminure qu'il donne aux
Vieilles (1). Quant à moi, fuffe-je ducheffe,
jamais je ne voudrais de ce vilain mafque-là,
qui de-près rend une Femme laide comme les
peintures de plafond, deforte-qu'il lui faut le
point-de-vue du lointain pour être fupportable.
Je trouve auffi que notre fexe eft ici trop-hardi ;
cela vient probablement encore du rouge, qui
donne cet air-là ; et les Femmes qui n'en mettent pas, l'auront pris par imitation : Quelques-unes me fixaient avec une attention qui
me déconcertait et me fesait rougir : je me fuis
apperçue qu'elle f'en applaudiffaient comme
d'une victoire. Pour les Hommes, il ne me
convenait pas de les regarder ; ainfi j'ignore
leur manière : mais fi j'en juge par celle des
Femmes, il ne doit pas être poffible de les envisager (2)…. Je fuis ici très-bien, mon Ami ;
je m'y plais fans pouvoir trop définir ce que je
trouve d'agréable au-milieu de la fange, et de
mille Objets déplaisans. Mais je n'envisage*

––––––––––––––

(1) C'est un problème que les plus Grands-
hommes ont trouvé difficile à resoudre, que ce
goût des Femmes pour les couleurs artificielles :
Toutes l'ont, policées & fauvages. Quant à moi,
je penfe, quoi qu'on en dise, que c'est un effet
de leur modeftie ; elles fe defient du pouvoir de
leurs charmes. [ *Note d'Edmond.* ]

(2) L'Innocente fe trompe ; la plupart font
beaucoup plus modeftes que les Femmes. [*Note*
*d'Edmond.*]

*qu'avec effroi le temps où* M.*me Parangon doit s'en-retourner. L'idée de notre séparation m'arrache quelquefois des larmes. Adieu, chèr Frère. Donne promptement de mes nouvelles à nos chèrs Parens, en les affurant des mes respects. Je suis et serai jusqu'a mon dernier soupir, Ta fidelle Amie et Sœur Urfule R**. Mademoiselle Fanchette me charge de te faluer de fa part.*

* Cette Lettre, mon Ami, t'inftruira parfaitement de tout ce qui regarde notre chère Urfule, & des obligations que toute notre Famille aura fans-ceffe à M.me Parangon. Dis à nos chèrs Parens qu'ils peuvent fe difpenfer de fonger à la dépenfe de notre Sœur ; cet article me regarde. Que dis-tu de la bonne dame Canon? Ma foi ! c'eft ce qu'il faut auprès des Jeunes-filles, qu'une Femme de ce caractère !... Je te quitte plutôt que je ne voudrais, mon Ami ; mes occupations m'appellent. Répons-moi le plutôt poffible, & tâche de me décider. Adieu.

---

## LXXII.<sup>me</sup>

16 mars.

### PIERROT, à EDMOND.

[Manière de penfer de nos Parens à notre égard.]

Vos Lettres à la Sœur & à toi, nous ont fait beaucoup de plaisir : & la tienne en-particulier, mon Edmond, nous en a causé un plus grand que tu ne faurais croire.

J'ai bien vu par expérience , qu'une Femme ferait heureuse avec toi, & que tu te dois bien comporter en ménage , puisque tu en fesais un bon avec Celle que tu as eue. Il faut pourtant que je te fasse une petite observation ; c'est que tu ne peux penser à Pesonne pour le mariage , que tu n'en ayes fais des offres à Laurote , pour la cause que tu sais : si elle te refuse , comme je n'en doute guère d'après ce que tu m'en as écrit , tu pourras alors songer à M.<sup>lle</sup> Edmée. Je pense comme toi, que c'est une Fille honnête & douce , & qu'elle t'aimerait bien ; & qu'ainsi ça ne ferait pas de mal de vous mettre ensemble ; pourvu . comme tu dis, que ça ne te brouille pas avec M.<sup>me</sup> Parangon : car c'est à ça qu'il faut principalement mettre ton attention : partant, si elle y consent , je te le conseille : d'autant que je sais qu'il n'est tel que de vivre avec ce qu'on aime ; & il n'est pas sûr que tu aimes un-jour M.<sup>lle</sup> Fanchette , comme tu aimes à-présent M.<sup>lle</sup> Edmée. Il me paraît que celle-ci est d'une Famille de Bonnes-gens : ça ne brille pas , mais ça te fera un soutien dans l'occasion. C'est comme moi au vis-à-vis de mon Beaupère ; dernièrement dans une affaire d'une petite coupe de bois que j'ai achetée , je n'ai pas eu besoin de recourir à une autre bourse que la sienne , & tout était à mon service. Voila mon avis,

Je suis tranquile sur notre chère Sœur Ursule : mais notre Père & notre Mère me char-
gent de te marquer qu'ils n'entendent pas
que d'Autres qu'eux fournissent à sa dépense.
C'est leur Enfant , disent-ils, & tant que
le Bondieu leur conservera la vie, ils veulent
que leur chère Enfant soit à leur charge ,
& qu'elle ne se croye pas orfeline. Dureste , ils sentent ton bon-cœur , & t'en
aiment , comme tu penses , encore davantage. Ils me font tous les ans leur petit
présent ordinaire ; & je ne l'ose refuser ,
car ils se fâcheraient , & ils vont t'envoyer
le tien. Ces deux bonnes Personnes, si peu
riches, veulent encore donner à leurs Enfans , même à ceux qui le sont plûs qu'eux ,
comme toi & moi : c'est un de leurs droits
qu'ils ne cèderont jamais , disent-ils , que
de nous bien faire. Je ne te fais pas de réflexions là-dessus. Marque à Ursule que ma
Femme se meurt d'envie de la voir : ajoute
encore une chose que notre bonne Mère
vient de me dire tout à l'instant, c'est qu'elle
voudrait lui envoyer quelque petite drô-
lerie , sur ses épargnes: c'est, comme tu
fais , le fonds des petites douceurs qu'elle
destine à ses Enfans ; la respectable Femme
n'en a jamais fait d'autre usage. Adieu,
mon chèr Ami : agissons de concert : je ne
te donnerai que de bons avis ; car je te veux
autant de bien qu'à moi-même.

## LXXIII.ᴹᴱ

*Edmond, à M. l'Abbé Gaudet.*          17 mars.

[ Conduite de la Coquette qui veut agguerrir
Edmond. ]

Tu n'as pu voir encore ni M.ᵐᵉ *Parangon,
ni ma Sœur, ni même* M.ᵐᵉ *Canon;* tu pré-
sumes que cette vieille Bégueule te *ferme sa
porte!* Elle a tort envérité , chèr Mentor ,
& je lui en voudrais férieusement , fi je ne
favais que la charmante Laure ne te ferme
pas la fienne. Tu l'as donc fubjuguée, cette
jolie Laurette ! ... Va , je ne fuis pas jalous
de ta bonne fortune ; & je vois que tu ne m'a-
vais pas trompé à ton retour : mais boûché
comme je le fuis , je ne compris pas d'a-
bord tout le fens caché fous ces expreffions :
*Je n'ai travaillé que pour moi,* que tu répétais
avec une forte d'affectation. Alons , courage ! Mais prens-garde aux revers ! On
dit qu'au Pays où tu es, les cœurs des Belles
font plus inconftans que l'onde : tel fe croit
e Favori, qui déja eft Amant furanné,
qu'un Succeffeur remplace. En-honneur,
ce ne font ni la jaloufie , ni l'amour propre
bleffé qui me font tenir ce langage : ne fais-
je pas bien que Laurette n'a pas lieu d'être
contente de moi ? ... La pauvre Innocente !.. Elle font pires que d'autres, quand
elle f'y mettent , ces petites Diffimulées ! ...
Tout ce que je dis, c'eft fans humeur aumoins.

Tiens, pour te le prouver, c'est que je vais t'avouer que j'aime à la fureur. Devine?... *Madelon.* Non. *La blanche et potelée Berdon sa Sœur?* Non. *La jolie Corhaux, qui cache sous un air pincé son insatiable avidité pour le plaisir?* Non. *Quelqu'une de leur coterie?* Non, non: ce n'est qu'une petite Vignerone; c'est Edmée, cette jeune, cette aimable Edmée, dont je t'ai parlé dans ma dernière, & je me meurs d'envie d'en faire ma femme. Tu vois chèr Abbé, que je te cède sur Laure tous mes droits anciens & nouveaux: je ne me reserve d'elle que notre Fille. Si tu voyais comme elle est jolie! oh! j'enferai mon idole un-jour: elle sera mieux que sa Mère, je crois!

Sais-tu par Quelqu'un des Nôtres, que je suis brouillé avec Madelon? Au cas où tu l'ignorerais, je vais te l'apprendre. Le tort n'est pas de mon côté, aumoins. Je n'aurais jamais imaginé qu'on pût avoir aussi peu de délicatesse! C'est ignoble, odieus, ce qu'elle m'a fait! Il est permis à certaines Femmes d'être coquettes; je le veux: il ne faut pas vieillir avec un Amant; soit: mais dumoins, il est des égards qu'on se doit, des bienséances qu'il faut observer. Tu vas voir comme la belle Madelon s'y prend pour une rupture... Jeudi dernier... Oui, c'était jeudi; Mademoiselle me rencontre à midi à la promenade de la *porte-du-*

*Temple*; elle avait avec elle ses Sœurs Berdon & Manette, Églé Corhaux, & ces
deux jolies Cousines, Agnès & Thérèse,
que tu nommes les *Flibustières de Vénus*. Je
les abordai : Madelon s'appuya sur mon
brs ; me dit longtemps à l'oreille de fort jolies choses ; affecta de me donner tout l'air
d'un Préféré : je ne sais si c'était ma vanité, ou mon cœur qu'elle intéressait, mais j'é-
tais flaté : rendévous pour le soir, semblable
au premier dont je t'ai rendu - compte :
je fus exact. Madelon était charmante ;
mais elle paraissait m'éviter : je la pris
pour danser ; son air était distrait : elle pré-
texta une indisposition pour ne pas conti-
nuer, & me donner sa seconde Sœur, la
jeune Manette. Tandis que j'étais avec
cette Enfant, Madelon disparut. Je ne
m'en apperçus pas aussitôt : Manette m'amusait : tu sais comme elle est gentille ? sans
la petite imperfection de sa tâille, elle l'em-
porterait sur ses deux Aînées. Enfin je re-
vins à moi-même, & je me hâtai d'aler joindre ma Belle. La première porte était fer-
mée : je ne savais que penser ! après quelques
momens d'impatience, je la vis s'ouvrir,
& Madelon parut. Je voulais m'excuser,
elle sourit malignement. Je la crus fâchée ; je la suivis ; elle me prit pour danser.
Mes ieux, par-hasard, étaient tournés vers
la porte de la salle qui répondait à la cham-

bre de Madelon ; un grand jeune Blondin, que je me souvins de n'avoir point vu, durant l'*éclipfe* de la Belle, rentra en *catimini*. Ce fut un trait de lumière, qui me bleffa cruellement. Quoi ! déja l'on m'en préfère Un autre ! je vaux donc bien peu (me dis-je en moi même) ? Je me fentis humilié : au-lieu de me plaindre, je n'ofai prefque lever les ieux fur la Traitreffe. Je ne cherchai plus à l'entretenir, & je me retirai de bonne-heure. Ma conduite alarma l'Infidelle, fans-doute : le furlendemain j'en reçus ce Billet :

*Vous êtes un Enfant! il faut bien vous pardonner ce qu'on ne vous pafferait pas fi vous étiez un Homme-fait Pourquoi donc cette humeur, cette fuite précipitée, cette attention à m'éviter avanhièr au foir ? Défaites-vous de ces façons-là : il vous fiéd bien de bouder ! Dites-moi donc, mon joli Monfieur, que vous dois-je ? Rien, je penfe. Mais vous ? Vous me devez, Monfieur, de la reconnaiffance : c'eft le moindre prix que je puiffe exiger de mes bontés.... Voyez, f'il vous plaît, combien vous êtes injufte ! Parce-que je vous ai bien traité ; que j'ai fait pour vous ce que l'on ne fait que pour un Amant aimé, je me fuis privée de ma liberté, apparemment ; et devenue la très-humble Efclave de ma Conquête, je dois pour elle refufer tout l'Univers, être injufte avec tout le monde, et prodigue pour elle-feule ! Je le répète, quels font vos droits ? Ceux que ma*

bonté vousdonne, Monſieur; ce ſont les ſeuls
que vous ayiez. A votre petit air entreprenant,
je vous crus l'autre jour plus formé que vous ne
l'étes !... Je veux remplir les intentions de
notre Ami, achever votre éducation. Avanhièr, je vous fâchai; voici mon excuse. Le
Jeune-homme que vous avez vu rentrer après
moi, et qui vous tient tant au cœur, était chés
ma Bonne longtemps avant vous. Il ne manque pas de grâces, il eſt bienfait, il était arrivé
de laveille, il partait le lendemain pour retourner à la campagne où il réside : nous nous
connaiſſions du temps qu'il clérassait ici : dans
l'entretien que nous eumes enſemble avant votre
arrivée, il me rappela notre liaison; il me fit
un tableau de ſa ſituation dans un village, ſi
triſte et ſi touchant, qu'il excita ma pitié. Il
me donna enſuite à entendre, que je pouvais
adoucir toutes ſes peines paſſées, et lui procurer
la force d'en ſupporter de nouvelles, ſi par
quelques bontés, je lui fourniſſais une occasion
de ſe retracer agréablement dans la ſolitude
ſon ſéjour. à la Ville. J'ai trouvé cela fort
raisonnable; et par pure complaiſaance... Ce
pauvre Garſon alait ſ'en-retourner.... Là,
mettez-vous à ma place, n'en auriez vous pas
fait autant? Et voila tout mon crime. Ap-
prenez à être plus juſte, une autre fois. Car
pour mois, qu'y ai je gâgné? Edmond, en-
verité, à tous égards, il ne vous vautpas. A
ce ſoir, beau Boudeur : je ſerai la paix,
pourvu que tu me demandes pardon.

Ce Billet a manqué son effet, Papa; je venais de voir la jeune Edmée, lorsque je l'ai reçu. Elle surpasse Madelon; elle est, si si vous voulez, plus inhumaine; mais je m'accommoderai de ce petit défaut-là. J'écrivis avanhièr à mon Frère à ce sujet; & je me déterminerai tout-de-bon d'après ses conseils, les tiens, & ceux d'une Femme que j'honore.

Sais-tu que la contagion me gâgne, & que je deviens hypocrite? Vous autres Porte-frocs, vous ne rougissez de rien: mais moi, je n'oserais encore me montrer tel que vous m'avez rendu; lorsque j'écris à mon Frère, je tens un voile sur mon cœur, pour dérober à ses regards les ravages que vous y avez faits. Tu sentiras dans quel sens doit être pris ce que je dis-là, chèr Mentor. J'aurais bien-peu profité de tes leçons, si je croyais encore à cette vertu gothique de mon Village. Mais je me ferai toujours un devoir de respecter les préjugés de mon Frère. A-propos, écris-moi de-façon que je puisse lever ses scrupules au-sujet de Laure: car il m'écrit bonnement, que je ne saurais me marier, qu'elle n'ait refusé ma main.

Nos Amis t'embrassent, surtout le P. Gardien. Tu estimes l'amitié des Autres ce qu'elle vaut; mais la mienne est sincère; & tu sais qu'elle doit l'être, même dans le système de ton Docteur Épicure, qui dit, *qu'elle est un champ qu'on sème.* LXXIV.

## LXXIV.<sup>me</sup>

*EDMOND, à M.<sup>me</sup> PARANGON.*  18 mai.

[ Il présent sa Cousine sur son mariage avec Edmée, & lui fait adroitement entendre qu'il craint
sa passion pour elle. ]

MADAME & tres-honorée Cousine:
S'IL était possible que quelque-chose me
consolât de votre absence, la Lettre que vous
m'avez écrite l'aurait fait. Celle que je viens
de recevoir d'Ursule augmente encore mon
attachement pour vous, avec mes obligations. Ce n'est pas que j'espère d'être jamais
digne par-là de toutes vos bontés; non, Madame; ce que vous faites pour ma Sœur
& pour moi est trop audessus de notre reconnaissance; il ne nous reste qu'assés de confiance dans cette même bonté que vous dé-
ployez sur nous, pour croire encore que vous
agréerez l'insuffisance de nos remercimens.
  Souffrez, madame, que je vous fasse part
d'un projet, que je n'exécuterais cependant
qu'après que vous l'auriez approuvé. Vous
savez quelle est ma faiblesse. Dans l'âge des
passions, l'on est trop peu maître d'un cœur
à qui la douceur d'aimer n'est plus inconnue:
Soit par l'effet d'une habitude déja formée,
soit que mon caractère m'y porte plus violemment qu'Un-autre, je ne saurais endu-
rer le vide de mon cœur. J'ai revu la jeune
Edmée, dont je ne doute pas que M.<sup>me</sup> Loi-

seau ne vous ait parlé ; je vous avouerai qu'en
la revoyant , j'ai retrouvé dans mon cœur les
sentimens qu'elle m'avait inspirés à Vaux ,
& que je crois ne pouvoir agir plus prudem-
ment que d'unir mon sort au sien. Je vous
acquerrerais par-là, madame & chère Cousine , une nouvelle Admiratrice ; … à-moins
que vous ne fussiez d'un avis différent. Les
périls se multiplient ici sous mes pas ; il en est
de plus dangereus encore, dont je n'ose
parler ; l'aimable Edmée m'en garantirait :
il me le semble , dumoins , à l'éloignement
que j'éprouve, depuis que je l'ai revue, pour
les parties-de-plaisir où l'on m'entraînait.
Je pense tout-haut avec vous, ma belle &
vertueuse Cousine. Oserais-je , si je vous
connaissais moins, instruit comme je le suis
de vos dispositions en ma faveur , vous prier
de donner votre agrément à mon union avec
la jeune Servigné , s'il n'existait pas un péril
audessus de mes forces? Mais je sais trop
que cette âme noble, aussi grande qu'elle est
pure, qui anime la plus adorable des Femmes, vous fait penser d'une manière infiniment supérieure au reste du monde. Vous
le savez , il est un âge pour l'amour : votre
toute-aimable Sœur en est loin ; & j'ai lieu
de craindre, que lorsqu'elle y sera parvenue,
nous ne soyions plus assés bien assortis, qu'elle
ne me dédaigne en-un-mot. S'il faut dire
encore plûs, je cherche à m'arracher des filets

d'une Coquette, qui pour m'y retenir, emploie l'attrait séduisant de la volupté……… Tel est mon malheur, que je ne puis combattre un goût que par un autre, & renoncer aux plaisirs illicites, qu'en leur substituant des plaisirs permis, aussi vifs, & plus durables. Je trouve dans Edmée plûs d'attraits que dans Celle que je veux quitter, avec l'innocence, la pudeur qui manquent à sa Rivale : elle emporte la balance ; mais Celle-ci, Madame, surprendrait bientôt un cœur trop faible, & toujours prompt à s'enflâmer, si je ne le livre tout-entier à l'Objet le plus méritant, par une union sainte. Vous sentez bien, Madame & très-chère Cousine, que dans tout ceci, mes plus grands ennemis sont au dedans de moi-même ; ce sont mes passions ; Edmée ne les satisfera qu'en recevant ma foi ; sa Rivale ne demande autre chose que le moment où l'on est dans ses bras. Voila tous mes secrets ; je vous en fais dépositaire ; les voila tous, excepté un, & c'est celui-là qui cause le plus grand danger ! car il me force à me jeter hors de moi-même, pour me distraire d'une trop douce idée, sur laquelle il est plus périlleus de s'arrêter, que sur des charbons ardens. Je dis que j'aime..si c'est de l'amour que j'éprouve, comment donc nommer un sentiment plus profond !.. Soyez l'arbitre de mon sort. Je suis avec un respect, & le plus tendre attachement, &c.»

## LXXV.ᵐᵉ
même jour.

### EDMOND, à LOISEAU.

[ Comme il craint de fâcher M.ᵐᵉ Parangon, il
lui fait écrire : Ensuite il parle d'une promenade
fort-agréable avec Edmée & sa Sœur. ]

PRIE ta Femme d'écrire sur-le-champ à
ma belle Cousine en ma faveur, mon Chèr.
Tu demandes, *de-quoi s'agit-il ?* Un moment, & tu vas l'apprendre. Ton très-at-
taché & très-peu sage Ami fait des siennes,
depuis votre absence: s'il était auprès de
vous, il vous ferais volontiers sa confession
générale, mais il n'ose la confier au papier.
Il aime. *Ce n'est pas un crime*, dira ta charmante Compagne. Il aime cette jeune &
touchante Edmée que nous rencontrames à
Vaux ; il vent l'épouser. Ta Femme va trouver encore cela tout naturel. Mais il desire
l'aven de M.ᵐᵉ Parangon, pour laquelle il
réünit tous les sentimens que peuvent inspirer l'Amie, l'Amante, & les liens du sang;
& cette Dame a d'autres vues, que vous
connaissez. Vous n'ignorez pas non-plûs
combien j'en fus flaté, lorsqu'elle m'en ins-
truisit : mon cœur était .... libre ; c'est-à-
dire, que je *n'osais* rien aimer de préférence: la perspective d'un Bien si précieus,
la possession éloignée d'une Jeune-personne
que mon imagination me peignait ravissante,

m'offraient un espoir d'autant plus flateur,
que dans la situation où j'étais, je n'aurais pu
jouir d'un honheur plus présent. Mais j'ai revu la jeune Beauté de Vaux, & malgré moi,
mon cœur s'est ouvert une seconde-fois au
sentiment que sa première rencontre y avait
élevé.  Comme vous connaissez tous-deux
cette charmante Fille, je reclame la médiation de M.me Loiseau,  & je la supplie de
l'employer pour moi auprès de ma Cousine.
Ce que je crains, mes bons Amis, ce n'est
pas un refus; c'est de l'affliger.  En lui pei-
gnant tout le mérite d'Edmée, que je sais
qu'elle a vue, j'espère que ta chère Compagne pourra l'amener à m'approuver; car
c'est précisément-là ce que je demande.

Je vois souvent ma jeune Maitresse depuis que nous avons renouvelé connaissance;
mais je ne veux lui parler mariage, que
lorsque je n'aurai plus de difficultés à lever.
Elle est vertueuse, tendre, ingénue: la
conduite de sa Sœur-ainée, qui m'a pris
en affection, & qui favorise nos entrevues
de tout son pouvoir, exposerait un peu l'aimable Edmée, si mon respect n'égalait mon
amour.  Elles savent mon mariage, & que
je suis veuf; mais elles semblent éviter de
m'en parler.  De mon côté, comme il n'est
pas encore à-propos que je paraisse devant
leurs Parens, je fais ma cour à la Sœur-
ainée, qui engage sa Cadette à m'accorder

des rendévous ; & pour me faire le plaisir tout-entier, elle l'accompagne, afin de nous laiſſer ſeuls plus ſûrement, quand nous ſommes dans un endroit écarté. Je ne ſavais d'abord à quoi je devais attribuer cette conduite, dans une Fille honnête, comme eſt cette Aînée ; le myſtère vient de ſe découvrir, & la fin de ma Lettre vous en inſtruira.

Ce matin, nous avons été dans ce petit bois de peupliers qui eſt audeſſus du bâtardeau, ſur les bords de l'Ione (lieu charmant, où vous avez quelquefois *ſoupiré vos amours*)! nous nous ſommes aſſis dans l'endroit le plus touffu. Carhos (la Sœur aînée) ſ'eſt éloignée, ſous prétexte de cueilir des narciſſes ſur le bord de la rivière. Me voila donc ſeul auprès d'Edmée. J'exprimais à cette aimable Fille, ma vive tendreſſe : une rougeur modeſte répandait ſur toute ſa perſonne, ce charme qui parle au ſens, & cette retenue intéreſſante qui pénètre le cœur. Je lui ai pris la main : elle ne l'a pas retirée ; mais elle a baiſſé ces ieux agaçans, qui ſemblent toujours étinceler des feux de l'amour. Je lui ai dit, —Belle Edmée, il n'eſt rien qui vous égale—. Elle a levé la vue ſur moi, & ſes beaux ieux noirs ſe ſont fixés un moment ſur les miens ; l'éclair qu'ils on lancé a été ſa réponſe. —Que vous êtes aimable ! (ai-je repris) que vous méritez d'être aimée !

—Je n'avais pas encore desiré de l'être.
—Quoi votre cœur a toujours été insensible?
—*Insensible!* ( & ce mot a été suivi d'un petit
soupir.) —S'il ne l'est pas, heureus Celui
qui l'a touché! —N'alez pas croire, Edmond, qu'Un-autre—... ( Elle a rougi de la
vivacité de sa replique,  & baissé la vue:
j'étais enchanté:  j'ai dissimulé pourtant.)
—Je sais bien que l'indifférence seule vous
plait?   —Mais, comment-donc croirai-je
que vous m'aimez?  —Parce-que je vous le
jure, & que je suis prêt à vous le prouver.
—Et moi, je dois me taire, Edmond: notre
rôle ne saurait être le même. —Charmante
Enfant!  Mais daignez me dire, si je puis espérer? —Vous ne le voyez pas!  —Un si grand
bonheur ne peut se croire, sans une assurance
précise? —Quand une Fille écoute, comme
je le fais, l'Amant qui lui dit qu'il l'aime, elle
a répondu. —Oui,  quand il est présomp-
tueus; mais s'il est est modeste, & timide, il
faut un langage plus clair. —Ah! monsieur
Edmond, vous avez de l'esprit, & le langage
le moins clair en apparence l'est pour vous;
—Mais, .... il est des preuves plus sûres....
—Eh-bien, parlez; je vous donnerai toutes
celles que vous me demanderez. —*Toutes!*
Edmée! *toutes!* —Oui, toutes celles que
vous demanderez; & je verrai par-là comme
vous pensez à mon égard.... Ne soyez pas
surpris de ce langage; je lisais hièr, qu'*une*

*Fille risque moins auprès de Celui qui l'aime comme il faut, qu'avec un Homme indifférent ; que le Premier est le gardien de son innocence ; et que le Second ne cherche qu'à la détruire.* Vous m'aimez ; le ton dont vous me parlez, vos regards ... on ne m'a jamais parlé , on ne m'a jamais regardée de cette manière ; & j'en crois la vôtre–....

Mes bons Amis, la véritable innocence est naïve, mais non pas aveugle. Je connais une Coquette qui joue quelquefois la naïveté, qui aurait bien su donner une autre tournure à ses réponses , & un autre terme à mes questions ! Je me suis senti pénétré d'un sentiment si tendre , que je n'ai jamais rien éprouvé de pareil , si ce n'est pour .... cette Femme que nous adorons tous. J'ai baisé la main d'Edmée ; ma bouche est restée longtemps colée sur cette main , qu'elle me laissait : c'est tout ce que j'ai osé , tout ce que j'ai desiré en ce moment. Mais ensuite !... Ah ! mes Amis, si vous connaissiez l'état actuel de mon cœur, vous frémiriez du danger qu'a couru mon Amante ;... ou vous admireriez l'insurmontable pouvoir de la vertu.

—Edmond ! (a dit l'aimable Fille, lorsque j'ai levé les ieux sur elle ; ) le moment qui vient de s'écouler n'as point eu de pareil dans ma vie. —Ni dans la mienne , ai-je répondu. —Ce mot en augmente le charme ! —Chère Edmée ! que vos expressions sont touchantes !

touchantes! —Comme vos regards. —Vi-
vons l'un pour l'autre. —Oui : mais aimerez-
vous conftamment ? —Fille adorable ! jurez
feulement de m'aimer autant que je vous aime? —O-non! vous croiriez un-jour ne devoir ma conftance qu'à la crainte de me par-
jurer... Et-puis, ne dit-on pas qne l'amour
f'endort fur la foi des fermens? Edmond,
n'en fesons jamais. —Jamais! il en eft un
pourtant qn'il faudra faire ? —Oh! celui-là,
Edmond—... Elle a baiffé la vue : mais il faudrait la voir & l'entendre! J'ai fenti que je
m'expofais à fortir des bornes que je m'étais
prefcrites, en prolongeant un fi déliceus entretien ; & pour rompre le charme, je me
fuis levé, j'ai donné la main à la charmante
Enfant que j'aimerai toute ma vie, & nous
nous fommes rapprochés du bord de la rivière où fa Sœur f'amusait à arranger des fleurs.

L'intime union qui règnait entre nous, a
charmé la bonne Catherine ; c'eft, comme
vous le favez, une groffe Réjouie, qui n'eft
pas fans attraits : fon éternel enjoûment lui
va, parce-qu'il eft une fuite de la bonté de
fon cœur, & ce bon cœur, elle leporte fur les
lèvres. Je me fuis affis entre les deux Sœurs.
Catherine nous a dit en riant : —Je vous
fais une couronne : à quî faut-il la donner ?
—A Edmée. —Non, ma Sœur, à Edmond.
—La Beauté la mérite. —Et l'amour ? —Il
eft vrai! elle m'appartient ; j'aime le plûs.
—Ah! Edmond!... —J'ai encore un autre

tirre... (& me panchant à l'oreille de Cathos)
Elle me confume de desirs, & je les ai con-
tenus. —La couronne eft à vous—(a-t-elle
dit, en me la mettant fur la téte). Nous
avons enfuite causé fur une matière intéref-
fante. Je tenais la main d'Edmée preffée
dans les miennes, ivre d'amour & de plaisir. Catherine m'a dit, qu'elle avait vu ma
Famille, lorfqu'on était venu ici pour mon
mariage ; & elle m'a demandé, Lequel de
mes Frères était marié ? J'ai répondu, Que
c'était le Seul qu'elle n'eût pas vu. Elle a
rougi : c'eft, je crois, la première-fois que
cela lui arrive. —Savez-vous, a-t-elle repris,
fi un Gros, dont les cheveux châtains tombent en boucles fur fes épaules, a une Maitreffe? —Il n'en a pas. —Vient-il quelquefois vous voir ? —Rarement ; c'eft un plus
jeune, nommé Bertrand, qu'on m'envoie
prefque toujours. —Comment nommez-
vous donc celui dont je parlais ? —Georget.
—Et jamais il ne vient ici ? —Il y viendrait, fi
vous paraiffiez le desirer ? —Oh ! ce que j'en
dis.. J'efpère, que f'il venait, au lieu de M.
Bertrand, quand vous ferez connu chés nous,
vous nous feriez l'honneur de nous l'amener ;
... ainfi que toutes les Perfonnes de votre
Famille qui viendront vous voir—. Je l'ai
affurée, que je n'y manquerais pas. Ou je
me trompe fort, ou M.<sup>lle</sup> Catherine veut du
bien à Georget. Et tant-mieux, mes bons
Amis! le Parti ferait avantageus pour mon

Frère : Le Papa Servigné possède vingt arpens (1) de vignes des meilleures du terri-
toire ; deux maisons dans la Ville , outre
celle qu'il habite ; quelques terres-à-bléd ;
trois arpens de luzerne au faubourg *Saint-
amatre* , sur le bord d'un ruisseau : il serait
aisé de retirer un revenu considérable de
ce dernier bien , en le convertissant en po-
tagers : outre cela, quelques rentes bien hy-
pothèquées.  Je tiens ces détails de Personnes au-fait de ses affaires : enfin , je vois
là-dedans une convenance de plûs pour mon
mariage avec Edmée.   Mon Frère s'établi-
rait ici ; comme il est au-fait du travail des
champs & des vignes , il vivrait avec notre
Beaupère ; & un-jour il aurait l'administration
de ce qui nous appartiendrait en-commun....

Dieu veuille que tout ceci ne soit pas des
chimères !  Je compte sur les bons-offices de
M.<sup>me</sup> Loiseau ; car tout le minucieus détail
où je viens d'entrer est pour elle , afin qu'elle
s'en serve de la manière qu'elle jugera convenable dans sa Lettre à ma belle Cousine.

----

(1) Les vignes de ce Pays valent depuis mille
livres , jusqu'à mille-écus l'arpent.

----

## LXXVI.<sup>me</sup>

26 mai.

### EDMOND, à PIERROT.

[ Ce que peut sur une âme honnête l'amour trop
écouté , mais qu'on se déguise. ]

Deux Lettres, chèr Frère , dont je te

fais part, & toutes-deux contraires à mes vues, mais par des motifs différens. La première eſt de ma reſpectable Cousine; la ſeconde, de M. l'Abbé Gaudet, autrement le P. D'Arras.

LETTRE de M.me PARANGON à EDMOND.

*ETAIT-CE avec moi, mon Cousin, qu'il ſalait prendre un ton de cérémonie? Votre première Lettre était plus ſimple, plus amicale. Dans celle-ci vous ſemblez me craindre. Dois-je vous dire que vous avez raison?...... Heureus Hommes! ( ſi la licence conduisait au bonheur) tout vous eſt permis: dès que vous desirez, c'eſt une ſainte, une indiſpenſable loi que de vous ſatiſfaire: vous attaquez de tous côtés: des raisons, vous en donnez! l'on ne ſaurait vous refuser. O mon Ami! vous faites bien-peu pour moi! Mais je ne veux pas vous faire acheter par des reproches un conſentement dont vous pouvez vous paſſer. Pourtant, fesons une comparaison de votre état au mien.... Edmond, quelle différence énorme ſ'offre tout-d'un-coup! D'un côté, la liberté, les plaisirs: de l'autre, hélas! l'eſclavage, la privation.... Je n'avais qu'un Ami; mon cœur ſe fesait une affaire de ſon bonheur: je lui deſtinais...Une-autre moi-même... La félicité d'Urſule, celle de ma Sœur et la vôtre euſſent répandu quelque douceur ſur ma vie! Oui, j'aurais mieux ſenti que vous-mêmes votre bonheur...? N'y penſons plus; il faudra que j'aye* un autre Frère !.... Si vous le voulez, mon Cousin, j'y consens. Ne craignez pas de perdre mon amitié... Mais je pers de vue moi-même la comparaison que je voulais faire.

Colette C**, née sensible, faite pour être heureuse par sa sensibilité, se vit, il y a long-temps! obligée d'abjurer un sentiment plus chèr à son cœur que l'existance, mais beaucoup moins que la vertu. Elle porte dans son sein, à un degré qui n'a pas de mesure, le goût d'un tendre attachement (elle ne balance plus à vous le dire); et si elle ne se tenait pas toujours sur ses gardes, peut-être... Sans-doute elle n'aurait pas manqué de la frivole excuse d'un pan-chant irresistible. Elle s'est jetée dans les bras de l'Amitié, de la Nature, pour éviter l'Amour: elle s'y croyait assurée: on veut l'en arracher; on veut briser les barrières qu'elle s'efforce d'élever entr'elle, et le danger. Car elle ne s'en impose plus à elle-même : mais elle n'a pas fait la découverte qui l'épouvante, avec Celui qu'elle évite. Une jeune Beauté qui lui retraçait des traits chéris, fut Celle qui l'éclaira ; elle sentit qu'elle l'aimait trop pour une Amie. Que cette découverte l'affligea !... Elle s'interdit pour-lors avec la Sœur, jus-qu'aux choses dont les plus Scrupuleuses sont bien-loin de se faire un crime ; et plus sévère à son égard que ne le sont pour les Victimes confiées à leur barbarie, les hideus Gardiens des Beautés persanes, elle trembla de profaner

l'amitié par une caresse sortie d'une source im-
pure. Elle se contint, Edmond; elle n'a pas
le plus petit écart à se reprocher dans ses actions.
Mais si vous saviez combien son cœur a souffert!... O mon Cousin! que de combats pour
tromper la destination de la Nature!... Elle
s'était bornée à jouir de la félicité d'Une-autre;
elle voulait rendre légitime un attachement
dont sa vertu s'effarouche, en lui donnant un
Frère pour objet.... Vous ne le voulez plus,
Edmond; vous alez la contraindre à diminuer
des sentimens qui fesaient son bonheur; mais
qu'il ne lui conviendrait plus de nourrir pour le
Mari d'une Étrangère....

Mais que tout ceci ne vous arrête pas, mon
Cousin; si la main d'Edmée est nécessaire à
votre repos, ou s'il n'est plus d'autre moyen
que le mariage pour vous soustraire à des périls
que je crois deviner, épousez-la; j'y consens.

Ursule ignore tout ceci. Je dévore seule mes
peines. Le Conseiller vient quelquefois; je
ui parle rarement; ma Tante l'entretient;
Ursule ne le voit jamais. M.me Canon, toute
difficile que vous la savez, est très-contente de
lui. Je souhaite ce mariage, pour elle, pour
vous, et pour moi. Cette aimable Sœur vous
embrasse. Je vois qu'elle voudrait bien que je
lui lusse ma Lettre: mais il n'y a pas moyen.
Fanchette,... dois je vous le dire? je crois
que le cœur de cette Enfant ressemble au mien:
elle me tourmente pour que je lui permette de

mettre deux mots au bas de ma Lettre... J'y consentirais, s'ils étaient pour son Époux. Adieu, mon chèr Cousin: aimez-nous davantage, ou rendez-nous plus indifférentes...... Je parle pour Toutes-trois.

Mon bon Frère, où trouver une âme plus belle, plus généreuse!... Oui, dans ce moment, je suis encore digne de ma Cousine; de M.<sup>lle</sup> Fanchette & de toi.... Alons, me voila déterminé, fermement resolu.... Je forme même un projet que je te dirai... Il faut l'imiter, cette Femme courageuse!.... Oh! quelle vénération profonde elle m'inspire! tant de combats & de victoires! de passion & de vertu!..... Mais avant que de t'entretenir de mon projet, il faut te transcrire la Missive de M. Gaudet, que tu as connu sous le nom de P. D'Arras:

LETTRE de GAUDET, à EDMOND.

AME triviale et commune, dis, es-tu faite pour le bonheur? Tu n'as pas même la faculté de le sentir. A-peine libre, à-peine entré dans le tourbillon des vrais plaisirs, tu me parles déja de te lier avec une innocente Bergère, jolie, fade, vertueuse et bégueule; qui toujours soupirera, t'aimera, t'adorera: qu'il faudra sincèrement, tendrement, constamment, éternellement chérir, aimer, servir, sous-peine d'être un traître, un parjure, un perfide; le plus injuste, le plus dur, le plus *ingrat de tous les Hommes. Oh ma-foi, l'Ami, franchis le pas ; et te voila perdu sans ressource... Ecoute, tu n'es pas d'âge ni d'état à renoncer à la société : tremble de te préparer des dégoûts, des repentirs. Et-puis, qu'est ce donc que ta petite Edmée ? Où presenteras-tu cela ? Dans les cercles brillans du Grand-Caire (1) et de ton Village sans-doute. Oui, vous pourrez, dans les campagnes raboteuses de ton desert, filer la constance à l'ombre d'un noyér ; vous parcourrez ensemble vos seigles, vos orges et vos aveines : lorsque la faulx abbattra l'herbe de vos luzernes et de vos prés, vous fanerez ensemble : douce occupation des Amans rustiques !... Mais ces sots plaisirs eux-mêmes passent comme la fleur que coupe la faulx, et le dégoût est éternel : alors mon imbécile Epous s'ennuie, gémit, enrage...... Eh ! meurs de honte, Edmond ! Jeune, bien-fait, avec du talent, ose envisager la fortune ! Et sans parler de ton art (où tu fais des progrès rapides), il te reste mille moyens de t'avancer, qu'un mariage aussi mal-assorti peut écarter. Que des idées nobles succèdent à ces vues étroites, bornées, ordinaire défaut des Gens de Village ! J'ai des projets pour toi, et depuis que je te connais mieux, je me suis mille-fois repenti d'avoir donné les mains à ton premier mariage : les liens en sont brisés : laisse-moi te servir à ma*

____

(1) Quartier de la Ville qui n'est habité que par des Vignerons & des Charretiers.

manière. Comme je te l'ai tant dit, tous nos
Moralistes, philosophes ou chretiens, disent
que l'Homme est déchu; mais ils donnent à
cette maxime vraie, un sens différent: sais-tu
le seul moyen de rendre à l'Homme toute sa
dignité première? C'est de dépouiller tous les
préjugés, de briser ces entrâves d'une éducation
mesquine, qui nous courbent sous leur joug.
Mon Chèr, il n'y a plus que deux états dans
le monde, celui d'esclave, et celui de maître.
Le Sage dédaigne le dernier; il abhorre l'autre:
il ne veut point de fers, et n'en donne à
Personne: tout ce qui peut géner la liberté, lui
devient odieus; il renoncerait aux passions,
même à celles qui sont destinées à lui faire sentir délicieusement son existance, si elles l'as-
servissaient. Croi-moi, s'il est des Femmes qui
puissent faire ton bonheur, ce ne sont que Celles
qui ressemblent à Madelon... Je n'ai pu m'em-
pécher de rire de ta sotise! Va-t-en donc en
Perse, pauvre Garson, et fais publier le kou-
rouk devant ta Belle. Un Asiatique jalous,
est un Homme ordinaire: mais un Français
jalous! est un monstre; car il est contre nature; son climat, ses mœurs, tout s'y oppose.

Le Billet que Madelon t'a écrit, n'aurait pas
manqué son effet, si tu étais plus ferme dans tes
principes; il rend de tout des raisons satisfe-
santes, et j'en suis on ne saurait plus content.
Cependant, apprens qu'il n'est qu'un badinage;
le Blondin n'a pas été si loin qu'on te le dit;
c'est un Parent qui demandait un service, et qui

*n'a fait que lire un Mémoire où ses raisons étaient détaillées ; il falait les entendre pour le servir. Ta jalousie a diverti ; l'on a voulu s'amuser, et tu es le bouffon de l'avanture. Cela n'est pas consolant !*

*Que veut dire, je te prie, la fin de ta Lettre, et qu'entens-tu par hypocrisie ? Si simple encore !... Se conduire avec certaines Gens d'une manière conforme à leurs préjugés, nommes-tu cela hypocrisie ? Moi, je dis que cette hypocrisie-là est une vertu sociale; ce n'est plus un masque perfide dont on se couvre ; c'est un doux assentiment, qui flate toujours ceux pour qui on l'a ; parce-qu'il leur montre un dessein formé de leur plaire, et de leur immoler tout ce que l'on peut ; en-un-mot, cette hypocrisie prétendue est la vraie politesse.*

*J'ai reservé l'article qui me regarde pour le dernier. Tu devines assés juste : Laure ne veut pas entendre parler de mariage : Elle se trouve heureuse ; sa Mère entré dans nos principes, et tout va le mieux du monde. J'ai trouvé mon intérêt à te servir; mais tu sais bien que je t'aurais servi, quand je ne l'y eusse pas trouvé. Adieu, mon cher Edmond : point de mariage ; point d'enfances pareilles : parcours la carrière qui t'est ouverte ; et si quelquefois tu crains d'y broncher, appelle á ton secours,*

*Ton Ami Gaudet.*

Ne va pas croire, mon chèr Aîné, que cette dernière Lettre me détermine ; celle de M.<sup>me</sup> Parangon pouvait seule me faire

remporter fur moi-même une victoire,.....
bien grande, je t'affure!.... Mais voici le
projet que je t'annonçais, en commençant.

Bertrand doit venir ici paffer les fêtes-
de-pentecôte ; prie nos Parens d'envoyer
auffi Georget ; &, pour ne te plus tenir en
fufpens, je te dirai tout-d'un-coup, que je
ne vois pas dans notre canton, de Partis plus
avantageus pour nos deux Frères, que les
deux jeunes Servigné.  Je préviendrai Catherine de la moité de mon deffein, & je
fuis fûre qu'elle travaillera de tout fon pouvoir à la réüffite.  Il faut l'avouer, je ne pourrais me resoudre à renoncer tout-à-fait à
Edmée, & à la voir paffer dans une Famille
étrangère ; il me femble que je ne m'en prive
pas en la cédant à Bertrand ; il eft doux,
aimable de figure & de caractère ; il ne
verra pas une Fille comme Edmée, fans
f'y attacher ; & f'il l'aime, pourra-t-elle lui
refuser fon cœur ?...  Je le repète, je ne
puis la céder qu'à quelqu'un qui me foit chèr,
auffi chèr que moi-même.  Cependant, il
ne faut pas croire que cet échange puiffe
fe proposer tout-d'un-coup : je ménagerai
les choses, & en attendant, nous deman-
derons toujours Catherine pour Georget.
Marque-moi ce que tu penfes de tout cela,
quand nos Frères viendront.  J'ai resolu
de ne plus voir Edmée qu'avec eux.

Je fuis, chèr Aîné, tout amitié pour toi
& pour eux, &c.ᵃ

## LXXVII.<sup>me</sup>



### PIERROT, *à EDMOND.*

[ Je ſoupçonne & crains du déguiſement. ]

Notre Père & notre Mère approuvent ton double projet, mon chèr Edmond ; & ils envoyent Georget avec Bertrand. Ils ſouhaitent de tout leur cœur, pour toi, l'honneur que veut te faire M.<sup>me</sup> Parangon, & ils ſont fort-étonnés que tu ayes pu balancer. La Lettre de cette bonne & douce Dame, que je leur ai lue en partie, les a fait pleurer de joie : je ne leur ai pas montré l'autre Lettre. Ils eſpèrent bien de la conſolation de toi, & de notre chère Urſule dans leur vieilleſſe, qui ſ'avance. Ils ſ'entretiennent à tout-moment entr'eux-deux & avec moi, de la favorable occaſion qui ſe préſente d'établir deux de leurs Garſons avantageuſement & avec d'honnêtes-Filles ; car tu ſais que nous ne ſommes pas riches, & que nous ſommes beaucoup ! & ils ne ſe repentent plus de t'avoir envoyé à la Ville, puiſque tu te comportes bien, & que tu ſonges à tes Frères & Sœurs, qui eſt ce qu'ils avaient eſpéré de ton bon naturel. Voila ce qu'ils m'ont commandé de te marquer pour eux, en t'enjoignant de mettre de la prudence & de l'attention, dans tout ce que tu feras pour nos Frères & pour toi. Pour-à-l'égard de moi, chèr Frère, je ne ſuis pas ſi tranquile ! O mon

Ami! prens bien garde que la Ville & ses per-
nicieuses maximes ne te corrompent !   Je
n'entens quasi goute à la Lettre du Père , ou
de m. l'Abbé Gaudet, comme tu l'appelles
à-présent ; je ne sais ce que c'est que la D. lle
Madelon , & autres ; mais je trouve ça bien
cavalier & bien-singulier !   Selon moi, mon
Edmond , il y a deux sortes d'Hypocrites ;
ceux-là qui commençant à se corrompre,
rougissent des fautes qu'ils commettent &
les cachent par honte ; & le Scélérat qui
n'en rougissant plus, & qui ayant étouffé
les remords,  est méchant avec adresse , se
plie , se replie pour suivre ses panchans per-
vers , & prend le masque d'Homme-de-
bien , pour mieux se jouer des Honnêtes-
gens.   L'hypocrisie fut de tout temps la
protectrice du crime ; quand il commence,
c'est comme un ombrage qui l'abrie du
soleil; quand il est formé, c'est un voile
avantageus, qui empêche d'en voir la lai-
deur.   Évite-là-mon Frère ; car la seule habitude de se déguiser, ferait venir le goût
du vice , quand on ne l'aurait pas.   Pour à
l'égard de Laurote , ne m'en parle plus : ça
te ravale dans mon esprit ; elle est notre
parente , & sa perte vient de nous ; car je
vois bien qu'elle se perd.   Et s'il était en
mon pouvoir de la retirer , sans faire plûs de
mal que de bien, je la retirerais: mais tous les
moyens me manquent , & je n'ose te dire
de t'y employer, de-peur qu'il n'en arrive

pis encore. Au vis-à-vis de M.<sup>lle</sup> Servigné, fais tout pour le mieux. Edmée me plaît : si cela se pouvait avec Bertrand, il me semble qu'ils feraient un joli ménage ; & je voudrais bien qu'il l'amenât ici, au cas où ça se pourrait ; elle serait l'amie de ma Femme ; & je sais que Fanchon l'en aimerait mieux de ce que tu l'as aimée. Nous t'embraffons tous. Et je suis ton meilleur Ami & Frère.

## LXXVIII.<sup>me</sup>

10 juin.

### EDMOND, à PIERROT.

[ Il présente nos Frères chés le Père-Servigné, & me fait part d'une Lettre d'Ursule. ]

Nos deux Frères & moi nous avons rendu visite au Père d'Edmée. J'avais instruit Georget & Bertrand ; Catherine avait prévenu son Père, & m'avait présenté moi-même deux jours auparavant, comme un Ami particulier, du P. Gardien des Cordeliers, son confeffeur. Georget, comme tu sais, bonaffe, droit, mais un-peu intéreffé, m'avait d'avance répondu de se conformer à tout ce que je lui prescrirais ; il m'a tenu parole : mais Bertrand, plus délicat, ne m'avait rien promis ; il a voulu voir. Je suis également content de lui. J'ai d'abord préfenti le Vieillard seul-à-seul, au sujet de sa Fille aînée. C'est un de ces Hommes de l'ancienne trempe, qui lorsqu'une proposition leur plaît, l'acceptent sur le champ, & vous entendent-à-demi-mot. Il

était inſtruit de notre manière d'être au pays,
&c.<sup>a</sup> La venue de notre Père, que je lui
ai annoncée, a paru le flater beaucoup ; il
ſe promet de le régaler, & de lui faire boire
du meilleur. C'eſt-là le plaiſir des Vieillards,
& ce qui les conſole de la perte de tout le
reſte. Lorſque je l'ai vu de bonne-humeur,
j'étais tenté de parler tout-de-ſuite d'Edmée & de Bertrand ; mais j'ai craint l'indiſ-
crétion du Bonhomme ; je veux amener
d'une manière moins bruſque la Jeune-fille à
ſeconder nos deſſeins. C'en eſt aſſés, pour
une première-fois, que Bertrand la trouve
charmante, & qu'il m'ait aſſuré qu'il n'en
veut jamais avoir d'autre. De-plûs, je voulais ſavoir d'Edmée ce qu'elle penſait de
notre jeune Frère. Elle m'en a dit beaucoup de bien. Depuis cette première entrevue, Georget & Bertrand on été deux-
fois ſeuls chés leurs Maitreſſes : ils en ſont
bien reçus : mais Georget l'eſt comme amant,
& Bertrand ne l'eſt que comme beaufrère
futur. N'importe ; qu'on l'aime toujours,
la manière n'y fait rien : il ſera moins difficile d'apporter quelque changement dans
un ſentiment déja né, que de le faire naître.
Voila où les choses en ſont. Paſſons à d'autres nouvelles qui ne te feront pas moins
de plaiſir.

Une bien intéreſſante pour moi, c'eſt que
M.<sup>me</sup> Parangon arrive dans quelques jours.
Je viens de l'apprendre par une Lettre d'Ur-

fule , que le Conseiller m'a remise, & dont ma Cousine elle-mème l'a chargé , sans doute pour que nous eussions occasion de nous voir. Je ne saurais te dire combien ce Monsieur m'a fait de caresses, d'amitiés, & d'offres-de-service. J'ai répondu à tout cela comme je le devais, & sans paraître instruit de ses sentimens pour ma Sœur.

Mais voici la Lettre d'Ursule :

*C'EST bien affligée que je t'écris, mon Frère ! Je vais être privée de Celle qui m'est plus chère que la vie. Je me plais ici ; mais sa présence donnait à la Capitale tous les charmes que j'y trouve. Songez bien tous-deux à m'écrire souvent ; je n'aurai plus de véritable plaisir qu'à m'entretenir avec vous de cette manière. Dans huit jours .... oh qu'ils vont s'écouler vîte !... dans huit jours elle part ! Que tu vas être heureus, mon Frère ! tu la verras tous les jours ; tu l'entretiendras.... Parlez souvent de moi, et que du moins je sois présente à votre pensée, comme vous le serez à la mienne... Il ne faut cependant pas te peindre mon état plus triste qu'il ne le sera en effet ; notre respectable Amie me laisse une partie d'elle-même dans M.*lle *Fanchette : je ne saurais te dire combien elle m'est attachée ; et mon cœur le lui rend bien : peut-on rien voir de plus aimable ! Cette charmante Enfant aura le caractère et tous les attraits de sa Sœur. Je ne compte pas non-plus pour peu de chose l'avantage de vivre sous les ieux de*

M.*me*

M.me Canon: c'est une Gouvernante, sévère à-la-vérité; mais que me fait cette sévérité-là, si je crains plus que la mort de manquer à mon devoir?

J'avais envie de te faire part d'une avânture assés sote et fort-desagréable que nous eumes l'autre jour aux Tuileries; mais je songe que M.me Parangon t'en racontera bien-mieux les détails: tu sais que je trouvais cette promenade charmante? eh-bien, je la déteste à-présent de tout mon cœur. Quelles Gens que le public Parisien! il semble qu'ils n'ont jamais vu de Femmes passables. Et puis leur admiration a si fort l'air de l'insulte (1), qu'il est très-mortifiant de s'en voir l'objet. Par-exemple, tandis qu'ils nous entouraient, un Impertinent est venu regarder M.me Canon sous le néz; et-puis nous montrant M.me Parangon, Fanchette et moi, il a dit: —Apparemment ce sont les Grâces, à qui Vénus a donné Mégère pour Gouvernante—! A-t on le droit d'insulter publiquement une Femme respectable, parce-qu'elle n'est plus jeune? Un autre (et Celui-là ne m'a pas choqué) trouvait mon Amie la plus charmante Personne du monde. Beaucoup disaient tout-haut ce qu'ils pensaient: envérité, je crois qu'ils nous prenaient pour des curiosités, qu'on est maitre

_______________

(1) C'est une Provinciale nouvellement débarquée; & ces Femmes-là prennent toujours l'admiration affectée pour une insulte. [Note d'Editr.

d'examiner pour son argent! Ce que je viens d'éprouver de pénible en cette occasion, me fait sentir combien le métier de Comédienne, qu'on élève beaucoup ici, doit être avilissant. Nous ne retournerons plus aux Tuileries. Il est d'autres jardins moins fréquentés, où l'on n'est pas exposé aux mêmes avanies: Tel est le Jardin-royal des plantes, où nous avons été hièr, et qui m'a plu infiniment. Dès l'entrée, le parfum des tilleuls en fleur vint agréablement frapper mon odorat; je fus enchantée de la variété champêtre qu'on y trouve; je me croyais transportée dans nos campagnes, en reconnaissant les productions. Mais un bosquet, sur une petite éminence, où l'on nous a introduites, m'a paru valoir seul plûs que tout le jardin des Tuileries. Voila desormais où nous irons. Nous avons eu le plaisir d'y courir, Fanchette et moi, d'y faire les folles, sans être remarquées. Ma charmante Amie a bien voulu elle-même partager nos jeux, et M.<sup>me</sup> Canon n'a pas grondé, comme elle avait fait en revenant des Tuileries, le jour de notre belle scène. Je me promets déja, lorsque nous y retournerons, de m'écarter avec Fanchette, et de chercher les endroits où la plus aimable des Femmes était avec nous, pour y donner des larmes à son absence: cette idée est triste; mais elle me plaît.

Adieu, mon chèr Edmond: Je n'écris pas, à nos Parens; j'attens pour cela que j'aye fait des progrès plus marqués dans la peinture, que mon Amie commence de me montrer, et que je continuerai, sous la conduite de M. **, à qui elle m'a recommandée ; cet excellent Maître veut bien venir ici trois-fois la semaine pour M.lle Fanchette et pour moi: j'espère qu'il ne te refusera pas un-jour ses leçons....

Comme j'alais plier ma Lettre, ma jeune Compagne est entrée: —Qu'écrivez vous donc-là, bonne Amie? —Une Lettre pour mon Frère. —Je voudrais bien la lire? —La voila-. Elle l'a lue; et-puis elle demande à grifonner deux mots sur le blanc qui reste.

De la jeune FANCHETTE.

DEPUIS que je suis ici, Monsieur, je me meurs d'envie de savoir pourquoi nous y sommes, et d'où-vient qu'on ne nous a pas laissées à Au**, où nous étions bien-mieux ? Je l'aé démandé à ma Sœur; elle n'a pas voulu me satissaire; M.me Canon le serait encore bien-moins; et ma bonne Amie l'ignore: Vous, qui êtes le bon-ami de ma Sœur, et le mien; car vous me l'avez dit un-jour; demandez-lui ce secret, et nous l'écrivez. Ma Sœur a beaucoup pleuré, ces jours passés; je vous en instruis, et cela peut vous regarder; car elle vous a nommé dans un moment où elle oubliait que j'étais derrière elle. Consolez-la bien, je vous en prie, et marquez à ma bonne Amie si vous avez réüssi. Je vous écrirais une longue Lettre, si je ne crai-

*gnais d'être surprise, mais bien longue. J'au-*
*rais mille choses à vous demander. Par-exem-*
*ple, pourquoi ma Sœur se plaisait à me parler*
*de vous, à me dire que vous étiez aimable, les*
*premières semaines de son arrivée ; et qu'a-pré-*
*sent elle n'en dit plus rien, et paraît triste ; et*
*bien d'autres choses encore que je vous deman-*
*derais : mais je finis ; car je tremble que* M.<sup>me</sup>
*Canon ne voye mon grifonnage. Je vous sou-*
*haite tout ce qui vous flate davantage.*

*Votre bonne Amie,* FANCHETTE C**.

D'URSULE.

*N'es-tu pas heureus qu'on t'écrive ainsi* (1) ?
*Tu auras le joli Poulet, si notre Reine l'ap-*
*prouve ; ce que j'espère. Bon soir, chèr Ami.*

La vérité sort d'une bouche innocente, &
qui ne sent pas elle-même la force de ce
qu'elle dit, chèr Ainé : Quelle satisfaction,
en revoyant ma belle Cousine, de pouvoir
emettre la joie dans son cœur ! que de bonté
pour moi ! que ce court Billet de Fanchette
m'en découvre ! O mon Ami ! qu'ai-je fait
au Ciel pour mériter le bonheur qu'on me
prépare ! Me voila ferme à-présent, iné-
branlable : il n'y aura plus rien dans ma
conduite qui puisse déplaire à ma généreuse
Amie. Il est temps de chercher à mériter
ses bontés ; jusqu'a ce jour, je ne m'en suis
montré que trop indigne. . . . . . . . . . .

_______________

(1) Il faut observer qu'Ursule ignorait alors
toutes les variations de notre Frère.

Quelqu'un me demande : j'achèverai ma
Lettre tantôt. . . . . . . . . . . . . . . . .

C'était le P. Gardien.  Dans un paquet
qu'il a reçu de Paris, il s'est trouvé quelque
chose pout moi, qui regarde mon art ;  ce
font d'excellentes gravures de *Cars* & de
*Cochin*, avec une Lettre de M. Gaudet.
Il me marque, qu'enfin il a vu M.ᵐᵉ Parangon
& ma Sœur, d'après un Billet, qu'il avait
écrit à la Première.  Il dit qu'Urfule embel-
lit, & qu'on ne faurait la voir impunément.
Toute fa Lettre n'est qu'un tiffu d'éloges,
de ma Cousine & de M.ˡˡᵉ Fanchette.  Je
l'aime bien de m'écrire ainfi ; c'est m'obliger
encore plûs qu'il ne penfe.  Mais je n'ai
rien compris à une phrafe qui termine fa
Lettre, & qui parait ajoûtée après-coup ;
elle n'est amenée par rien :  *Il est du devoir*
*d'un véritable Ami d'obliger par toutes fortes de*
*moyens Celui qu'il aime ; c'est ce que je me pro-*
*pose de faire toujours pour toi quand l'occasion*
*f'en préfentera : car on ne doit pas héfiter à*
*caufer une mortification paffagère a fon*
*Ami, lorfqu'elle doit être fuivie d'un avan-*
*tage réel.*  Cela n'a aucun rapport, ce me
femble, à ce que je lui dois avoir écrit.

Adieu mon Ami.  Embraffe pour moi ta
chère Femme : dis-lui que j'ai resolu de lui
confier ma Fille, dès qu'elle pourra fe paffer
de fa Nourrice.  Je ne faurais te dire combien j'aime cet Enfant.

## LXXIX.ᵐᵉ

20 iun.

### EDMOND, à URSULE.

[ Comment il se permet petit-à-petit de parler de son amour pour une Femme mariée, & d'en entretenir notre Sœur.

ELLE est ici, ma Sœur, cette charmante Amie: c'est en sa présence que je t'écris; ses ieux suivent ma plume, & sa bouche répète tous les mots que je trace. Ma chère Ursule! aimable & tendre Sœur! Personne mieux que toi ne peut se former une idée de ma situation; elle est doublement heureuse: *Son* entretien & l'exemple de ses vertus m'étaient également nécessaires: J'avais un égal besoin de revoir ces traits enchanteurs, qui me donnent de l'indifférence pour tout ce qui est moins parfait qu'eux, & de recevoir les sages avis qu'elle me donne. Non, jamais je n'ai senti ce qu'*elle* me fait éprouver. Ce n'est point une passion criminelle, car je ne forme aucun desir contraire à *sa* vertu: c'est pourtant quelque chose de si tendre, qu'il faut bien que ce soit de l'amour... Un regard sévère, vient de m'intimider, chère Sœur. Ah! pourquoi se fâcherait-elle! Dans ces traits séduisans, ne vois-je pas ceux de l'aimable Épouse qu'elle me destine? Oui, c'est pour Fanchette que j'ai de l'amour; & son adorable Sœur... m'inspire un sentiment qui n'a pas de nom.

Binet. Inv.
J.e Le Roy

Mais j'adore Fanchette : je suis pénétré de la faveur qu'elle m'a faite de m'écrire ; je vais mettre tous mes soins à me rendre digne d'être son mari ; & c'est autant par la vertu que par l'amour que je prétens la mériter... Ceci m'a valu (on me permet de l'écrire) une faveur que j'étais loin d'espérer jamais ; un *baiser*. Quel fortuné moment ! ... Ma Sœur ! que tu es heureuse ! toi, qui en as tant reçus de sa belle bouche !... On me fait cesser : la plus belle main du monde m'avait retiré ma plume, & ne me la rend, qu'à condition que j'écrirai plus *sagement*..... Mais qu'ai-je donc dit qui ne soit pas *sage* ?.. Elle me quitte, ma Sœur ; son teint est animé, ses ieux sont humides. Je vais finir ma Lettre seul, & te rendre-compte de tout ce qui s'est passé.

Lorsque M. Parangon eut reçu la Lettre d'avis que sa Femme arrivait, il en parut tout intrigué. Nous avons ici une Troupe de Comédiens ; le bon Monsieur (avec quelques-autres Amis des plaisirs faciles qui lui ressemblent) a fait sa cour aux Actrices ; & l'on se dit tout-bas dans la maison, que les caresses de ces Dames l'ont furieusement incommodé ! Cependant le lendemain, il me dit que nous irions audevant de M.<sup>me</sup> Parangon à deux lieues, avec sa chaise, & deux chevaux-de-selle. Nous partimes le lundi-soir, & nous trouvames le coche à *Regènes.* J'y entrai ; mais M. Parangon demeura dans la chaise. Ma Cousine était feule dans une cabane avec la Fille qui la fert. En m'appercevant, elle fit un mouvement de furprise, en difant : —Quoi ! c'eft mon Coufin—! Je m'avançai vivement jufqu'auprès d'elle, fans lui répondre, & je lui baifai la main. La Fille fortit pour emporter quelques paquets, & je retins longtemps cette main chérie qu'on me laiffait. J'étais fi ému, fi attendri, que je verfai quelques larmes. Ma belle Coufine n'était guère plus tranquile. Je vis bien qu'elle craignait de m'interroger. Auffi, me hâtai-je de lui dire, que j'avais renoncé à toute idée de mariage contraire à fes vues : je lui détaillai un projet formé depuis ma dernière Lettre, & prefqu'exécuté, de donner Edmée à Bertrand ; je lui parlai de la Sœur d'Edmée, qui s'était éprife de Georget, & je lui fis part de tout ce que j'avais entrepris pour conduire cette affaire à une fin heureuse. Je vis alors briller dans fes ieux la joie la plus vive & la plus obligeante ; ... comparable à celle que fon retour me caufait, & qui éclatait dans mes moindres geftes. Lorfque la Fille a eu tout arrangé, nous fommes fortis du coche, & nous fommes venus à la chaise, que les paquets & M. Parangon rempliffaient exactement. L'entrevue des deux Époufa a été très-polie. Enfuite

notre

notre charmante Amie eſt montée à cheval :
tu ſais avec quelle grâce elle ſ'y tient , &
que c'eſt un de ſes goûts favoris : nous avons
laiſſé M. Parangon venir aſſés lentement,
& nous avons piqué-des-deux pour ne le pas
gêner.   Lorſque nous avons été hors de
vue , nous n'avons plus été qu'au petit-pas ;
& nous nous ſommes rapprochés.

—Je vous trouve donc tel que je l'aurais
deſiré , m'a dit ma Couſine ; mais tel que
j'étais bien loin de l'eſpérer ?   —Ignorez-
vous le pouvoir que vos bontés vous donnent
ſur moi ?   —Je ne veux rien devoir à la com-
plaiſance !   —Ce n'eſt pas-là mon ſeul motif ; l'amitié , le reſpect , l'attachement ,
la reconnaiſſance ; cet aſcendant que vous
donne un mérite que rien ne peut égaler,
décident mon panchant pour tout ce que
vous paraiſſez deſirer : en vous obéiſſant , on
fait toujours ce qui plaît davantage. —Vous
êtes bien aimable, mon Couſin, ſi vous êtes
ſincère !... Je vais à-préſent vous parler
de votre aimable Sœur.  J'ai bien pleuré
lorſqu'il l'a falu quitter ! Elle m'a chargée de
vous dire , que ſa tendreſſe pour vous eſt au-
de-là de toute expreſſion. —Elle n'aime
pas un Ingrat : puiſſé-je avoir bientôt l'occaſion de le prouver autrement que par
des paroles ! —Penſer ainſi pour Urſule ,
c'eſt mériter que je vous eſtime encore davantage. —Ma belle Couſine, vous ne me
dites rien de l'aimable Fanchette ? —Elle

fe forme très-vîte pour l'efprit & pour le corps : je l'ai fait peindre de deux manières , en grandeur naturelle & en mignature : vous jugerez fur le tableau , que j'apporte , des changemens que quelques mois & l'air de Paris ont déja faits fur elle ; en attendant , voici la mignature. —Elle eft adorable , charmante !... rien n'eft fi touchant... c'eft votre portrait... Mais en vérité , je fuis jaloux qu'Un-autre ait eu l'avantage de retracer fe jeunes appas. —Vous le feriez donc du plaifir que j'ai pris à la peindre ?... Dans le grand tableau , la tête feule eft de moi ; les draperies font l'ouvrage d'Urfule... —De ma Sœur ! —Oui, de votre Sœur. —Quoi ! ma Sœur.... —Vous furpaffe. Troublé , diftrait par des paffions trop vives, vos progrès ne font pas auffi rapides qu'ils devraient l'être. Lorfque nous nous renfermions, je montrais à Urfule les principes d'un art que j'aime ; nous y donnions tous nos inftans. L'occupation remplit l'âme ; elle empêche qu'il ne f'y trouve du vide pour le vice—.

Je ne fais comment il f'eft fait que je lui rendais le portrait, lorfqu'elle achevait ces mots. Elle m'a regardé, en difant : —Il eft à fa deftination—. J'ai rougi de plaifir, plutôt que de honte de ma diftraction , & j'ai répondu : —Il me fera bien-chèr ! il me l'eft doublement ! —Puiffe-t-il vous l'être toujours ! —Oui , je le jure, il me

le fera toujours!... La màin qui l'a créé ;
Celles qu'il représente ( car ce font vos
traits à toutes-deux ), en feront toujours
mon plus précieus tresor. —Je n'empêche
pas que vous ne nous unissiez, ma Sœur &
moi. —Ah!! madame, je vous mentirais, si
je promettais de vous séparer. —Ce n'est pas
encore tout... Voyez? —Ciel! éh! quelle
heureuse main m'a donc si fort embelli
—Celle de l'amitié. —Oserais-je croire...
—Urfule l'a voulu... —Ma Sœur n'aurait pu
réüssir... —Ce n'est pas ce que je vous dis :
Urfule voulait avoir votre portrait ; par-
complaisance pour elle, j'ai fait celui-ci :
elle en a deux copies, qu'elle a gardées.
—Ah! madame! donnez... —Vous ne favez ce que vous faites !.... —Il est vrai
(ai-je dit, confus de ma nouvelle étourderie ); je ne pensais pas... Daignez.....
—On dirait, comme vous vous exprimez,
que je le reçois de vous? c'est une chose
à moi-. J'ai balbucié, —Vous voyez bien
que je m'égare-. Elle a repris : —Je vous
donnerai celui-là ( c'était le tien, mon aimable Sœur ); mais à une condition ? vous
me le rendrez de votre main-. En le recevant, ma chère Urfule, j'ai saisi la main
qui me le présentait, & ma bouche alait
s'en approcher, quand on m'a dit : —Edmond, vous connaissez mon cœur ; je vous
en ai dévoilé les secrets & les faiblesses ;
soyez mon Ami, mon véritable Ami ; que

je puiſſe avec ſécurité me livrer aux ſentimens que vous m'inſpirez: mon Cousin, n'en
empoisonnons jamais la douceur : accoutu-
mez-vous à voir une Sœur en moi : je ne
desire de voir en vous qu'un Frère ; mais ſi
chéri, ſi tendrement aimé... Edmond,
plûs que vous ne croyez, vous pouvez contribuer à mon bonheur ! que je vous le doive, mon Ami? —Eh! c'eſt moi qui vous
dois tout, me ſuis-je écrié, ô la plus aimée
de toutes les Femmes! —Moi, aimée !...
ah! je ſus toujours trop ſenſible à la douceur de l'être. —Règnez ſur mon cœur.
—J'accepte cet empire que vous m'offrez.
—Je demande qu'il ſoit abſolu. —Il m'en
plaira d'avantage, puiſque je n'en userai
que pour votre félicité. —Ma belle Couſine–!.. Et je me ſuis tu. Il ſ'eſt élevé dans
mon cœur un ſentiment de reſpect, qui me
la feſait regarder comme un Ange de Dieu...
Elle revient. —Quoi! cette Lettre n'eſt
pas achevée! —Non, pas encore; il faut
que j'y ajoute quelque chose que vous me
dicterez pour ma Sœur. —Écrivez :

*Ma chère Urſule; je t'aime moins ſans-
doute que tu ne mérites de l'être, mais autant que
mon cœur peut aimer. J'ai bien des raiſons de
te regretter! ta ſociété eſt ſi douce ; ton amitié
ſi différente des ſentimens qu'on me montre
ci! Va, ſi quelque chose peut me conſoler
de ton abſence, c'eſt la certitude de te revoir
bientôt.* —Et pour M.lle Fanchette?

—Marquez-lui , *Qu'elle est ma bienaimée ,
ma Fille chérie , et que j'attens d'elle toute ma
tranquilité future.*  Dureste (ajoute-t-on) je
ne dicterai plus rien ; parlez de vous-même—:

*Aimable Fanchette , vous avez une Sœur qui
fait adorer tout ce qui tient à elle : Personne ne
lui touche de si près que vous ; Personne ne
lui est aussi chère que vous :  jugez combien
je vous aime, vous qui pour captiver mon cœur,
n'avez besoin que de vos attraits !  Oui , ma
toute-aimable ,  je vous jure un attachement
sans mesure et sans fin :  heureus si vous daignez y mettre quelque prix !  mais je crains bien
que le don ne vous soit indifférent !  Mais je
m'en remets pour-le-présent à ma Sœur ,  du
soin de vous faire ma cour :  Croyez que ce
qu'elle vous dira de ma part ,  quelque passion-
né qu'il soit ,  est bien-audessous de ce que sent
pour son adorable petite Femme ,*

*Son dévoué serviteur ,* EDMOND R**.

L'aimable Amie trouve le Billet charmant , & félicite Fanchette.  Je veux baiser le bord de sa robe ; elle la retire vivement ; elle ne veut pas que je fasse l'infidé-
lité la plus légère à sa chère Fille... On
me fait songer à te dire , que nous nous oc-
cupons de toi à tout moment , & que nous
prenons des moyens qui nous paraissent assés
sûrs, pour te rendre heureuse, en te réü-
nissant avec nous... Je ne dis que ce mot,
le reste doit encore être un mystère.

Je fais à-préfent votre avanture des *Tuileries*; elle eft affés plaisante, & je ne vois pas qu'il y aik tant de fujet d'en vouloir à vos Admirateurs & au jardin. Mais je fuis furpris que tu ayes abfolument oublié ce jeune Marquis, qui te disait des douceurs; qui vous a offert fa voiture, en vous dégageant de la Foule, & qui pour rendre fa politeffe moins fufpecte, voulait attendre pour f'en retourner, qu'on la lui ramenât! Notre Amie dit qu'il était modefte, d'une affabilité qui prévenait en fa faveur, & même aimable, quoiqu'un - peu laid; mais elle doute que tu puffes le reconnaître, car elle ne t'a pas vu lever une-fois les ieux fur lui. Va, ma chère Sœur, dans le fiècle où nous fommes, l'on trouve tant de Femmes qui fe donnent, qu'il n'y a rien à craindre pour Celles qui fe refusent... O me gronde de t'écrire cela, & pourtant on ne veut pas que je l'efface. Ma Cousine te recommande de te conduire toujours avec la même circonfpection; de l'aimer; de bien aimer M.<sup>lle</sup> Fanchette, & de préfenter fes refpects à M.<sup>me</sup> Canon.

Pour moi, chère Urfule, je te jure que je vous aime toutes-trois de-manière, que je ferais fort en-peine, f'il falait trouver des termes pour exprimer ce que vous m'infpirez. C'eft dans ces fentimens que je voue d'être,                    Votre immuable Ami.

## L X X X.<sup>me</sup>

24 jun.

E D M O N D, *à l'Abbé* G A U D E T.

[Le véritable amour, quel qu'il soit, dans les commencemens, ramène toujours à la vertu.]

AIMABLE Charlatan! va je ne veux plus croire à tes recettes. Sois heureus par les plaisirs que tu vantes; ils ne font pas faits pour mon cœur. J'en connais de plus doux & de plus piquans; la tendre, la pure amitié me les fait goûter. Que tu ferais estimable, chèr Abbé, si tu te bornais à ceux qu'on m'a fait connaitre & préférer!.... Mais je ne condamne Personne: la plus belle & la plus fûre de tes maximes, c'est l'apathique *tolérance*, qui fouffre patiemment, fans chagrin, fans humeur . que chacun foit

heureus à fa manière: je fais entre tes mains le ferment de ne m'en écarter jamais... Toujours avec Laurette, n'eft-ce pas?.... Mais pourtant, te voila fidèle? Elle eft conftante? Et tes principes fur les Femmes, *qui*, dis tu, *font une monnaie qui dois paffer de main-en-main?*... Répondez donc, beau Raisonneur! en contradiction avec vous-même?... Alez, je vous le pardonne; & c'eft toujours un bien, fi Laure vous fait abjurer vos anciennes erreurs, pour de plus douces & de plus naturelles.

J'ai revu l'élégante & volage Baron: je fuis très-content d'elle: c'est une petite Philosophe qui prend tout du bon-côté. —Eh-bien? toujours entiché de vos vieilles idées? toujours persuadé qu'on doit vous être fidelle,.... sans que vous le soyiez? —Oui, toujours. —Eh-mais! tantpis pour vous! vous y perdez seul, aumoins. —Je m'en consolerai. —Il le faudra bien : d'Autres ne gâgneraient pas assés à l'entreprendre. —Vous vous piquez? —Si peu, que je veux faire la paix avec vous. —De tout mon cœur. —Vous n'êtes que singulier, car dans le fond, vous êtes bonhomme. —Appelez-vous singulier, mademoiselle, que de... —Mondieu (dit-elle en me mettant la main sur la bouche) je crois que vous aliez dire une impertinence!.. venez ce soir-. Je n'y ai pas manqué : nous avons ri, dansé ;... & ( je ne sais comment a fait la Friponne!) nous avons eu une *conversation*,.. où elle m'a prouvé qu'elle avait aumoins autant raison que moi. —Vous êtes libre à présent, m'a-t-elle dit ; c'est en bien traitant un Ingrat, que je scelle la rupture-. En t'écrivant ce matin, je me demande, si c'est un rêve ou une réalité, que cette *conversation*-là? Croi qu'elle est trop contraire à mes principes, pour que je cherche à la renouveler ; je dis adieu à l'Enchanteresse : Par vertu? Non: par faiblesse : mon cœur est violemment entraîné d'un autre côté ; je me reproche un desir, un soupir qui n'est pas pour *elle* .. Je sais de Berdon, que sa Sœur me croit infidèle à ses charmes à-cause d'Eglé, & que c'est ce qui la rend plus indulgente. Tantmieux! cette idée l'éloigne de la vérité! Ce n'est pas que la-Corhaux ne me tente : elle est jolie! mais, je ne veux plus de ces Filles-là...... On m'interrompt : ce sont mes deux Frères qui viennent voir leurs Maîtresses ; je vais les y envoyer......

Envérité, l'Ami, les principes de ta dernière Lettre sont si singuliers, que je n'ai pas osé l'envoyer à mon Frère-aîné : j'ai craint qu'elle ne le scandalisât (1). Quoi ! tu prétens que *toutes les religions, également bonnes, également indifférentes, également fausses, sont utiles seulement, comme le mors l'est au Coursier indocile ?* Ami, cela sent bien l'Athée ! Je serais très-fâché que tu le fusses, & je serais au desespoir de l'être. Tu me préparais à tout cela, je le vois, par ta Lettre du 5 mars (2).... On m'interrompt encore. Il faut te quitter, mon Ami, pour cette matinée......

Singulière, étrange nouvelle pour moi! Conformément aux avis de tous-ceux que j'aime, j'avais triomphé de ma passion pour Edmée (j'alais t'en parler tantôt, quand on m'a interrompu ) : pour m'en consoler, je

---

(1) Je ne l'ai pas trouvée dans ma Collection ; mais je sais que tout le venin de ces dangereuses Lettres est contenu dans la CI.<sup>me</sup>

(2) C'est la LXIX.<sup>me</sup>

voulais que mon frère Bertrand fût heureus
à ma place : Point-du-tout ! voila qu'un
Homme fort-riche, sorti d'on-ne-sai-où,
vient de la demander à son Père en mariage. Le Bonhomme, qui ne sait ni mon ancienne passion & le panchant de sa Fille, ni
mes nouvelles vues ; a été flatté de cette
recherche. La Jeune-fille se desespère : son
Père veut absolument que ce mariage se fasse
le même jour que celui de la Sœur-ainée
avec Georget ; & le pauvre Bertrand me dit
tout-cela l'œil humide. Il ajoute, que ce
Cavalier est venu chés le Père-Servigné tandis qu'ils y étaient, & que sa figure ne lui
est pas étrangère : qu'il croit que c'est une
de mes Connaissances ; c'est un Homme de
trente ans. Je cours chés Edmée : je croirais la perdre doublement, si elle n'épousait
pas mon jeune Frère. Une grande faute
que j'ai faite, c'est de n'avoir pas prévenu
le Père d'Edmée ! Je ne pouvais cependant
pas demander pour mon Frère une Fille qui
compte sur moi, sans l'avoir préparée à ce
changement... N'importe, *la nécessité con-
traint la loi*, je vais parler. En finissant ma
Lettre, je te rendrai-compte des suites de
cet incident, qui me chagrine beaucoup !..

à 10 heures du soir.

Rien n'est plus certain ; un beau Cavalier
a demandé la petite Edmée à son Père. Mais
le Bonhomme, vaincu par les prières de sa

Fille-aînée , & par celles de la Jeune-personne elle-même , a différé de s'engager
tout-à-fait.   Je viens de lui parler pour Bertrand : notre alliance avec ses deux Filles,
a paru le flater.   Il m'a dit , qu'il alait y réfléchir ;   que l'intérêt ne le guiderait pas,
& qu'il aimerait mieux pour sa Cadette un
Mari qui lui plût, & qui la rapprochât de son
Aînée , qu'un plus riche qui l'en éloignerait
peut-être pour toujours : qu'il la falait con-
sulter.   Il l'a appelée.   Je voulais me retirer.   —Non , vous ne serez pas de trop dans
notre délibération—, m'a dit le Vieillard...
Et s'adressant à sa Fille :   —Je pense qu'il
ne faut pas tant regarder au bien : ce beau
Monsieur qui t'a demandée , pourrait nous
mépriser un-jour ; aulieu qu'en entrant dans
la Famille où entre ta Sœur, vous y serez toujours bien-regardées , & vous vous servirez
de soutien l'Une à l'Autre.   Quel est ton sentiment , mon Edmée ?   Ne vaut-il pas mieux
que les deux Frères épousent les deux Sœurs—?
L'aimable Fille a rougi , en répondant à son
Père : —C'est tout ce que je desire.   —Eh-
bén, ça sera, ma Fille : M. Bertrand est un
joli garson, bien-doux.   Alons, Monsieur Edmond, touchez-là ; je vous donne ma parole—.
Il nous a laissés ensemble.   Edmée était si
troublée , si confuse, qu'à-peine avait-elle
entendu ce que venait de dire son Père.
Lorsque nous avons été seuls, il a falu lui

expliquer tout cela clairement. C'était une
fcène cruelle pour moi ; je ne favais par où
commencer : voici pourtant comme je m'y
fuis pris. —Mademoifelle, vous ne m'avez
jamais été fi chère qu'aujourd'hui : mais...
( fes ieux fe font levés fur moi ; ah ! quel regard féduifant !...) mais un cœur qui brûla
pour Une-autre, n'eft pas digne de vous.
—Eh ! qu'importe, s'il m'aime, fi je fuis contente ? —Non, ma chère Edmée ; il fe rend
juftice... Il veut que vous foyiez auffi heureuse que vous méritez de l'être ; & pour
vous rendre heureuse, il faut être fûr de
foi-même, ne pas connaître le vice, ni fes
charmes dangereus... Je vous expoferais
trop à l'inconftance, en devenant votre mari ;
d'ailleurs, tout f'y oppose... Mais je n'en
ai pas moins à vous demander de faire le
bonheur de ma vie ;... non, fans vous, je ne
faurais être heureus. —Eh ! que me deman-
dez-vous donc, monfieur ? que voulez-vous
dire ? —Confentez à devenir ma fœur : Bertrand vous adore ; il eft plus digne de vous
qu'un Homme emporté par des paffions vio-
lentes, qui l'égarent à-tout-moment. —Je
vous comprens enfin ! vous en aimez Une-
autre ! —Ne me foupçonnez pas d'avoir
changé pour vous, mademoiselle ; vous feriez injufte ; & fi vous voulez me desefpé-
rer, marquez-moi de la haîne, & refufez
de devenir ma fœur... Mais non, charmante

Bluche Inv.
Jean Le May

Fille, vous accorderez à mon Frère des fentimens qui feraient ma félicité, fi des engagemens antérieurs.... —Ils ne l'auraient
pas faite, Monfieur, non, jamais ils ne l'auraient faite !.... Des engagemens... Ah
dieu !,.. vous les aviez donc oubliés ! —Il
ferait trop long de vous détailler cela ;... mais
fi vous l'exigiez, alors je ne vous en ferais
plus un myftère : fi je fus coupable, c'était
dans un temps où j'avais perdu l'efperance de
vous revoir. Parlez, cependant, Mademoifelle ? faut-il que je rompe des liens... trop
forts ;... que je refuse un état au Fruit infortuné... ( Tu vois que j'ufe d'un-peu d'a-
dreffe ; fans mentir abfolument, je ne di-
fais pas toute la vérité ; mais que veux-tu ?
je fuis tes maximes ). —Ah ciel ! ( a répondu
toute-effrayée l'aimable Enfant ! ) —Or-
donnez de mon fort ( ai-je repris ) de celui de
mon Frère, de ma Fille ; faites fix heureus,
ou... —Arrêtez !... Il eft aimable, Celui
que vous me propofez à votre place ; la prévention ne me ferme pas les ieux fur fon mérite... Mais... Oh ! vous avez toujours fait
le malheur de ma vie ! —Mon aimable
Sœur ! ( je fuis tombé à fes genous ) fouffrez
que je vous donne un nom fi doux !... laiffez-
vous toucher ; je vous aime, oui, je vous
aime, je vous adore ! daignez me rendre
heureus dans un Frère que je chéris. Je
ne demande pas que vous vous déterminiez
en un jour ; permettez que Bertrand vous

faſſe lire dans ſon cœur ; recevez-le ſeulement comme le Frère de l'Amant de votre
Aînée, & ... comme le mien... Dès qu'il
vous ſera parfaitement connu, j'ose vous répondre que vous le recevrez pour lui-même :
il vous adore ; il me l'a dit : un Jeune-homme
aimable & tendre eſt-il à dédaigner ? —Laiſſez-moi ! laiſſez-moi ! c'en eſt trop... Alez,
monſieur, ce n'eſt pas que je rougiſſe de ces
larmes que je répans. Mais laiſſez-moi,
laiſſez-moi, je vous en prie !... Homme
que je ne devais jamais voir !... qui m'avez
troublée dès le premier inſtant ... Homme
cruel ! laiſſez-moi donc–! Il a falu ſe retirer, mon Chèr ; auſſi à-plaindre envérité,
que la Belle qui me renvoyait.

Je n'ai pas manqué d'inſtruire de ce qui ſe
paſſait Catherine & mes deux Frères. La
Première a couru auprès d'Edmée : —*(d'un
ton rude)* Eh-bén qu'eſt-q'c'eſt-donc ? Tu
pleures ?... *(radouci)* Ma Bonne-amie, ma
petite Sœur, je ne viens pas pour te gronder ;
tu fais bén que je t'aime de tout mon cœur :
mais là, dis-moi, qu'eſt-q'ça te fait ? l'Un
ne vaut-il pas l'Autre. *(à-demi voix)* Tien,
ſi tu veux que je te le dise, Edmond eſt trop
faraud ; Ça ſ'écoute trop ! M. Bertrand eſt
bien-genti ! Ça eſt poſé, doux ; Ça t'aimera, faut voir !... Répons-moi donc, ma petite Bonne amie- ſœur ? ah-ça ; veux-tu qu'on
me reproche dans la Famille où je vas entrer, que tu as refuſé mon Beaufrère ? là,

tu vois bén que ce n'est pas un tour à m'jouer?
Et-puis, si ces Gens-là alaient prendre la
moûche, & rompre mon mariage, ne me
verrais-tu pas tous les jours après toi comme un Démon? Moi qui t'aime tant! tien,
j'crois que j'te cognerais, vois-tu, si ça arrivait par ta faute!... Mais il n'est pas question de ça: M. Bertrand te plaira, si tu
veux: car moi, je sens ça, vois-tu-bén, & il
me semble qu'un pareil pis-aler ne me ferait
pas rêver deux minutes. —Mondieu, ma
chère Sœur, a dit Edmée (que la harangue
ne devait pas surprendre), ne te donne pas
tant de peine! ton bonheur me tient au cœur
autant que le mien propre: laisse tout faire
à mon amitié pour toi–. Là-dessus Catherine a fait entrer Georget. Celui qui brû-
lait d'envie de le suivre, est resté seul. Ce
n'a été qu'une demi-heure après, employée
de la part des deux Amans à exciter la gé-
nérosité d'Edmée, qu'ils ont fait-signe à
Bertrand de les remplacer. Ils avaient pressé
plusieurs-fois Edmée de lui permettre d'entrer; mais comme cette belle Fille pleurait,
elle leur avait répondu: —Voulez-vous donc
qu'il croye que je pleure par répugnance
pour lui–? Lorsque Bertrand a été seul avec
elle, la vive douleur a paru se calmer. Mon
jeune Frère m'assure, que son cœur lui a
dicté les choses les plus tendres (& je le crois!
jeune, amoureus, aux genous d'une jolie
Fille!) qu'elle a paru le souffrir sans peine,

& qu'il espère de la toucher. Tout cela ne fera pas miraculeus! Il ajoute qu'il sera vivement secondé par la Sœur-ainée, à laquelle il est fort-indifférent que ce soit Bertrand ou moi qui devienne mari de fa Sœur.

Adieu, chèr Mentor : dis à Laure, que fa Fille est une Ange pour la beauté.

<hr>

### LXXXI.<sup>ME</sup>

10 juillet.

*EDMOND, à PIERROT.*

[ Il me rend-compte d'un entretien fur le mariage qu'il a eu avec l'Abbé Gaudet. ]

IL n'est point de routes inconnues à la véritable amitié : elle emploie toutes les manières; elle prend toutes les formes... Telle est celle de M. l'Abbé Gaudet à mon égard, comme tu le verras dans un instant, chèr Aîné.

Il n'y a plus de difficultés pour le double mariage ; nos Parens peuvent venir quand ils voudront ; le Vieillard-Servigné est prêt à terminer, & fes deux Filles y consentent. Je me charge de tous les préliminaires d'usage ; comme bans, dispenses, &c.<sup>a</sup> Mais apprens, mon Ami, que M. l'Abbé Gaudet, persuadé qu'Edmée nuirait à mon avancement, avait quitté la Capitale, pour venir secrettement ici, fous un habit de Cavalier, demander en mariage ma jeune Maitresse, dans la seule vue de me faire donner l'exclusion ; que facrifiant tout à mon intérêt, il devait employer, pour m'enlever M.<sup>lle</sup> Servigné,

des

des moyens que je n'approuve pas, & qui te
révolteraient : Cependant, comment refuser de la reconnaissance à un zèle si vif,
que rien n'effraye & ne rebute ? Une Lettre
que je lui écrivis, il y a quelques jours, l'a
mis à son aise ; on la lui a renvoyée de
Paris, où je l'avais adressée. Il m'est aussitôt venu trouver, & m'a tout découvert.
Sa vue m'a surpris, & m'a réjoui en même-
temps. J'avais mille choses à lui dire. Envérité, mon Pierre, il ne manque à cet Ami
précieux que des mœurs plus pures : Faut-il
qu'une âme si généreuse ait des taches, qui
ternissent tout l'éclat de ses vertus ! Je n'ai
pu m'empêcher de laisser entrevoir ce regret
à M. Gaudet. Voici ce qu'il m'a répondu :

—C'est le vice de mon état, mon Ami.
Un Instituteur enthousiaste & borné, qui
prenait les chimères de son imagination
exaltée, pour des inspirations du Ciel, a
prétendu élever ses Disciples audessus de
l'humanité ; rendre l'Homme indifférent à
lui-même ; l'occuper d'un bonheur idéal ; le
faire renoncer à l'amour-personnel, & à la
faculté essencielle & constitutive de notre
être, à vouloir. Qu'en est-il arrivé ? une
chose très-naturelle, & précisément ce qui
suivrait le projet insensé d'arrêter le cours
de l'Ionne ; les eaux accumulées rompraient
bientôt leurs digues, & causeraient des ravages que la contrainte aurait seule occa-

sionnés. Un inftitut, pour être bon, ne doit tendre qu'à règler les paffions, à les modérer, à les tenir dans un jufte équilibre; leur flux & reflux eft auffi néceffaire à l'âme, que la circulation du fang & des humeurs l'eft au corps; elles font le resultat de la fenfibilité, la perfection de l'ouvrage de Dieu: chercher à les détruire, c'eft aler contre les vues de l'Être-fuprême; c'eft tenter l'impoffible. Le Médecin, pour guérir fon Malade, détruira-t-il le fang & les humeurs, parce-que c'eft d'eux que viennent toutes les maladies? Soyons hommes, & ne foyons que cela; auffi bien c'eft une entreprise abfurde, que de vouloir être davantage. Tous les jours on tourne en ridicule la fote gravité d'un petit Magiftrat, la fémillance des Marquis, l'afféterie des Abbés, la coquetterie des Femmes fur le retour; & l'on fait très-bien! Pourquoi ne joue-t-on pas le ridicule plus dangereus des Gens qui prétendent fortir de la fphère humaine, pour renoncer à tous les plaisirs? Perfection ridicule! comme fi les plaisirs étaient crimes! Il eft vrai que la plupart des Dévots ne font qu'affecter un desintéreffement d'honneurs, d'aises, de plaisirs, qu'ils ne quittent d'un côté, que pour fe les procurer plus avantageusement de l'autre: qu'ils ne renoncent à la confidération, que pour f'attirer la vénération aux richeffes, que pour fe mettre au deffus

de l'opulence même , qui n'exécuterait pas
ce qu'a fait la besace de certains Dévots ;
aux voluptés mondaines, pour jouir des délices de l'estime de soi-même & des Autres ,
de cette orgueilleuse prééminence, que le
plus humble des Dévots ne sent que trop ,
tout en voulant peut-être ne la pas sentir.
Tels furent les Instituteurs monastiques.....
Je fus moine, & j'en rougis: Edmond , voi
cet habit, que je porte encore, pour me conserver l'appui des Amis que je me suis faits
dans le cloitre ! il m'humilie plûs que celui de
Forçat : je me dis à moi-même: Il n'est pas
un Homme sensé qui ne doive me mépriser ,
puisqu'il n'en est pas Un qui ne sache que
cet habit indique que j'ai fait des vœux témé-
raires , nuisibles à la Société.   Oui, mon
Ami , je croirais m'avilir davantage encore
en remplissant les devoirs prétendus que
m'avaient imposé mes vœux. J'ai reçu la vie,
il faut la donner.  Hélas ! si je forme des regrets, si j'ai des remords, c'est d'avoir passé
les plus belles années de ma vie dans une dé-
pravation contraire au but de la Nature !..
J'ai changé , enfin , comme tu le desirais....
   Mon Ami , quoique je t'aie porté à ton
premier mariage , ne vas pas croire que je
me contredise, en m'opposant à celui-ci !
Pour vous rendre heureus , vous autres
Gens éclairés & libres , il faut, ou qu'une
Femme reünisse tous les avantages , & que

votre esprit soit assés meûri pour les apprécier & s'en contenter ; ou que vous soyiez déja sur le retour, & qu'alors vous preniez une Jeune-personne, dont l'âge & la naïveté vous inspirent de l'indulgence. Or, on ne peut l'avoir cette indulgence, que lorsqu'on a beaucoup vécu ; on ne l'a qu'après avoir philosophiquement apprécié tous les panchans & toutes les faiblesses humaines, Étendons cette idée.

Dès qu'une fois vous avez perdu votre première innocence, ou que vous vivez dans un monde où il est presqu'impossible de la conserver, vous n'avez plus qu'un parti à prendre ; c'est de ne pas vous engager trop-tôt à n'aimer qu'une seule Femme, à la préférer à toutes les autres, à la voir tous les jours sans dégoût : il faut attendre que les fumées de la jeunesse commencent à se dissiper ; que votre caractère ait acquis une certaine consistance, qui vous rende moins avides de nouveauté. Or, l'âge où l'habitude venant à exercer son pouvoir, doit vous aider à être constans à l'égard du même Objet, c'est environ quarante ans, plûs ou moins, suivant que le tempérament fut tardif ou précoce. Cette disposition à devenir *habitudinaire*, a plusieurs causes : L'on a goûté de tout ; la fleur de la sensibilité est ôtée ; l'ambition, le goût des affaires en émoussent encore la pointe ; une certaine paresse s'em-

pare alors de l'Homme ; il préfère les plaisirs
faciles , & sous sa main ; aulieu que la Jeunesse active, préfère les plaisirs difficiles, &c.ª

C'est une grande sagesse d'assortir l'âge
de Ceux qu'on marie; mais c'est la plus grande des folies de prétendre que cet assorti-
ment soit l'égalité, dans notre climat , par-
exemple.  Une Fille de dixhuit ans n'y est
jamais faite pour un Homme du même âge ,
& encore moins pour un plus jeune qu'elle, si
ce n'est dans le casoù le mariage ne serait pas
indissoluble ; car alors on pourrait , on devrait même agir à la manière des *Othomacos*
d'Amérique, assortir les Jeunes-gens avec les
Femmes-faites, pour lesquelles il semble que
la Nature leur ait donné un goût plus marqué : à l'âge où ils quitteraient ces Femmes,
on leur donnerait les Jeunes-filles de quinze
ans, comme font ces bons Sauvages , &c.ª
La disproportion augmente du côté du midi; & elle diminue à-mesure qu'on avance
vers le nord:  C'est-à-dire qu'en Espagne,
en Italie , il faut une Femme de quinze ans
pour un Homme de trente ou trentecinq :
en France & en Angleterre , on est assorti
de quinze à vingtcinq , &c.ª  Mais une chose fort-extraordinaire , c'est que tout le
contraire existe au Pérou, qui est sous la ligne ! les Hommes y deviennent incapables
des devoirs du mariage à trente ou trentecinq ans, & le tempérament des Femmes entre alors dans sa force: nouvelle raison, pour

donner dans ce pays, aux Garſons de quinze
ans, des Femmes de trente ; mais les Hommes de trentecinq peuvent ſ’y faire moines,
ſ’ils veulent. En Turquie, où c’eſt tout le
contraire du Pérou, il faut marier les Filles
de quinze ans aux Hommes de quarante ; &
c’eſt ce qu’on fait. La raiſon de cette gradation, c’eſt qu’en tout temps, la Femme,
pour être heureuſe, doit voir un protecteur,
un guide dans ſon Mari; c’eſt un ſentiment naturel à ſon ſexe, que l’orgueil y obſcurcit
quelquefois, mais qui ne laiſſe pas d’y ſub-
ſiſter en dépit qu’elle en ait. Le Mari doit
voir dans ſa Femme un Être confiant, infé-
rieur, tendre, ſoumis, ſur lequel il l’emporte ſeulement par la force du corps & la
vigueur de la penſée ; mais auquel il le cède
en douceur, en grâces, en talens agréables,
& même, ſ’il faut le dire, en preſque toutes
les vertus ſociales. Or, ſi dans tout climat vous admettez l’égalité d’âge entre les
Épous, je vous demande ſi cette égalité ne
ſera pas illuſoire ? Aulieu qu’en ſuivant la
vraie convenance pour chaque pays, il en ré-
ſultera les plus grands avantages pour la population, & pour la ſociété. Un Français de
trente ans trouvera dans une Fille de dixhuit
à vingt ( comme je le diſais tout-à-l’heure ),
une Épouſe confiante, qui profitera volontiers de ſes lumières & de ſes conſeils, pour
gouverner ſa maiſon : Ses charmes, à-
peine formés, ſeront en état de le fixer tant

qu'il sera dans l'âge où l'amour est encore la
première passion ;   Si la jeune Epouse a des
caprices (eh ! quelle est celle qui n'en a pas !)
l'Homme séduit par sa beauté , porté à l'indulgence pour sa jeunesse, les excusera comme des enfantillages , les satisfera en riant ,
& n'en souffrira pas.   Pourrait-il en user
de-même avec une Femme de son âge, dont
il aurait droit d'exiger à-peu-près autant
de raison qu'il en a lui-même ? ... La jeune
Epouse , de son côté , n'aura-t-elle pas
moins de peine à se soumettre , & à céder
aux volontés d'un Mari dont elle sentira
qu'elle doit en croire l'expérience & les lumières ?   L'obéissance lui sera donc plus
agréable , & moins pénible (1).

A-la-vérité , ces précautions ne seraient
pas aussi nécessaires qu'elles me le paraissent,
si l'éducation qu'on donne à nos Filles n'é-
tait pas aussi mal-pensée qu'elle l'est.   Toujours entretenues des égards & des attentions que nous leur devons ; pas un mot
( dumoins de la part de leurs Mères ) du
respect, de l'attachement qu'elles nous doivent.   Qu'arrive-t-il ? Qu'une Jeune-personne entêtée de sa fausse prééminence , gâ-
tée par les fades adulations des Galans in-

____

(1) En vérité l'Abbé Gaudet a ici infiniment trop
bonne opinion des Françaises , ou elles ont changé
depuis !  En 1776 , j'assure bien que ce n'est plus
cela.  [ *L'Editeur.*

téreffés qui lui ont fait leur cour, épouse
enfin un Homme; c'eft-à-dire, un Être fort-
imparfait : l'illusion où elle a toujours vécu,
fe foutient huit jours environ ; le Mari
prend enfuite affés brufquement la route
de tous les Maris, qui eft celle de la nature ; & voila notre jeune Epouse outrée,
au desefpoir : elle fe plaint : on dit comme elle, & pis encore ; elle fe croit lésée
dans fes droits les plus inviolables, la plus malheureuse des Femmes ; & faute de connaître fes véritables devoirs & les droits
de fon Mari, elle f'écarte des premiers,
& porte atteinte aux feconds de toutes les
manières : les efprits f'aliènent, l'amour f'é-
teint, & qui pis eft, l'eftime, l'amitié : ref-
pectera-t-on beaucoup le droit effenciel d'un
Mari qu'on n'aime plus, que l'on croit injufte, qu'on méprise, & contre lequel tout
le monde dit qu'on a raison ?

En-effet, nous avons fans-ceffe les oreilles
rebattues, que les deux fexes font égaux,
& que fi le Mari eft infidèle, la Femme
peut l'être à-fon-tour. Laiffons le fond, qui
ne regarde que le physic; car il ferait aisé de
prouver que les befoins des Hommes paffent
ceux des Femmes; que les règles, les groffef-
fes, &c., font encore des cas où le Mari n'eft
pas affujéti à la privation comme la Femme.
Mais fuppofons tout égal : Vous répan-
dez des nüages fur ma paternité ; je n'en

répans

répans aucuns sur votre maternité. Eh! quelles suites n'a pas cette incertitude dans la Société civile! Le Mari n'a plus ce goût d'amaſſer pour ſa Poſtérité; loin d'amaſ-ſer, il diſſipe, il court à ſa ruine, pour ne rien laiſſer à des Adultérins: une foule de Citoyens qui ont des rapports avec lui ſe trouvent compris dans une faillite ruineuſe, qui en néceſſite d'autres. Quel abus énor-me! & l'égalité fût-elle juſte ſuivant les lois de la nature (ce qui eſt évidemment faus) ne devrait-elle pas être proſcrite par la loi ſociale? l'infidèlle Epouse ne devrait-elle pas être ſujette à une peine capable de la re-tenir en l'épouvantant?

Ce n'eſt pas là mon ſeul grief contre les Femmes: leur hauteur, leur *impériosité* dans leur maison, l'autorité qu'elles ſ'y ar-rogent, en ſe mettant audeſſus du Chef, ſont les ſources de tous les deſordres que nous voyons dans la ſociété. Ce ſexe eſt fait pour être aſſujéti, & je prédis aux Peuples de l'Europe, qu'ils n'auront des mœurs & de la tranquilité, que lorſqu'ils l'auront remis à ſa place. Je parle d'après l'expérience que m'a donnée le miniſtère que j'exerce, tous les Maris ſeront pour moi, & je n'aurai de contraires, que les Célibataires ſéducteurs, qui trouvent leur compte dans l'indépen-dance des Femmes, & dans la licence que leur donnent nos mœurs. Ce ſexe eſt tou-

jours extrême, & ne fait pas affés f'arrêter,
pour garder un jufte milieu : le laiffer notre
égal, c'eft lui donner l'empire. Eh ! f'il fe
contentait de cet empire ! ... Mais non , la
Femme ne fent fon pouvoir qu'autant qu'elle
en abuse. Eternellement enfant , elle n'eft
raisonnable que par accès ; un inftant dé-
ment tout ce qu'elle a montré de prudence.
Si quelques-unes fe font guindées avec une
forte de continuité fur le ton raisonnable ,
c'eft qu'elles avaient des Appuis qu'on ne voyait pas. Toute maison abfolument gouvernée par une Femme , ne peut fubfifter ; il y
aura des orages, des tempêtes qui la boule-
verferont : la même Femme que vous venez
d'admirer , deviendra , fi quelque chose la
contrarie , une Euménide qui jetera tout
par les fenêtres. Voyez les Proftituées ,
elles ont cent-fois plus d'audace que l'Homme , fans en avoir le courage ; toutes ces
Furies font dès poltrones , où l'Homme
demeure ferme : or les Proftituées font
des Femmes comme les autres ; elles ont
feulement un frein de moins.

Reprenons donc notre autorité ; retirons-
la des mains de Celles qui font incapables
d'en bien user (1) : affujétiffons-les, autant
pour les rendre heureuses, que pour ne pas

---

(1) Pardon , Beau fexe ! c'eft un Celibataire qui
parle : Ces Gens-là vous adulent , & vous déchi-
rent, ils vous flatent & vous trahiffent. Pardon !
[ *Note de l'Editeur.*

être nous-mêmes victimes de leur incapacité.

Ainsi, mon chèr Edmond, tu es beaucoup trop jeune pour te marier, pour gouverner, régir une Femme , & parer à d'auſſi grâves inconvéniens que ceux que je viens d'exposer. Ton premier mariage ne t'a rien appris là-deſſus : tu avais une Epouse, qui, malgré toutes les circonſtances , & ce qu'on lui a tant reproché , n'en était pas moins la plus propre à te rendre un fort-heureus Mari, eu égard à ta jeuneſſe , & à ce que tu étais alors : & ſans cela, y aurais-je donné les mains ? Mais Edmée eſt trop âgée pour toi ; & cependant elle convient à ton Frère , comme tu as eu la prudence de le ſentir.  Bertrand ne connaît pas le monde, il n'eſt pas deſtiné à vivre dans le monde ; Edmée non-plûs ; ils ſeront conſtans l'Un pour l'Autre ; ils ſ'aimeront tant qu'il le faudra ; chacun d'eux ſe tiendra à ſa place : car tout ce que je viens de dire eſt inutile où l'innocence règne.  Avec toi aucontraire, le monde aurair bientôt gâté cette gentille Edmée : il en aurait été de-même de Laure. Et croi, mon Chèr , que ſans d'auſſi fortes raisons, je me ferais fait un ſcrupule d'Honnête-homme de t'éloigner d'une union avec la Mère de ta Fille : mais ç'aurait peut-être été vous deſſervir tous les trois : la petite Laure y aurait pu gâgner un état ; mais ſa Mère & toi y auriez bientôt perdu votre tranquilité, & tous-trois votre fortune.

Pour être heureus en ménage, il faut plusieurs choses différentes, suivant les Personnes, & les lieux que l'on habite. A la
Ville, par-exemple, il ne suffit plus, dans
notre siècle, au Mari d'être tendre & fidèle;
de bien gouverner sa maison; de veiller à
ses affaires; d'élever ses Enfans avec soin:
d'après la connaissance que j'ai des mœurs
françaises, j'ai découvert qu'il falait encore, que le Mari, paitri de complaisances,
cédât à sa Femme la place que la Nature &
les Lois destinent au Chef; qu'après quelques mois de mariage, il regardât son Epouse comme quitte envers lui du serment de
fidélité; qu'il s'imposât l'obligation de bien
recevoir les Galans de Madame, de les traiter, & de se retirer dans son appartement,
ou d'aler à ses occupations, tandis que le
Courtisan favori tiendra compagnie: qu'au
risque de voir le bouleversement de ses affaires, il falait qu'il donnât à sa prodigue Moitié, les sommes qu'exigent le jeu, la dépense qu'elle juge à-propos de faire pour son
luxe, pour mille fantaisies déraisonnables: à
ces conditions, un Ménage est bien-uni à la
Capitale; le Mari sera quelquefois caressé;
on fera plûs, au défaut de l'Amant, il occu-
pera le même fond, ou portera le Chien à la
promenade... Mais s'il s'avise de contrarier
des goûts dangereus;.. de vouloir borner la
dépense, tout sera perdu! l'humeur, les

criailleries le contraindront bientôt à perdre
patience , & à punir , fuivant fon droit......
Alors on voit la Femme triompher : fi elle eft
jolie , & qu'elle ait quelque Grand à fes ordres ,  elle brave fon Mari ,  ou le fait en-
fermer ; & vit enfuite à fa guife.

Je ne préfume pas que le mariage te tente
fous ce point-de-vue :  d'autant que je ne fais
pas d'autre remède pour les Maris de ce
pays-là, qu'une longanimité à toute épreuve ;
à-moins qu'ils n'euffent affés de fermeté ,
affés de puiffance pour réduire leurs Femmes ; avantage qui n'eft guère le partage que
des Rois , & des Crocheteurs ; ces deux
états font les feuls à la Ville qui puiffent règler à leur gré la conduite de leurs Époufes.

Parmi les Chretiens , le mariage eft indif-
foluble, & malgré tous fes inconvéniens, j'approuve en-partie cette indiffolubilité : parce-que la pratique oppofée en aurait de plus
confidérables.  Mais je voudrais que l'infé-
condité relative brisât ce lien , comme l'im-
puiffance abfolue ; & que dès qu'un Homme
n'aurait pas d'Enfans de fa Femme, ils puffent
fe dégager, & prendre , lui une autre Femme, elle une autre Mari ; avec cette précau-
tion , que fi la Femme remariée avait des
Enfans , & que l'Homme n'en eût pas avec
fa Seconde , il ferait défendu à Celui-ci de
convoler à de troisièmes-noces ; & ce , non
pas abfolument à-caufe de lui , mais depeur

que le libertinage n'abusât de la facilité de changer de Femme à son gré.

A considérer le mariage sous le point-de-vue le plus ordinaire, il n'offre pas un aspect plus flateur. Ce qui devrait contribuer à rendre heureus dans cet état, est si rare, si négligé, qu'on le croirait impossible. La première des conditions nécessaires, est le chois : la passion ou la raison le font seules ; ce qui est mal également : le chois doit être fait par la passion, ou par les ieux, & par la raison, c'est-à-dire d'après l'accord de toutes les convenances. La passion est nécessaire pour s'épouser, comme l'appétit pour se mettre à table : c'est la passion qui donne ce goût, cet enthousiasme, par lequel tout ragoute, tout enchante dans l'Objet aimé ; j'ai vu les plus singuliers effets de cet enthousiasme ; la langue française se refuse à les exprimer, mais la latine est plus indulgente : *Amicæ sputa ore Amator quidam excipiebat, urinamque matulâ sæpissimè exhausit : crepidas lambebat, aut nitidabat, &c.*[a] J'ai connu un Mari d'un caractère fort-inconstant, qui avait épousé sa Femme, à cause de la passion que lui inspirait certain charme particulier ( un piéd mignon & une jolie jambe ) ; il fut cent-fois infidèle ; mais il revenait toujours tendre adorateur aux piéds de sa Femme, qui le fixe aujourd'hui. La beauté, indépendamment de la passion, est

le premier desavantages qu'on doit recher-
cher dans une Epouse : outre que la régularité des traits marque la beauté de l'âme ,
notre forme eſt ce qui nous appartient davantage ; ſi elle eſt agréable , c'eſt le premier
des biens , celui dont nous profitons le plus
continûment : le préſent le plus précieus
qu'un Père puiſſe faire à ſes Enfans , c'eſt la
beauté ; il faut donc qu'il leur choisiſſe un
joli Moûle.   Il y a encore ici une attention à
avoir ; une Jolie-fille isolée , dont tous les Parens ſont laids , ou difformes , ne vaut pas une
Moins-jolie , qui ſerait d'un beau ſang.   A la
beauté , pour conſerver la paſſion , une Femme
doit joindre le goût , la propreté ſur elle , &
l'amabilité dans ſes manières.   Le goût fait
plûs à la paſſion que la beauté même.   La
propreté en eſt la vie.   L'amabilité en eſt
le charme.

Mais la raison n'eſt pas moins eſſencielle
que la paſſion , dans le chois d'une Epouse ,
& même d'une Maitreſſe.   Les mœurs , la
fortune , la naiſſance , l'égalité de-condi-
tion , c'eſt ce que la raison demande.   Les
mœurs doivent être pures : il n'y a pas de
confiance ſans mœurs ; pas de tranquilité ſans
confiance ; pas de bonheur ſans tranquilité.
La fortune eſt une condition eſſencielle ,
quand le Jeune-homme a ſon chemin à faire.
Si tu fais à une Femme le ſacrifice de ton
avancement , tu empoisonnes le reſte de tes

jours. La naissance est comme la fortune ; si elle est trop-basse dans l'Épouse, elle avilit le Mari, en lui donnant des Alliés qui l'humilient, & à ses Enfans des Parens qui les abaissent. L'égalité est aumoins nécessaire ; & pour toi, c'est à un Parti plus élevé que tu dois prétendre.

Ce n'est pas qu'il soit nécessaire, ni même utile, que les desirs de l'Épous demeurent dans leur vivacité : la Nature, plus sage que tous les Raisonneurs, a voulu que le desir & l'amour s'éteignissent dans la jouissance ; parce-que s'il en était autrement, les desirs excéderaient les forces. Telle fut aussi la source de nos lois réprimantes, qui tendent à éloigner les occasions excitantes & la vue des beautés nues : ces lois ont un double avantage ; semblables à la cendre, elles empêchent le feu de brûler & de s'éteindre. C'est ce qui montre la sagesse de nos règles de décence, règles inutiles aux Nègres, dans qui la nature a voulu que la puissance répondît au desir : mais dans les climats moins chauds, sans les règles qui ralentissent la fougue de l'amour, cette passion delicieuse, perdrait la moitié de ses charmes ; la décence en tend le ressort, aussi-bien qu'elle éloigne l'idée de jouir ; ôtez-la, dans nos climats froids, tout va devenir lâche & sans activité. Plûs le climat est chaud, moins la pudeur est nécessaire, pour exciter les de-

sirs : il en faut plûs en Angleterre qu'en
France ; plûs en France qu'en Espagne ou
en Italie ; plûs en Espagne qu'à Maroc ;
enfin elle est tout-à-fait inutile entre les deux
tropiques.   Là, le feu circule dans les vei-
nes ; le sexe est un ornement, pour-ainsi-
dire, & si puissant, que l'Homme & quelques Animaux y passent aux Espèces voisines,
lorsque les Femelles de la leur viennent à
leur manquer.   A cette occasion, je vais
dire un mot de la chasteté.

L'Homme est-il obligé de s'en tenir à la
même Femme, & la Femme toujours au même Homme ?  Certainement par les lois de
la nature, il n'en est rien ; & c'est même le
contraire : dans l'état naturel, il en fût resulté un très-grand desordre : le changement
contribue au bonheur, en ce qu'il réveille le
goût, que le même Objet émousse bientôt :
il est donc contraire au bonheur, par-conséquent à l'ordre de la Nature, ou de la Divinité,
de s'en tenir à la même Femme ou au
même Homme.   Mais d'où-vient les Hom-
mes-en-société en ont-ils fait une loi si sévère ?  Est-ce un abus, comme tous les autres ?
*Je distingue :*  Dans nos climats froids, on a
eu quelque raison : les Hommes y ont très-
peu de *superflu ;* & les deux-sexes y sont à-
peu-près égaux en nombre :  c'est ce qui a
donné l'idée d'y attacher ensemble les Hommes & les Femmes par paires, comme les Pi-
geons, & de donner à l'Homme une proprié-

té exclusive : le but de cette législation a été de modérer l'appétit de la jouiſſance, & de le proportionner aux facultés de l'Habitant des zones-tempérées. Mais quoi qu'il en ſoit des motifs de cet usage, il ne peut avoir eu pour auteurs que des Vieillards ; il n'eſt avantageus qu'à eux-ſeuls ; les Jeunes-gens n'y gâgnent rien, aucontraire. Mais les Vieillards, par ce moyen, ſe ſont acquis une propriété ſur une Femme jeune ; ils l'ont reſtreinte au niveau de leurs facultés, qu'elle eût ou non du tempérament ; ils ont prétendu ſ'aſſurer de leur paternité, au grand détriment de l'Eſpèce-humaine, à laquelle ils n'auraient donné que des Individus faibles, ſi la nature, plus forte que la loi, ne portait leurs Femmes à ſe jeter à-la-dérobée dans les bras de quelque Jeune-homme aimable. S'il n'y avait pas de mariage, les Femmes ne ſe donneraient qu'aux Jeunes-gens : il faut bien conſoler la Vieilleſſe ; & puis la Jeuneſſe n'aurait-elle pas été ſurchargée ? Il eſt certain que dans nos climats, il faut une meſure à la jouiſſance : mais quelle eſt cette meſure ? chaque Homme a la ſienne, ſuivant le tempérament, l'âge, l'état, &c.ª on ne peut donner que la ſienne, encore faudrait-il être à-l'abri de l'impreſſion des Objets trop-ſéduisans, qui forcent le tempérament à parler, comme les épices forcent le goût. En-conſéquence, je ne pourrais m'apprécier moi-même, d'après la nature.

mais feulement d'après mon appétit factice,
qui varie encore fuivant ma difposition jour-
nalière. La chafteté confifte à ne point
outrepaffer le mode de la nature. Ainfi, tel
Homme ou telle Femme feront encore cha-
ftes, où tel & telle autres feront déja im-
pudiques, même à l'excès. Dans les pays-
chauds, il y beaucoup de jouiffance, & très-
peu d'impudicité: dans nos climats, il peut
y avoir de Quasi-célibataires très-impudi-
ques. Paffons à un autre point.

Par une fauffe idée, les Européans ont
confondu le célibat avec la chafteté, dont
ils ont fait une perfection chimérique, puifqu'elle n'eft qu'une négation, un non-abus
de nos facultés. C'eft d'après cette idée
fauffe, que par un inconcevable délire, on
a interdit le commerce de l'autre fexe aux
Moines & aux Religieufes. C'eft outrager
la Nature, qui en nous donnant des facultés,
nous a fait une loi de les exercer. Je le demande, quel bien a-t-on prétendu produire,
en forçant des Individus au célibat? Je dé-
fie tout Efprit raisonnable d'en voir aucun.
Le Superfticieus atrabilaire qui fe dévoue
lui-même au célibat, eft inexcusable fans-
doute; mais dumoins, il a fait ce qui lui
plaisait; il a difposé de lui-même: Le Su-
perfticieus-Inftituteur, qui a tracé la même
route, que d'Autres font forcés de fuivre,
fans l'allégement de faire ce qui leur plait,

fut un Monſtre digne de mort ; il a été le bourreau de millions d'Hommes, & il mériterait d'éternels ſupplices... Tout ce mal vient de ce qu'on a voulu étendre audelà des bornes la loi inſidieuſe de la chaſteté : loi ſainte cependant, & conſervatrice de l'Eſpèce-humaine dans nos climats, mais ſeulement conſidérée comme modératrice de l'exercice de nos facultés. Ne pas ſe reproduire, eſt une ſeconde mort phyſique, auſſi réelle que la première, à laquelle ne devraient être condamnés que les derniers des Scélérats...... La vraie chaſteté conſiſte, 1, ne pas épuiſer, à ne pas même employer tout notre goût pour la jouiſſance ; 2, à ne pas attaquer la Femme dont Un-autre vient de jouir, & par-conſéquent aucune Femme-mariée ; 3, à laiſſer tranquile la Femme qui a conçu ; 4, à laiſſer venir naturellement l'appétit de jouir ; 5, à le ſatiſfaire conformément aux lois de la nature, ..... ſans emportement brutal......... Voila quelle eſt la véritable chaſteté ; une continence abſolue, coupable, contraire à la ſanté, aux bonnes-mœurs, & qui a perdu le Clergé, ne mérite pas ce beau nom......

Mais je m'apperçois, mon chèr Ami, que je fais une diſſertation : je n'aime pas le ton dogmatique, & je ne ſais comment je viens de m'y laiſſer emporter. Je finis : Te marier, ſerait une imprudence, eu égard à tes disposition, au chemin que tu as à faire dans le monde, & à mes desseins actuels. Nous verrons un-jour, lorsque ta position pourra te faire prétendre à un Parti relevé. Quant à tes Frères, le cas est absolument différent; je crois qu'ils font sagement de s'établir à l'unisson de leur fortune & de leur état: je répondrais de leur bonheur, s'ils conservent leur bonhommie & leur goût pour l'occupation. Chacun a son lot, en ce monde.

A-présent, un mot de mon projet en venant ici.   Je n'aurais pas hésité à tromper Edmée, sous prétexte d'un mariage, que je ne pouvais accomplir dans cette Ville, & qui n'aurait été, même ailleurs, qu'un moyen de te l'enlever.   Mais (a-t-il ajouté en riant) ne t'effraye pas pour elle! j'aurais été le protecteur de son innocence, & ce mariage nul ne m'aurait pas empêché de lui procurer un établissement honnête aux environs de la Capitale, au-moyen d'une bonne dot: crois-s-en mes sentimens d'honneur, & mon amitié pour toi-.

Il en est resté-là, parce-que M.me Parangon est entrée où nous étions.   Il m'a quitté sur-le-champ, après quelques politesses d'usage.   Je pense qu'il s'est apperçu que ma Cousine ne voit pas sans peine l'intime liaison qui est entre lui & moi.

Sa retraite l'a mise à son aise: elle nous avait écoutés.   —Je n'aime point à surprendre les secrets ( m'a-t-elle dit ) ; cependant l'intérêt que je prens à tout ce qui vous regarde, m'a donné une curiosité extrême de favoir ce que vous d'sait l'Abbé : mais je me croirais coupable, si je vous laiffais ignorer que j'ai tout entendu. Je conv ens même qu'il feconde mes vues ; il a dit cent choses où je penfe comme lui : mais ce Défroqué n'en eft pas moins dangereus ; & tout devrait f'opposer à votre intimité avec lui, la religion, l'honneur même.. Qu'il foit votre connaiffance, on ne faurait empêcher ce qui eft ; mais, mon chèr Edmond, qu'il ne foit pas votre ami. Un Homme qui trahit fes devoirs, & qui, par de miserables fophifmes, eft parvenu à étouffer le remords, ne faurait être un ami fûr. Prenez-garde qu'un jour il ne vous trahiffe, fi fon intérêt, ou la paffion dominante de fon cœur le demande ! Sur-tout, ne lui fourniffez jamais l'occasion de voir votre Sœur !... Je tremble que cet Homme ne corrompe tout ce qu'il approchera !... Edmond ! vous nous fuffisez : ne pourrons-nous vous fuffire ?

O mon Frère ! comme mon cœur a battu, à ces dernières paroles ! Je n'ai pas trouvé de réponfe, & j'ai voulu baiser fa main. Elle m'a présenté fa joue, en me disant à-demi-bas : —Mon Frère, banniffons d'entre nous tout ce qui reffemble aux manières des Amans : je fuis votre Sœur ; j'aime à vous le répéter—...

Si tu as une idée du bonheur parfait , chèr Ainé , tu pourras apprécier ma situation.

Le Conseiller eſt toujours le même , & il nous rend de fréquentes viſites. Son Oncle tomba malade il y a quelques jours ; il l'eſt dangereusement , & il a quatrevingts ans paſſés. Si le Neveu devient libre , je crois qu'on terminera , dès que les bienséances le permettront. Auſſitôt que j'aurai des nouvelles d'Urſule, à laquelle j'ai écrit la ſemaine dernière (1), je t'en ferai part. Embraſſe pour moi ta chère Compagne , mon aimable petit Neveu , & tous nos Frères & Sœurs.

-----

(1) C'eſt la LXXIX.me Lettre.

-----

## LXXXII.me

20 juillet,

### EDMOND, à GAUDET.

[Comment Edmond en agit avec la jeune Edmée.]

PARTIR ſi-vîte , & ſans me dire adieu !... Tu n'as pas voulu donner d'ombrage à ma belle Cousine , je le vois. Un-autre , pour ſe diſpenſer de la reconnaiſſance , feindrait de croire que l'amour chés toi l'emporte ſur l'amitié ; que ſans-doute Laurette , la tendre Laurette preſſait ton retour. Moi, je lis dans ton cœur ; je te rens-juſtice , & je me plais à me pénétrer de tout ce je te dois... Conviens pourtant que tu t'es fait un commode ſyſtème !... Je t'en félicite ! ſois bon père-de-famille , aulieu de mauvais moine, l'État & toi-même ne pourrez qu'y gâgner.

Te parlerai-je de nos Bonnes-gens, & du *bonheur automate* dont ils vont jouir ? Ce font des misères! mais il faut que je bavarde; j'y trouve du plaisir avec toi.

Il y a quelques jours que mes deux Frères Bertrand & Georget font ici. J'avais fuivi tes conseils au fujet d'Edmée. D'abord, j'ai flaté fon amour-propre, en lui témoignant tout l'attachement que j'ai pour elle: enfuite, je lui ai montré une Lettre fort-tendre de Bertrand : après qu'elle l'a eu lue, j'ai continué de lui dire, qu'il était impoffible de la voir fans l'aimer, & que les fentimens qu'elle avait infpirés à mon jeune Frère, en étaient une nouvelle preuve ; que pour moi, j'avais toujours regardé le bonheur d'être à elle comme audeffus de tout. Je n'ai pu me resoudre à lui perfuader que j'étais abfolument lié, fuivant tes avis ; non, je n'ai pas ofé lui mentir à ce point ; mais j'ai cru devoir employer un autre moyen ; j'ai dit la vérité : j'ai raconté mon avanture avec Laurette, fans la nommer: j'ai fait entendre, que pour me ménager le pouvoir de l'épouser, je ne devais prendre aucun engagement actuel, quoique je paruffe me prêter à un arrangement éloigné que desirait M.^me Parangon, qui me proposait fa Sœur, encore fort-jeune ; parce-que d'ici-là, je préfumais que la *Perfonne* aurait pris un parti ; & furtout j'ai bien convaincu l'aimable Fille, [illegible] influer fur ma resolution,

lution, puisqu'on n'éprouve cette paſſion que
pour un Objet en âge d'y répondre.  J'ai
ajouté, que la reconnaiſſance, & mille autres puiſſantes raiſons, me feſaient une loi
d'entrer dans les vues de l'Épouse de mon
Maitre.  Edmée a paru plus tranquile, lorſqu'elle a connu ſa véritable Rivale : j'ai compris par ſa réponſe, que cette Rivale, quoique préférée, ne devant pas jouir ſi-tôt de
l'Objet qu'on lui cède, elle en paraiſſait moins
odieuse.  La Belle a pourtant ſoupiré ; mais
elle a repris d'elle-même, & relu la Lettre de
Bertrand.  Je l'ai laiſſée méditer là-deſſus,
& je me ſuis retiré.

Le même jour, M.<sup>me</sup> Parangon a été la
voir.  Que n'opérerait pas cette Femme
merveilleuse ! la Perſuasion même ſerait
moins inſinuante.  Elle a preſqu'achevé de
la déterminer dès la première visite : avant
de partir pour la ſeconde, elle m'a donné
l'heure, où je pourrais les trouver enſemble.
Je n'y ai pas manqué, après avoir eu la pré-
caution de leur laiſſer un temps ſuffisant pour
ſ'entretenir.  Dès que j'ai paru, Edmée eſt
venue à moi. —Soyez donc mon Frère (m'a-
t-elle dit en rougiſſant) : je tâcherai de prendre pour M. Bertrand les ſentimens que vous
m'aviez inſpirés, & d'avoir pour vous ceux
que j'avais pour lui.  Ne me craignez point ;
ne m'évitez plus ; ſoyons amis pour toujours.
Des ſentimens ſi généreus, & dont je voyais

la source, m'ont pénétré d'admiration ; mais ils m'ont attristé. Ma Cousine, qui lisait dans mon cœur, m'a tiré de la rêverie où je tombais, en prenant congé d'Edmée. Je l'ai suivie, & tu me connais assés pour deviner, que l'absence de l'Une, & mes sentimens pour l'Autre, m'ont bien-vite rendu rendu tel qu'il le falait.

Voila donc, chèr Mentor, une affaire entièrement terminée. Mais, quoique je ne songe plus au mariage, je ne m'en occupe pas moins de notre dernière conversation, que j'ai mise par écrit, tandis que j'en avais la mémoire remplie. Eu la relisant, je me persuade toujours davantage que ta philosophie est celle de la Nature. Ah ! mon Ami ! il est dans le monde deux Êtres qui m'étonnent ; ma Cousine & Toi. L'une est une angélique créature : l'autre est un ..... Diable ; mais si digne d'être un Ange, que j'espère qu'il le deviendra.... Toi, athée ! Dieu ! Dieu !... Elle, M.<sup>me</sup> Parangon !... Vertueuse Cousine, adorable Amie !... si jeune, & tant de raison !... Mais, quittons cette matière : car tu en prendrais occasion de me dire des choses que je ne veux pas entendre. De l'audace, avec elle !... Ah Gaudet ! toi-même, tout épicurien que tu es, tu ne pourrais t'empêcher de la respecter & de l'adorer en silence... Adieu, trop-chèr Ami !... Je te préviens avant de finir, que je serai quelque-

temps fans t'écrire, à-cause des mariages de
mes Frères. Je ne t'en entretiendrai pas.
Ces Bonnes-gens-là vont être heureus *en vé-*
*gétant*, ils te feraient pitié !

## LXXXIII.me

3 1 juillet<br>jour de Saintgermain.

ÉDMOND, à PIERROT.

[ Tableau naïf de la conduite des Bonnes-gens. ]

JE m'étais flaté de t'embrasser ici, très-
chèr Aîné : Mais on dirait que tu as fait vœu
de ne plus entrer dans les Villes ; les circonstances les plus favorables ne peuvent t'y
attirer. Je te bouderais volontiers, si l'on
pouvait bouder le bon-cœur & la vertu. Je
te pardonne donc la peine que tu me donnes
de t'écrire le mariage de nos Frères, & je
vais te peindre la joie des deux Familles.
Mais je ne fais trop si je pourrai bien t'exprimer à quel point notre Père & notre
Mère font contens du bonhomme Servigné ;
de ses Filles, & des arrangemens pris pour
mettre nos Frères en état de tenir agréablement leur nouveau ménage.

Avanhièr, après que nos chèrs Parens furent arrivés, avec Fanchon & nos Sœurs,
on paſſa les contrats, & on fiança le soir :
hièr, nos Jeunes-gens ont été mariés. Tu
n'es pas inquiet des sentimens de Georget &
de Catherine ; ils s'aiment de bon-appétit,
& bannissent les façons ; les petits-soins,

J 2

une certaine délicatesse, tout-cela n'entre pas dans leur plan de tendresse conjugale. Quant à Bertrand, c'est autre chose : tu sais comme il est tendre! peu-sûr du cœur d'Edmée, il emploie pour le gâgner, des moyens faits pour réüssir. Je te raconterai en terminant ma Lettre, une conversation que j'ai surprise ce matin : le plus pressé en ce moment, est de t'entretenir de la réception qu'on a faite à nos chèrs Père & Mère.

Ah! mon Ami! que tu as perdu, à ne pas jouir du spectacle, que je vais te retracer!

A leur arrivée, le Père-Servigné les a reçus comme un Frère & une Sœur ; c'est ainsi qu'il les a nommés. Tous-trois se sont trouvés les mêmes sentimens & la même cordialité ; dès ce moment, ils ont été libres ensemble comme on l'est aubout de dix ans ; parceque dès ce moment, ils ont vu qu'ils se convenaient, & qu'ils avaient la même façon-de-penser. Catherine était présente : elle est venue saluer notre bonne Mère : en riant en lui montrant une joie franche, bruyante même ; elle s'est empressée d'ôter la cravate de notre respectable Père, de lui donner un bonnet-de-coton : ensuite elle a défait la coife de notre Mère, avec un air d'affection & de vivacité qui nous charmait. Cela fait, elle a couru à la cave, rincé des verres, versé du vin, qu'elle a présenté à nos Parens, où ils étaient assis. Notre Mère, suivant sa

coutume, n'a voulu que de l'eau. Cathe-
therine, qui craignait pour sa santé, à-cause
de la chaleur, l'a priée presqu'à-genous : mais
voyant qu'elle ne pouvait l'engager à prendre du vin, elle est disparue pour un moment,
emportant l'eau avec elle , & elle est revenue
avec du lait encore chaud , qu'elle lui a fait
boire. Après qu'elle les a vus rafraîchis, elle
a dit qu'elle alait chercher sa Sœur, qui venait
d'aler chés la Couturière , faire retoucher à
quelque chose :  car Edmée est aussi difficile
pour la parure , que Catherine l'est peu.

Durant l'absence de cette bonne Fille,
notre Père a dit ce qu'il en pensait : notre
Mère & lui se sont félicités d'un chois si excellent , & ont porté la bonté à mon égard,
jusqu'à m'en remercier.

Enfin , les deux Sœurs sont entrées. Je
voudrais pouvoir te rendre l'impression que la
vue d'Edmée a faite sur nos Parens : ils sont
demeurés interdits autant de joie que d'admiration.  La charmante Fille est d'abord
alée à notre Mère , qui l'a reçue dans ses
bras.  La tendre Edmée, s'est mise à ses
genous, & lui a pris la main, qu'elle a portée
à ses lèvres.  —Je voi, madame (lui disait-
elle), la bonté de votre cœur sur votre visage, & que je vais recouvrer en vous une
Mère aussi bonne que Celle que nous avons
perdue ma Sœur & moi ; —*Oui, ma Fille* ( a
répondu Barbe De-B**), *oui, je vous ferai
une bonne Mère-*. Juge, mon Ami, des

mouvemens du cœur de cette bonne & simple Femme, qui n'est pas accoutumée à la manière tendre & respectueuse qu'employait Edmée : elle a ajouté mille choses affectueuses, mais sans ordre & sans suite. Notre Père est venu prendre Edmée par la main, & lui a dit : —*Ma Fille, soyez benie de Dieu : votre Sœur ressemble à Lia ; mais vous, vous êtes belle, et serez chérie de votre Mari comme Rachel : mes chères Filles, vous êtes toutes-deux un présent que je reçois avec action de grâces, des mains de l'Éternel.* Le bonhomme Servigné s'est écrié, —Ah ! mon Frère ! vous êtes l'Homme que je desirais de connaitre depuis plus de quarante ans ! vous savez l'Écriture, & vous avez de la religion sans bigoterie, car vous aimez le vin : Buvons, mon Frère, & remercions Dieu des biens qu'il nous donne, la coupe à la main, comme autrefois les Patriarches—!

Catherine, pendant tout cela, fesait mille amitiés à nos Frères & Sœurs ; mettait le couvert, causait, riait ; repoussait Georget qui cherchait à lui prendre un baiser. L'on s'est mis à table. Ç'a été-là que les deux Vieillards se sont ouvert leurs cœurs : la naïveté de leur morale, leur prolixité, leurs répétitions même, avaient quelque chose de plus touchant que tout ce que j'ai entendu en ce genre : leurs applications de l'Écriture avaient une onction, un naturel, une dignité, quelles ne peuvent avoir dans

la bouche de nos Ecclésiastiques. Ah!
qu'un respectable Père-de-famille serait un
bon Ministre de la religion!... Pour notre
Mère, elle s'occupait de ses deux jeunes
Brus & de moi. J'observais que ses ieux se
fixaient avec plûs de complaisance sur Edmée
( tant est universel le pouvoir de la beauté! )
Puis elle les tournait aussitôt sur le moins-
méritant de ses Fils, avec une expression
que j'entendais, & qui semblait, en me
remerciant de ce que j'ai fait pour Bertrand,
me demander pour moi-même l'aimable
Fanchette..... Ensuite elle a pris ta Femme
par la main, & elle lui a dit: —*Fanchon,
elles vous ressembleront, et je les aimerai
comme je vous aime*–. Oh! mon Ami, quel
Être qu'une Mère!... Son cœur est un bra-
sier; sa tendresse active, insatiable, s'ac-
croît en jouissant; & la satisfaction présente
que lui procure le bonheur d'un de ses Enfans, reveille avec plûs de violence la soif
qu'elle a du bonheur de chacun des Autres.

Tandis que sa Sœur embrassait tous les
détails, servait, s'agitait, Edmée rendait
à la Mère de son Prétendu, tendresse pour
tendresse. Cette conduite a produit naturellement l'effet qu'elle en attendait sans-
doute; notre Mère la voyant si bien dispo-
sée, à tourné la conversation sur Bertrand
& sur moi. Edmée a saisi cette occasion
pour découvrir ses vrais sentimens. Elle a
modestement avoué qu'elle se promettait

d'aimer Bertrand ; mais qu'elle ne pouvait être fâchée de m'avoir aimé. Un pareil aveu ne pouvait manquer d'avoir l'approbation de notre Mère ; elle lui a dit ( avec cette naïveté d'une âme innocente & pure ), Que c'était toujours le même fang, & que deux Frères ne pouvaient être jaloux l'Un de l'Autre. Je ne fais trop fi c'eft bien la vérité : mais la jeune Servigné a paru goûter cette maxime.

La fête des noces f'eft paffée avec une grande décence. Le mariage f'eft fait à dix heures. Edmée était raviffante, & j'ai entendu beaucoup de nos Gens *comme-il-faut*, f'étonner qu'il y eût un *trésor comme cela* dans leur Ville, fans qu'ils f'en fuffent encore apperçu. ( Cela n'eft pas étonnant ; c'eft une vignerone ! ) Catherine n'était pas non-plûs fans éclat ; fon embonpoint, fon enjoûment, fes vives couleurs, une fanté floriffante la rendaient, comme on l'a dit, *un appétiffant morceau :* mais Edmée l'effaçait abfolument. On a danfé ; les Vieillards l'ont permis. Notre Affemblée était bien compofée : le Père Servigné, quoique vigneron, eft bien apparenté : de mon côté, j'avais invité quelques Amis : M. & M.^me Parangon, M. le Confeiller étaient les prineipaux. Ainfi, quoique les Etrangers qui ont été admis fuffent ce qu'il y a de mieux dans la Ville, nous avons été préfervés des familiarités indécentes que fe permettent le
Jeunes-gens

Jeunes-gens des premières Maisons, lorfqu'ils font avec des Femmes qu'ils regardent
comme leurs inférieures.  Ta chère Femme
& nos Sœurs ne paraiffaient point du-tout
empruntées, & comme elle font jolies fans
prétention, tout le monde f'empreffait à
leur marquer de véritables égards.  J'ai été
charmé de l'aisance & de la bonne-grâce de
Bertrand ; il était à tout ; il fesait les honneurs, accueillait les Nouveaux-venus,
d'une manière qu'on aurait aplaudie dans la
meilleure Compagnie ; & je me fuis apperçu
que les éloges qu'il recevait, ne lui nui-
saient pas dans l'efprit de fon Epouse.
Quant à Georget, il jouiffait trauquilement
de fon bien-être, & du plaisir d'être fervi,
careffé par Catherine... Mais tu nous man-
quais chèr, Aîné ! Bertrand, & Georget
lui-même me l'ont dit plus d'une fois : M.<sup>me</sup>
Parangon ne te desirait pas moins vive-
ment, & fur la juftice qu'elle t'a rendue,
Edmée fe fait une fête d'aler à S**.

Tu vois, mon Ami, que j'entre dans tous
les détails, & que je tâche de te rendre,
malgré ton abfence, auffi préfent parmi nous
qu'il eft poffible. Mais je te dois le récit d'une
converfation entre Edmée & Bertrand.

Ce matin, j'ai été pour féliciter les Nou-
veaux-mariés.  J'ai commencé par Catherine & Georget.  La visite a été d'autant
plus gaie d'abord, que je n'étais pas feul.

On a plaisanté, suivant l'usage ; & j'ai eu occasion d'obferver, que malgré fon panchant à rire, Catherine n'en a pas moins de pudeur. Elle a répondu, mais de-manière a infpirer du refpect pour l'union fainte des Epous. J'ai été content d'elle ; jamais on n'a dit en riant des choses auffi graves, & plus capables de rendre férieus Ceux qui les provoquaient. La voyant en état de fe bien défendre, je me fuis dérobé fans être apperçu. J'alais entrer chés Bertrand, lorfqu'entendant parler dans la chambre où il était avec fon Epouse, j'ai eu la curiosité d'écouter ce qu'ils pouvaient fe dire. Edmée lui repondait :

—Je ne fais pas, mon Ami, ce que vous me voulez dire : mais quel que foit le fens de vos excuses, foyez fûr qu'elles font inutiles : vous ne m'avez pas offenfée ; aucontraire ; la tendreffe que vous me témoignez me touche fenfiblement. ( *Bertrand* ). Ma chère Epouse ! ( *Edmée* ). Mon aimable Mari! ( *B* ). Vous êtes la plus belle des Femmes ; mais votre caractère me paraît l'emporter encore fur votre beauté. ( *E.* ) Je ne fuis pas infenfible à cette louange-là, & je tâcherai de la mériter de plûs-en-plûs. Je fais que l'amour peut f'éteindre, mais que l'eftime bien-méritée ne peut ceffer. La vôtre fera mon bien le plus foigneusement confervé. *B*. Je favais bien que vous étiez un tréfor

ineſtimable!.. Mais hélas! il eſt doublement
fermé pour moi! un Mauvais-génie me prive
de la faculté d'en jouir! (*E*). Chèr Mari ,
laiſſe-moi quelque-temps encore t'aimer en
Frère , avec cette tranquilité de l'âme & des
ſens que peut-être toutes les délices de l'a_
mour ne valent pas.   Je m'applaudis de ce
qui paraît t'affliger ; & c'eſt la ſeule choſe ,
mon Ami , dans laquelle je me permettrai
d'être jamais d'un ſentiment différent du
tien. (*B*). Conſolez-moi donc, en m'aſſurant
encore que vous m'aimez.   (*E*). Oui, je vous
aime ; & rien au monde n'aurait pu me déterminer à être fauſſe , au-point de vous
épouser ſans vous aimer—.

Il ſ'eſt fait un ſilence ; & dans l'inſtant
où j'ai compris, par quelques mots échappés,
que la converſation alait ſe renouer , Catherine eſt arrivée : elle avait une cléf ; elle
eſt entrée comme une étourdie , en riant ,
en les grondant ſur leur pareſſe.   J'ai retenu le reſte de la Compagnie , à-cause d'Edmée ; & dès que ta Femme & nos Sœurs
ont été entrées, Catherine a fermé la porte.
Peu de temps après , les quatre Epous ont
paru dans tout leur éclat ; ſi ce n'eſt pourtant
que j'ai remarqué un nuage dans les ieux de
Bertrand ; & comme j'en ſavais la cause ,
j'en ai fait part à Fanchon & à ma Cousine ,
afin qu'elles prévinſſent les inquiétudes de
notre Mère , ſ'il était néceſſaire ;  car tu

fais combien fa tendreffe maternelle la rend pénétrante!

Voila, mon Chèr, tous les détails jufqu'à ce moment : j'ajouterai pourtant , qu'Edmée paraît f'attacher de-préférence à Fanchon , & que Fanchon préfère Edmée. Les belles âmes fe reconnaiffent. Ma Mère & ta chère Femme t'apprendront le refte à leur retour, qu'on a fixé à demain. Notre Père n'a pu refuser à nos prières & à celles du bonhomme Servigné, de refter quelques jours de-plûs. Tu viendras audevant des Voyageuses jufqu'au bois de *la-Provenchère*; de mon côté, je les conduirai jufques-là , autant pour toi, mon Ami, que pour elles.

<hr>

## LXXXIV.<sup>ME</sup>

21 augufte.

### *Le Même au Même.*

[ Il parle du bon-ménage que font nos Frères, & il a des regrets au fujet d'Edmée. ]

**L**'ARRIVÉE du jeune Frère Auguftin-Nicolas nous a fait à tous le plus grand plaisir : nous ne manquerons pas de partir le 26 ; nos Frères , leurs Epouses & moi.

Je fuis charmé des propositions de-mariage pour Brigitte , notre chère Aînée. C'eft un excellent fujet pour le ménage, & le portrait de notre bonne Mère pour le caractère, comme Urfule l'eft pour la figure. Je ne connais pas fon Prétendu; mais le bien

que vous en penfez, me difpose auffi favo-
rablement pour lui qu'il pourrait le defirer,
fi fon bonheur dépendait de moi.

Tout va bien ici, pour Georget & Bertrand (quoique ce Dernier foit encore *fous
la puiffance du Mauvais-génie*.)   Notre Père
a eu le plaifir de voir les commencemens
heureus de leur ménage : le Père-Servigné
& lui fe font toujours rencontrés du même
fentiment, dans tous les avis qu'ils leur ont
donnés : deforte que vous devez avoir entendu de votre côté les mêmes éloges de ce
Vieillard, que nous entendons faire ici de
notre refpectable Père.   Ils fe font quittés
avec un regret qui m'a touché.

Pour revenir aux Jeunes-mariés, j'en efpère bien : ils fe font affociés ; tout fe fait
en-commun : par ce moyen, Catherine gou-
verne la maifon en mère ; & comme elle
aime infiniment fa Sœur, elle ne lui laiffe
a faire que les chofes agréables.   Le bonhomme Servigné agit en excellent Père ; il
fait des avances à fes Gendres, & leur indique les occupations les plus lucratives.
Ils vont entreprendre un petit commerce de
tonneaux, qui, moyennant l'argent-comp,
ptant fourni par le Beaupère, ne peut manquer d'être très avantageus, cette année fur-
tout, que la vigne a les plus belles apparences.

Je ne faurais me repentir d'avoir contribué au bonheur de Bertrand ; c'eft mon Frè-

re, & un Frère-bien chèr ! cependant je
suis tout-triste, lorsque je pense, en le
voyant, que j'ai peut-être manqué le mien.
Si l'on m'offrait encore une-fois ce que j'ai
perdu dans Edmée, je ne l'échapperais pas !
Adieu, mon Ami.

* * *

## LXXXV.<sup></sup>ME

1 septembre.

### E D M O N D, à G A U D E T.

[ Il découvre tout-à-fait dans celle-ci, les dispositions que fait entrevoir la précédente. ]

JE ne sais où j'en suis, chèr Abbé; l'ennui,
la tristesse, une sombre mélancolie m'as-
siégent & m'enveloppent ! Je me refuse à
ces petits goûters au faubourg *Saintmartin*;
plus de ces parties dans les îlots (1) avec nos
faciles Beautés ; tout cela me devient in-
sipide, & je me croirais un Homme blâsé,
lorsque je me trouve avec Madelon ou la
provoquante Églé, si d'autres Objets ...
n'avaient encore le pouvoir d'agiter mon
cœur avec une impétuosité, qui me fait bien
voir qu'il n'a rien perdu de son énergie.

M.<sup>me</sup> Parangon semble m'éviter avec autant de soin, que j'en mets à fuir tout le
monde. Tendre, lorsque nous avons des

_____

(1) Petites îles charmantes que forme la rivière d'Ionne, aux environs de la Ville : les arbres
qui les couvrent, y font un ombrage délicieus,
& empêchent qu'on n'y soit vu du rivage.

Témoins à son gré , elle paraît presque telle
que je la voudrais : mais si je la surprens seule »
ses ieux s'arment de sévérité ; ce n'est plus la
même Femme , & je tremble devant elle
Cependant , j'ai plus d'une raison pour desirer qu'elle fixe mes incertitudes... Ah !
mon Ami ! qu'elle plaie profonde !... Mais
se peut-il qu'on ait une passion violente pour
deux Femmes à-la-fois ?   Non , je ne saurais le croire.   J'aime ma Cousine ; je l'a-
dore : elle veut ( dit-elle ) avoir ma tendresse en dépôt , jusqu'à ce qu'elle puisse
la remettre à sa Sœur ... mais , mon Ami , ce
fidéicommis amoureus ne remédie à rien...
Tu m'entendras mieux tout-à-l'heure.

Depuis son mariage, Edmée est mille-fois
plus charmante : Bertrand qui l'adore ( &
dont les desirs ne sont point émoussés ) l'engage à se donner la parure la plus convenable à son genre de beauté... Je suis tous
les jours avec elle ;... & la familiarité me
fait découvrir mille nouvelles perfections ;
appas, qualités , tout surpasse l'idée avantageuse que j'en avais prise... Mais , que dis-
je-là ! ma criminelle flâme perce malgré
moi... Et cependant , j'aime ma Cousine ;
je le sens, je n'aime qu'elle, & rien n'est plus
certain que je n'ai jamais aimé qu'elle ; les
desirs que la beauté des Autres m'inspirent,
ne sont que des reflets.   Et la preuve , mon
Ami, la preuve, c'est que je ne puis voir M.<sup>me</sup>

K 4

Parangon, sans oublier tous les charmes qui ne sont pas les siens... Je crois te voir rire de ma situation. Ah! donne-moi plutôt le moyen d'en sortir : dis-moi comment j'amènerai la plus aimable & la plus sévère des Femmes à satiffaire les desirs qu'elle inspire avec tant de frénésie ! Quoi ! la Nature serait-elle en contradiction avec elle-elle-même ! aurait-elle mis dans le même Objet tout ce qui peut enivrer d'amour, avec un cœur incapable d'en éprouver les transports ravissans ! Non : ç'aurait été faire un Monstre de son plus bel Ouvrage ; & si ce Monstre existe, il faut le réformer... Ne saurais-tu donc aucun moyen?... Parle? grimoire, magie (s'il en est ), j'emploierai tout :... ou plutôt, enseigne-moi cet art séducteur que tu possèdes... Elle est tendre ; je le sais : mais la vertu a dénaturé chés elle ce délicieus sentiment ; & comme la Prude de Molière, il me semble l'entendre dire :

Appelez-vous, monsieur, être à vos vœux contraire,
Que de leur arracher ce qu'ils ont de vulgaire,
Et vouloir les réduire à cette pureté,
Où du parfait amour consiste la beauté?
Vous ne sauriez pour moi tenir votre pensée
Du commerce des sens, nette & débarrassée ;
Et vous ne goûtez point, dans ses plus doux appas,
Cette union des cœurs où les corps n'entrent pas(1)?

---

(1) *Les Femmes Savantes*, acte IV, sc. 2.

Il eſt clair que ces beaux ſentimens-là ne
ſont pas dans la Nature : c'eſt une chimère
de l'imagination exaltée, & non pas la
vertu.  Mais ſi ce l'était ? ...  Je m'écrie-
rais pour-lors :  *Ah ! la vertu coûte trop !
j'y renonce ; je n'en veux point à ce prix !* ...

Il faut quitter ce ſujet ; il me rend triſte ;
& te dire que j'arrive de S**, avec ma Cousine, mes deux Frères d'ici,  & la dangereuse Edmée.  Nous avons aſſiſté aux noces
d'une Sœur-aînée, bonne Fille, vraie ma-
chine, qui épouse ſans aimer, ſans haïr ;
& qui dès le premier inſtant après la célébration, ſ'eſt humblement regardée comme la Servante de ſon Mari ; gros Paysan,
excellent travailleur, bon-ménager, aimant le vin, n'en buvant guère, parce-
qu'il vaut mieux le vendre ; paſſant les jours-
de-repos, non à goûter les douceurs de l'a-
mour, mais à revoir ſes comptes, à visiter
ſes champs, ſes vignes, à méditer ſur le
travail que ces objets demandent, ou à
dormir. Eh-bien, chèr Ami, je crois,
envérité, que ces Gens-là, ces eſpèces de
*Plantes mouvantes*, je crois qu'ils vont être
heureus !  Ils le ſont déja : car il eſt impoſſible que le Mari devienne moins tendre ;
& ſ'il le devenait, que ſa Femme y fût
ſenſible ; il eſt impoſſible qu'elle *exige*,
qu'elle *commande*, qu'elle *dépenſe* : ils ſe
ſont montrés tels qu'ils étaient dès le pre-

mier jour pour tout cela ; & d'honneur, il n'y a rien à en rabattre. M.^me Parangon envie leur fort, & leur façon-de-voir & de fentir... Ah! c'eſt moi qui devrais l'envier!..

*Item :* Nous avons eu le ſpectacle d'une paſſion naiſſante, dans le goût de celle de mon nouveau Beaufrère. Le Cadet immédiat de Bertrand, qui ſe nomme Auguſtin-Nicolas, a jeté ſes vues ſur la Sœur de *Marſigni* ( c'eſt le nom du Mari de mon Aînée ). Comment crois-tu que ſ'eſt manifeſté ce goût de préférence ? Par des ſoins, par quelques attentions? Tu n'y es pas! En danſant avec elle ? Non : le plus ſouvent il en prenait Une-autre. C'était en lui eſcamotant, avec adreſſe, ce qu'elle avait de bijous ; c'était, lorſqu'elle avait cueilli quelques fruits, en courant les lui arracher : c'était en prenant avec elle un ton de gravité ; en affectant devant elle d'être plus raſſis, plus raiſonnable que les autres Jeunes-gens. A ces ſignes non-équivoques, toute la Compagnie n'a pas manqué de dire du tendre Auguſtin-Nicolas : —Qu'il était *pris d'amitié pour Jeannette Marſigni.* Et lorſqu'on a vu Jannette lui répondre par *vous*, encore qu'il la tutoyât, on en a conclu que Jeannette *en tenait auſſi d'amitié pour Auguſtin-Nicolas.*

Ces choſes, que je n'avais encore jamais été bien à-portée d'examiner, m'auraient ſans-doute beaucoup amuſé, dans toute au-

tre situation que la mienne. Mais j'étais
trop mal audedans de moi, pour avoir du
plaisir audehors. Cependant, une autre
avanture commençante, m'a causé quelque
diſtraction.

Ma Sœur Chriſtine a fait un Amoureus.
Chriſtine eſt aimable, un-peu délicate ſur la
figure & ſur les manières. Celui dont elle
a fait la conquête, eſt un Jeune-homme,
notre Parent éloigné, mais fils de l'Ami le
plus chèr qu'ait mon Père. Cet Ami eſt
fermier du Seigneur d'un Village voisin, &
*tabellion*. Il a mis ſon Fils clerc chés un Pro-
cureur de la Ville, & ce Fils, de-retour depuis quelques ſemaines, eſt décoré du titre
de Procureur-fiſcal. Voila tout-juſtement
ce qu'il falait à Chriſtine ; un Amant qui eût
quelque chose de la demi-politeſſe que nos
Campagnards prennent à la Ville, réünie à
la *farauderie* villageoise. Je préſume que ſi
*Batiſte* ( c'eſt le nom du Galant ) eût vu ma
Sœur le lendemain de ſon arrivée, ſon abord
& ſes manières euſſent été beaucoup-moins
ridicules : mais aubout d'un temps, quoiqu'aſſés court, il a déja perdu de ſon aſſu-
rance ; il flote entre les façons paysanes, &
les manières bourgeoises ; deſorte qu'on ne
fait ce qu'il eſt. Heureusement le nombre
de Ceux qui pouvaient ſ'appercevoir de ſon
embarras était très-petit, en comparaison de
celui de ſes Admirateurs. Il a donc plu : la
bonne-fortune de Chriſtine a été univerſel-

lement enviée par toutes les Jeunes-filles-à-
marier ; & j'ai vu que ces petites Personnes
ont leur coquetterie tout-comme à la Ville ;
j'ai même trouvé les moyens dont elles se
servaient pour enlever à leur Rivale sa Conquête, extrémement adroits : elles tâchent
de la surpasser en modestie, en retenue, en
montrant plûs de goût pour le travail, & de
lumières pour le ménage.  Le comble à tout
cela, c'est qu'elles médisaient adroitement
de leur Compagne, en montrant la plus
grande horreur de la médisance & du ver-
biage.  Batiste a tenu-bon pour Christine,
autant par vanité peut-être, que par goût :
notre apparentage le flate.

Le troisième jour de la fête, M. Batiste,
qui a vu qu'à la Ville on se donnait des rendévous, a cru devoir profiter des bonnes
dispositions qu'on lui montrait, & de l'espèce de familiarité qu'il avait acquise, pour
obtenir une entrevue secrette avec Christine.  Il l'a demandée.  On a hésité.  L'on
a pris du temps pour faire réponse ; & dès
qu'on s'est vue libre, on est venue me con-
sulter ; non pour savoir si cela était mal, on
ne s'en doutait seulement pas, mais pour
me demander, si à la Ville, un rendévous
n'était pas une liberté qui pouvait donner
atteinte à la réputation ? Tu prévois ma réponse : le Janséniste le plus rigide ne l'aurait pas faite aussi sévère.  J'ai si-bien épou-
vanté la pauvre Christine, que je ne crois

pas que de fa vie , elle foit tentée d'accorder un rendévous.  Un bon-effet eft resulté
de cette conduite : Batifte , à-demi-policé ,
a fenti craitre fon eftime pour ma Sœur ,
après fon refus ; & c'eft encore un mariage
qui fe fera dans peu.

Sais-tu que je fuis regardé comme un re-
doutable écueil pour la fageffe de toutes les
Jeunes-fillettes de mon Village & des environs, depuis l'avanture de Laure?  Il était
défendu , de-par toutes les Mères, à toutes
Celles qui avaient un peu de figure , de me
parler en-particulier.  De-manière , que fi
je n'avais pas eu affés d'occupation au dedans
de moi-même , je me ferais trouvé réduit à
m'ennuyer, ou à m'accommoder des Laides.
Quoique bien déterminé à ne rien entreprendre , je n'ai pas laiffé d'être très-mor-
tifié qu'on m'ôtât le mérite de ma retenue,
& j'ai plus d'une-fois été tenté de rendre les
Matrones dupes de leur infultante précau-
tion.  Je ne l'ai pas fait , & j'en fuis fort-
aise à-préfent.....

Tu vois que je cherche à me fuir moi-même , par tous ces vains détails.  Mais,
Le chagrin monte en croupe & galope avec *moi.*

---

## LXXXVI.<sup>ME</sup>

8 feptembre.

### G A U D E T , à E D M O N D.

[ Damnables confeils, trop bien fuivis ! ]

GÉNÉREUS Virtuose ! t'y voila donc !...

Beaux projets; fpéculation tranfcendante; théorie admirable ! & pratique *à la Gaudet!* .... Mais que dis-je ? ce n'eft pas un plan fagement conçu, digéré par la prudence, qui t'amène au point où je t'ai fouhaité ; c'eft d'une-part l'excès de ta paffion ; de l'autre, la crainte d'une inconvenance un-peu forte. Enfin, quel que foit ton motif, te voila rendu, & tu vas parler naturellement, au-lieu du galimathias que tu as débité jufqu'à-préfent à la plus belle & la plus *fenfible* des Prudes! Écoute-moi bien, Edmond: *Tu es aimé; l'on pardonne tout l'amour:* Ose donc, Jeune-homme pusillanime ; ose, & tu feras pardonné. Mais choisis bien l'occasion ; prévois-en tous les alentours ; prépare la chute de-façon, qu'on te croye excusable toi-même, entraîné, féduit irréfiftiblement après l'avoir provoquée. Ah! fi tu favais quels plaisirs te procurera ta fcrupuleuse Cousine! Combien les retours fréquens & fincères de fon âme timorée, te fourniront de delicieuses victoires! Quels agréables entrelacemens tu verras de chutes & de repentirs; de larmes, & de foupirs amoureus! Non, mon Chèr, les Femmes que tu as eues ne font rien; une jolie Prude les furpaffe toutes; & ta Cousine eft la plus adorable des Bégueules... Mais tu ne fauras pas tirer parti de tout cela: j'en fuis fûr! Je te vois d'ici: l'expérience te manque, & malheureusement c'eft une chose qui ne

s'acquiert qu'à-force de sotises & de bévues!
Heureus Celui à qui, pour son instruction
parfaite, il en faut moins qu'aux Autres!...
Tu aurais besoin que je fusse auprès de toi:
je crois que je ferai le voyage: mon Ami
m'est plus chèr que les jouissances dont je me
priverai; le sentiment d'une sincère amitié est
si doux, qu'il les égale & les remplace toutes.

Je ne combattrai pas ton autre passion; je
la crois vaincue depuis que tu me l'as avouée:
ce n'est pas ici que le plaisir naitrait des
rechutes, & la volupté du remords; elle
ne produirait que la honte. D'ailleurs Edmée t'écouterait-elle? Tu sais que ces petites Filles, sotement vertueuses, n'ont pas
d'autre mérite, & ne sauraient jamais remplacer leur maussade vertu par des vices aimables, comme les font Madelon & la pru-
dente Eglé, la belle Villet*, la sémillante
Monticourt, la majestueuse Thierr**, la
brune & pétillante Lin*, la prude D'Avig*;
la fière De-Pont**, la mignone De-Char-
mel*, la dédaigneuse Berry*, si propre,
qu'elle fait laver la monnaie que sa Suivante
lui rapporte du marché, quoiqu'elle prenne
sans répugnance au beau Sainthermine.....
& tant d'autres, couchées sur la liste de
nos Pères! Va, il faut laisser à ton frère
Bertrand sa Brebiette chérie; il en est des
myriades qui t'attendent ailleurs: oui, je
vois craitre pour toi dans la Capitale, une

moiſſon de myrthes... Mais il faut avoir eu
M.me Parangon ; cette âme ardente purifiera
ton cœur, & ta victoire ſur la Vertu même
chaſſera le ſot Reſpect : oui, cette Femme
ſenſible, brûlante, conſumera la *viſcoſité*
qui t'appeſantit & te fait ramper ; tu t'éle-
veras auſſitôt, Papillon léger, pour voltiger
de Belle en Belle, & ne prendre que la fleur
de l'amour & du plaiſir. Eh ! ſerait-il poſſible que tu fuſſes tendre pour Une-autre,
après l'avoir été pour elle ! Non, mon Ami ;
en te la ſoumettant, c'eſt le *Nec plus ultra*
de la victoire ſur la Vertu féminine, & tu
auras triomphé de tout le Sexe.... Ah-Dieu !
je me fais de belles affaires ! & Laure, qui
regarde ce que j'écris ! elle prétend lui diſputer..... Ma chère Laurette, ſans-doute vous
l'emportez ; mais c'eſt dans l'art charmant
d'aigüiſer & de couronner les deſirs.... Je
finis ; elle me bouderait ; depuis une heure
on m'attend pour faire un *reverſis.* Je t'embraſſe un-million-de-fois ; mais la meſure de
mon amitié eſt audelà de tous les nombres.

---

## LXXXVII.me

12 ſeptembre.

### EDMOND, à M.me PARANGON.

[Dangereuſe frénéſie, pour Celui qui l'éprouve ;
& Celle qui en eſt l'objet.]

IL faut bien vous écrire, puiſque vous me
fuyez ,... que vous me haïſſez ! Eh ! quel eſt
donc mon crime ? d'être tombé à vos genous ;

Binet inv.
J. Le...

nous; de vous avoir baisé la main; de l'avoir preſſée contre mes lèvres, en verſant des larmes d'attendriſſement & de douleur: d'avoir touché par mégarde ..... ah! bien par mégarde, je vous aſſure! la place de ce cœur que j'adore, & ... où j'ai cru... quelquefois avoir une place.... Voila tous mes crimes, Vous vous êtes levée; un regard sévère; des pleurs... Je n'ai pas mérité cette rigueur, non, je ne l'ai pas méritée: mes vues étaient innocentes. Eh! voudrais-je, pourrais-je, oserais-je vous mentir, à vous, ma divine Amie, à vous! Ah! ma charmante Cousine! ne me connaiſſez-vous donc plus! ne me croyez-vous donc plus votre ami ?... Cruelle! vous redoutez, non votre défaite (vous êtes trop ſûre de vous-même), mais vous craignez de charmer les maux d'un Infortuné qui vous a remis ſon cœur, & qui ne croyait pas que vous en dédaigneriez le dépôt!... Je m'arrête: la douleur me ſuffoque... Oui, je vous adore, en périſſant par votre excès de rigueur: un-jour vous pleurerez le malheureus Edmond.

❋══════════❀══════════❋

même jour. *LXXXVIII.*<sup>me</sup> *Réponſe.*
[Ferme, mais imprudente; l'amour y perce.]

JE te pleure dès aujourd'hui, jeune Audacieus. Ton âme eſt tauſſe; je l'ai pénétrée... Malheureuse! ton Ami eſt un méchant homme!.... Edmond! ah! se pourrait-il!.... Mais puis-je encore en douter!.... J'ai vu votre Lettre, & celle que l'inf... Gaudet y a répondue.... Qu'est-ce donc que votre cœur? L'indigne réceptacle de desseins criminels, de coupables desirs.... Je suis revoltée: je le suis;... mais mille-fois plus acâblée que révoltée.... O Dieu! que vous me punissez!... Coulez mes larmes, coulez sur le plus chéri des Hommes, & le moins digne de l'être!... Edmond! si vous l'eussiez voulu, quels jours sereins alaient nous filer l'amitié, l'amour & la nature! Vous ne le voulez pas, Cruel! vous empoisonnez tout!..... Écoutez, Homme faible, cœur pusillanime, & qui ne tarderez pas d'être entièrement corrompu, écoutez: Si vos coupables desirs ne peuvent être surmontés.. Ah-seigneur! qu'alais-je écrire!.... Mais achevons: S'il n'est rien qui vous puisse arrêter; je sais un remède; & tout-affreus qu'il est, je l'emploierai. Il l'est moins, pour moi, de mourir, que de cesser de vous estimer... Choisissez!

<hr>

une heure après. *LXXXIX.*ME *Replique.*

[L'excès de sa passion lui donne un faus repentir.]

LE chois est fait. Le bonheur, Femme adorable, le bonheur même, à vos dépens, je le refuserais!... Il ne serait pas en votre pouvoir de faire mon bonheur sans le par-

tager; non, non... Moi! vos faveurs! Je
les abhorre! je les déteste! c'est un dange-
reux poison!.... La mort à vous! vous mourir!... Quelque coupable que je sois, je ne
mérite pas cet affreus supplice; je ne mérite pas d'être déchiqueté, torturé, mille.
fois pis encore! non, je ne le mérite pas!
Ah! gardez-les! je n'en veux plus, me les
offrissiez vous!....... Charmante, adorable
Amie, ignores-tu le pouvoir que tu as sur
moi! Va, tu peux me laisser pénétrer dans
ce sanctuaire de la beauté, que ta présence rend sacré pour moi; tu verras, si je puis
respirer, si je puis avoir un desir, une pensée, qui ne soient d'accord avec ta belle
âme.......... Pardonnez, madame, ce style
nouveau: c'est la première & la dernière-
fois que je dois m'en servir avec vous; encore effacerais-je, si j'en avais le temps.

Un mot, & je vole à vos piéds, tel que
vous me souhaitez, amant de Fanchette,...
adorateur de fa divine Sœur, mais respectueus, timide, tremblant de déplaire.

<hr>

X C.<sup>me</sup>        le furlendemain des
                précédentes.

E D M O N D, à G A U D E T.

[ Edmond au desespoir de son crime, maudit son
  Corrupteur, & se retracte l'instant d'après. ]

Viens jouir de ton ouvrage! Ame
cruelle! ennemie de toute vertu, viens contempler expirante la Victime de ta corrup-

tion! viens voir l'égarement furieus du vil Inſtrument dont tu t'es ſervi! O Monſtre! te tende le juſte Ciel tout le mal que tu nous as fait!..... Je te maudis!..... Ou plûtôt je me maudis moi-même. Tombent ſur moi tous les maux, toutes les peines, tous les tourmens, réünis que la céleſte Juſtice reserve aux Scélérats!.......... que je ſois errant, vagabond, flétri, un Objet d'horreur pour tous les Hommes!... que ma peine ſoit inceſſable!... & puiſſe l'excès de mes maux étonner le monde, & toi-même!... O crime! que tes fruits ſont amèrs!

· · · · · · · · · · · · · · · · · · · ·

Gaudet! ſi, comme je le penſe, ta complaisance pour moi t'a ſeule porté à me donner un déteſtable conſeil, ceſſe! ceſſe! & viens me retirer de l'abîme où tu m'as fait tomber!

---

[ Je n'ai pu retrouver la *Réponſe* de Gaudet, que j'ai lue autrefois ( elle eſt aujourd'hui dans LA PAYSANE PERVERTIE, ſous la date du 13 ſeptembre): il ſ'efforçait de remettre le calme dans l'âme d'Edmond, en entrant dans ſes idées: deſorte que leur reconciliation ſe fit, malheureuſement pour mon pauvre Frère! La Lettre ſuivante va faire comprendre celle-ci. ]

*FIN de la Troisième Partie.*

LE PAYSAN
PERVERTI

# LE PAYSAN
## PERVERTI,
### OU LES
## DANGERS DE LA VILLE;

*HISTOIRE récente, mise au jour d'après les véritables LETTRES des Personnages.*

## TROISIÈME PARTIE.

### QUATREVIN.-ONZ.ᵐᵉ LETTRE.

#### EDMOND, à GAUDET.

[ Exemple terrible pour les Femmes vertueuses ! L'amour illicite rend toujours le plus honnête des deux Amans l'esclave & la victime de l'Autre.]

E viens pas, mon Ami: j'ai senti la force & la solidité de tes raisons: pardonne l'emportement de ma dernière !... j'étais hors de moi.... Je vais te trouver ; je cours me cacher dans ton sein... Non, je n'ai plus que la fuite ! heureus ! si je pouvais m'éviter moi même !

*Tome II.*

Voici, mon chèr Gaudet, ce que je n'ai pu te raconter l'autre jour.

L'Objet que j'idolâtre avait vu ma Lettre du 1, & surpris ta Réponse (1). Un Billet de sa part, qu'unde la mienne (2) m'avait attiré, foudroyant, & tel que je le méritais, venait de me montrer les dispositions les plus extraordinaires, & les plus capables de mefaire rentrer en moi-même (tu en jugeras, je t'envoye certe Lettre): changé, ou plutôt confondu, je fis une Réponse qui la tranquilisa (3); & dès que j'en eus obtenula liberté, je volai à ses piéds, pour y abjurer de bouche tout ce qui pouvait lui déplaire dans mes sentimens. Je la trouvai pâle, tremblante : mes discours la rassurèrent ; je vis couler des larmes de ses beaux ieux. Ah! qu'elles me touchèrent!... Nous causames ensuite. Elle eut pour moi toute l'indulgence qui pouvait s'accorder avec ses principes. J'étais heureus. Il semblait que son entretien, ses avis eussent entièrement ramené l'innocence dans mon âme égarée. Mais notre conversation fut trop longue : les desirs revinrent sourdement, & il m'avaient enivré avant que je m'en fusse apperçu : mes ieux pétillaient ; mes mains inquiettes, brûlantes, ne touchaient d'abord que ses

_______________

(1) Ce sont les LXXXV & LXXXVI.me Lettres.
(2) Les LXXXVII & LXXXVIII.me
(3) La LXXXIX.me

habits; bientôt elles s'emparèrent de sa main; elles la preſſèrent; elles en furent preſ-ſées.... Reſiſter après eela n'aurait pas été d'un Mortel!... J'ai baiſſé mon viſage ſur ſes genous , & je me ſuis écrié: —Faut-il éprouver avec vous le ſupplice de Tantale!... Cruelle! vous voulez me voir languir & deſſécher!... Vous connaiſſez le pouvoir de vos appas, vous le connaiſſez tiop , pour ne pas imaginer tout ce que je dois ſouffrir... Mais ( & je le ſavais bien ), la plus vertueuſe des Femmes n'eſt qu'une Coquette plus raſi-née , qui veut que ſes Victimes ſe conſum-ment devant elle ; qui veut jouir en Tyran féroce de leur ſupplice ; entendre leurs gé-miſſemens , & s'applaudir de les avoir cau-ſés. Maudite ſoit la vertu ( ſi c'eſt en avoir que de vous reſſembler ); le vice eſt cent-fois plus aimable—.... Elle a mis ſa main ſur ma bouche. Ah-Dieu! quelle ſenſation délicieuſe !.... Au bout d'un moment , j'ai continué: —Que voulez-vous que je de-vienne , dans l'état où vous m'avez réduit ?... Tout me ſerait bon , ſi quelque choſe pou-vait briſer mes fers: Il n'eſt rien que je n'embraſſe , pour m'en délivrer ; le vice , le crime ,... oui, le crime ,... & vous ré-pondrez de mes égaremens! Pour qui me rendez-vous le plus infortuné des Êtres? pour un Mari,... qui ne mérite ni vos égards, ni les miens. Eh! quels ſont donc ſes droits—?

Elle m'a répondu, d'un ton plein de douceur: —Ceux que vous reclamerez un jour... —Je n'en veux point ! ... mais vous ne les blefferez pas ! —Je ne les ai déja que trop anéantis, ces droits légitimes ! & je ne faurais me cacher à moi-même que je fuis coupable... Ah ! mon Cousin ! voulez-vous changer mes remords en desefpoir ?... Ce n'eft pas tout : je vous deftine ma Sœur : laiffons à-part, pour un-moment, la religion & les lois : mon Ami, prétendriez-vous que j'étouffaffe auffi les fentimens de la nature, & que j'oubliaffe toute idée de décence ? Ne puis-je vous fatiffaire, qu'en devenant vile, méprisable, la dernière, la plus effrontée de mon fexe ! Eh foyez donc plus généreus !... Mon chèr Edmond, fi je me fuis permis de vous aimer, c'eft en qualité de Frère ; je ne me fuis félicitée des fentimens que vous m'infpiriez, je ne m'en fuis applaudie, que depuis que j'ai bien fenti que je defirais fincèrement que vous devinffiez le mari de Fanchette. Je veux faire votre bonheur.... c'eft le plus doux de mes defirs ! mais c'eft ma par Sœur que je veux le faire : toute autre manière me rendrait coupable, & me mettrait de-niveau avec ces Femmes avilies qui fe font abandonnées—... Et voyant que je voulais parler : Attendez (m'a-t-elle dit vivement )! fi vous êtes auffi délicat que je l'ai toujours penfé, il eft une

raison

raison qui doit vous fubjuguer : elle ferait nulle , je le fens , pour d'autres que pour mon Cousin ; mais f'il penfait de-manière qu'elle ne fit aucune impreffion fur lui , je ne tarderais pas à la meseftimer : le voici , cette raison : M. Parangon use quelquefois de fes droits fur moi : une parure nouvelle, un deshabiller féyant ; que fais-je ? les desirs mêmeque d'autresFemmesontfait naître,luî donnent pour moi un empreffement momentané.... Et vous, Edmond , délicat comme vous l'ètes, vous partageriez.... Cette idée me fait horreur , & doit vous épouvanter.... Mon Cousin , fi j'étais à vous , je voudrais y être toute-entière.... Que dis-je ? ma tendreffe délicate exigerait davantage ; & je voudrais que vous euffiez été le feul... fi j'étais Veuve , je me croirais encore indigne de vous.... C'eft Fanchette , c'eft ma Sœur qui vous mérite , & dans laquelle je ferai heureuse à ma manière.. Si vous faviez comme je veux la rendre fenfible & tendre à votre égard !.... L'attente eft-elle donc fi longue ? Elle a douze ans ; dans deux elle pourrait être votre Femme : nous vivrons tous-trois enfemble , & peut-être tous-quatre , puifqu'Urfule , recherchée par le Conseiller plus vivement que jamais , doit paffer fes jours avec nous—.

Ce difcours me charmait ; j'étais plus tendre , & moins entreprenant. J'ai fait des proteſtations qu'on a crues ſincères ( & qui l'étaient, mon Ami ). Je n'ai plus donné à Celle que j'adore, que le nom de Sœur, & dans un tranſport dont la cause me fesait illusion à moi-même, j'ai hasardé un baiser, que je croyais d'un Frère. MaCousine, devenue plus confiante, me l'a rendu... Fatal baiser ! il a détruit le calme ; la tempête la plus violente à ſuccédé. Ce n'a plus été l'amour ; non, mon Ami ; ce n'a plus été le plus délicieus des ſentimens qui ſ'eſt emparé de mon cœur : c'eſt une odieuse frénésie ; c'eſt une ſorte de rage : la raison, la décence, les égards les plus indiſpenſables, & juſqu'à la pitié, j'ai tout foulé aux piéds ; je n'ai rien ménagé, ni la pudeur, ni la délicateſſe de la plus belle & de la plus reſpectable des Femmes ; ſes larmes, ſon deseſpoir ne m'ont plus touché. Dans mon emportement, je froiſſais, je meurtriſſais, avec un abominable brutalité, ces appas enchanteurs, ces membres délicats, qui ne doivent recevoir que des adorations & des careſſes... Employer la violence... Ah-Dieu !... & je l'ai employée ... avec qui ! & quelle eſt la victime de ce forfait horrible?... Ce que je reſpecte le plus au monde. . . . . . . . . . . . . . .

Je conſommais cet exécrable triomphe, ſur une Femme épuisée, mourante, quand M. Parangon ſ'eſt fait entendre. Où fuir,

p 147 + 11

où me cacher ? Je me suis gliffé dans la
ruelle. Le Mari parait ; il voit fa Femme
dans un desordre, dont il n'imaginait pourtant pas la cause. Il a penfé qu'elle venait de
pleurer, de gémir fur les chagrins ordinaires
qu'il lui donne. La pitié a trouvé le chemin
de fon cœur ; il a été effrayé du danger où
il la voyait ! & c'eft moi ! moi ! qu'elle n'a
pu fléchir ! il a entrepris de la confoler !
& je l'ai desefpérée ! Ah-Dieu !..... Je
n'ai pas l'excuse des Libertins, qui croient
que la resiftance des Femmes n'eft que gri-
mace, & qu'on les oblige, en les pouffant
à-bout ; non je ne l'ai pas !... Mais comment te raconter la fuite de cette fcène,
ô mon Ami !....

En reprenant l'usage de fes fens, elle
n'était plus à elle-même : égarée, furieuse,
cette Colombe fans fiel, voulait déchirer
tout ce qui l'approchait. Son Mari l'a crue
folle : il nous a tous appelés : dans la confusion, je fuis heureusement forti de ma retraite ; & malgré mon crime, il ne m'a
pas été poffible de m'éloigner ; mon inquiétude l'emportait fur la honte......

Les Voisins & les Amis de la maison,
dont ma Cousine eft adorée, n'ont pas tardé
à remplir fa chambre. Ils ont attribué fon
mal à la fièvre. (Elle en avait en-effet une
très-violente). Les Médecins, & tous les
Gens-de-l'art font venus ; ils ont ordonné

des remèdes : j'ai saisi un moment de liberté pour prévenir la Fille-Claudon ( qui sert ici depuis que M.<sup>me</sup> Loiseau s'eft fait connaître pour ce qu'elle était ), & lui dire, —Ma chère Claudon ! ne donnez rien à votre Maitreffe, que je ne l'aie examiné—. Cette bonne Fille adore ma Cousine ( c'eft le fort de tous-ceux qui l'approchent ), & con_ naiffant la confiance dont elle m'honore ,... elle m'a promis de ne rien faire que par mes ordres. J'ai tremblé, mon Ami, que ces Gens-là ne lui donnaffent des remèdes qui la tueraient. Une chose qui m'a fendu le cœur, & qui augmente mes remords, c'eft que je fuis le feul dont elle ait voulu recevoir quelque chose; le feul qu'elle ait écouté ; elle me baisait quelquefois les mains, en me priant tout-bas d'épargner fon honneur... Dans les plus violents accès de fon délire, fi je l'embraffait, elle fouriait, elle me preffait contre fon cœur, & femblait m'inviter à renouveler mon offenfe!.. Hélas!... en ferais-je donc réduit à m'affliger du retour de fa raison ?... Avanhièr, desefpéré de la voir toujours dans le même état, je me fuis mis à genous devant font lit, & comme fi elle eût été capable de m'entendre, je lui ai fait le ferment de n'entreprendre jamais rien de pareil à ce qui l'avait affligée. Elle femblait m'écouter avec plaisir; des larmes ont coulé de fes ieux, qui m'ont paru plus tranquiles. Ravi de ce

faible fuccès, j'ai répété les mêmes affuran-
ces ; j'en ai fait le vœu à Dieu même. Depuis cet inftant elle a été de mieux-en-mieux.
Enfin, d'aujourd'hui, la raison revient... Et
le premier usage qu'elle a fait du premier
intervale, le premier usage, mon Ami ( ô
mortelle douleur ! ) ç'a été de me donner
tout-bas l'ordre abfolu de fortir de fa présence, & de ne la plus voir. Ah ! mon
Cousin ! quelle punition ! elle eft affreuse
pour quiconque a un cœur comme le mien !..
Il faut m'éloigner, aler me jeter dans tes
bras, y expirer peut-être !

<hr>

## X C I I.<sup>me</sup>

20 feptembre.

M.<sup>me</sup> C A N O N, à M.<sup>me</sup> P A R A N G O N.

[ Malheur qui aura des fuites bien fâcheuses.

MON DIEU, ma chère Nièce, qu'alez-
vous dire ? Urfule vient d'être enlevée !
Un Marquis; ce Marquis que vous favez ; là,
ce laid, un-peu boffu, qui nous offrit une-
fois fon carroffe ? il nous aborda la dernière
fois que nous fortimes pour aler au *boulevard* : je le priai de nous laiffer. Il nous
laiffa : mais, à notre retour, nous avons été
entourées dans la rue *des-Billettes*, par des
Hommes vêtus en Paysans, qui femblaient
fe quereller. Ils fe font jetés entre nous
comme des Brutaux qu'ils étaient ; Fanchette m'a pris la main ; Urfule, qui était

M 3

devant, à été poussée par eux jusqu'à une voiture, dans laquelle on l'a mise de force, &-puis *fouette, Cocher*. Dès que ce beau coup a été fait, tous les Paysans ont dispaparu. J'ai crié; Fanchette se lamentait: on est venu vers nous: la Garde est accourue; mais Ursule était déja bien-loin. C'est à cinq heures du soir, & encore de grand jour, que ce malheur nous est arrivé. Dépêchez-vous de venir, ma chère Nièce; car je me meurs. Amenez le Frère d'Ursule: il pourra beaucoup, étant conduit par son Ami Gaudet, qui sait tout son Paris sur le bout du doigt. Ah! mondieu! comment nous la rendra-t-on? La pauvre Fille! la chère Enfant! Si vous saviez comme Fanchette la pleure! ça fait pitié! car ce n'est plus une Enfant que Fanchette. Je vous salue, ma chère Nièce. Dépêchez-vous, si vous voulez rendre la vie à votre Tante V.<sup>e</sup> CANON.

---

## XCIII.<sup>me</sup>

22 septembre.

### EDMOND, à GAUDET.

[Le faus honneur est la suite de la corruption du cœur.]

JE pars avec ma Cousine: ma Sœur est enlevée: cours, vole chés M.<sup>me</sup> Canon: interroge, agis, n'épargne, n'oublie rien. Ah! mon Ami, tout est évanoui, tout est disparu, desirs & remords. Ma Cousine elle-

même a tout oublié ; elle ne songe plus qu'à
son Amie ! Je bouillonne de colère & de
rage !... Oh ! comme je veux me venger !...
La mort... elle n'est rien, pourvu que je me
venge, que je me baigne dans le sang de
l'Infâme... Je brûle : je suis dévoré... Le
P. Gardien me fait des sermons... Des sermons ! c'est bien le temps ! La vengeance,
ou la mort !

---

### XCIV.me

De Paris
le 10 octobre.

### EDMOND, à PIERROT.

[ Il se rend justice au sujet d'Ursule. ]

NOTRE Sœur est retrouvée, mon Ami :
mais, plains Ursule ; plains le malheureus
Edmond ! La fuite, des ordres supérieurs
ont dérobé le Coupable à ma vengeance...
O mon Frère ! ma plume pourra-t-elle l'é-
crire ! Ursule est souillée ; elle est mourante ... elle a perdu, non sa chasteté, mais
la fleur... Et c'est moi, c'est moi qui cause
son infortune ! Peut-être sont-ce mes crimes qui l'ont attirée sur elle !

Gaudet avait découvert la retraite du
Marquis : seul, de son propre mouvement,
il s'est fait donner des ordres, il a repris
Ursule, il l'a délivrée... Mais il a fait une
indigne convention ; il a forcé la Famille
de donner sur-le-champ des effets-au-Por-
teur pour une somme de cent-mille-écus.
Après ce don, il a fait signer à notre Sœur

une décharge pour le Marquis, qui contient une reconnaiſſance qu'il ne l'a pas enlevée ; qu'il l'a rencontrée par hazard, & l'a rétirée dans ſa petite-maiſon ; où il n'a employé que les ſoins ordinaires d'un Amant vivement épris, pour obtenir ce qu'il desirait, &c.ᵃ Urſule a ſigné cela, ſans ſavoir ce que c'était : Gaudet, comme tu vois, a ſacrifié une ſeconde-fois l'honneur de cette pauvre Fille ! Mais ( ſuivant lui ), ſa conduite eſt fondée ſur d'excellentes raiſons ! ( & ſ'il le faut dire, ſelon tout le monde ) : ſelon moi, c'eſt du ſang qu'il faut ; & j'en aurai... Depeur que je ne renvoyaſſe avec indignation le prix du deshonneur d'Urſule, l'Abbé avait placé la ſomme, avant que de m'en parler. —*Le mal eſt fait* (m'écrivit-il) : *en exigeant un prix auſſi fort pour acheter le ſilence d'Urſule, je n'ai pas ſeulement eu en vue de lui faire un ſort, mais de diminuer aux ieux du monde, et d'une Famille diſtinguée, la diſtance que le rang et les richeſſes mettent entre ta Sœur, et le Marquis : cent-mille-écus ſont une dot honnête ; et ſi l'attentat avait des ſuites ; qu'un Fils vínt appuyer des droits légitimes....*

Beaux raiſonemens en ſpéculation ! dont Urſule eſt bien-loin de desirer la réalité ! Cette infortunée Fille eſt dans un état qui ferait pitié aux plus Inſenſibles : M.ᵐᵉ Parangon ſeule a pu la rappeler à la vie ; on commence à s'appercevoir de l'effet de ses discours enchanteurs. M.ˡˡᵉ Fanchette ne s'y oublie pas non-plûs. Que les attentions empreſſées de ma Cousine font d'impreſſion ſur mon cœur ! Elle les partage entre ma Sœur & moi : je ſuis gardé à vue par elle ; tous mes pas ſont ſuivis ; & dès que je veux ſortir, je me trouve arrêté !....

Que te dirai-je, mon Frère ? que Gaudet eſt un Ami plus actif que l'éclair ; que ſes vices m'épouvantent, & que ſes qualités me raviſſent. Ma Cousine l'appelle, *le monſtrueus Aſſemblage de tous les contraires* ; elle le déteſte, & l'honore ; le craint & le recherche. Pour Urſule, comme elle le connaît moins, elle ne le nomme plus que ſon bon Ange. M.ᵐᵉ Canon eſt au deseſpoir de ne l'avoir pas fait avertir le premier... Ménage nos Parens, en ne leur apprenant encore que ce qu'il y a d'heureus. . . . . . . . . . . .

Comme je finiſſais, le Conſeiller eſt entré. Je ne ſais comment il a ſu notre malheur ; il eſt accouru pour nous offrir ſon crédit. On n'en a plus beſoin. L'état de ma Sœur lui a fait verſer des larmes ſincères. Mais il ne ſait pas tout ! On ſe propose de lui cacher le plus triſte de la funeſte avanture : j'approuve ce ſilence ; & ma Cousine elle-même s'y prête, parce-que c'eſt un malheur, & non pas une faibleſſe. Veuille le Ciel qu'il n'ait pas les ſuites que l'on craint. Adieu mon bon Frère.

## XCV.ᵐᵉ     2 novembre.

### PIERROT, à EDMOND.

[ Je lui fais part de l'arrivée de notre Sœur.]

MON chèr Frère : Nous venons de recevoir ici M.ᵐᵉ Parangon, notre pauvre Ursule, M.ˡˡᵉ Fanchette, M.ᵐᶜ Canon, & M. l'Abbé Gaudet. Nos Parens ont rendu à la Première comme une espèce de culte d'adoration (s'il est permis de parler de la sorte d'une Créature), tant l'hommage de leur reconnaissance était respectueus. Et quant à notre pauvre Sœur, tu te représenteras mieux que je ne pourrais te le dépeindre par mon écriture, l'attendrissement qu'elle leur a causé, ainsi qu'à nous-tous. Et quant à M.ˡˡᵉ Fanchette, c'est un petit trésor, dont nous sommes tous charmés. Pour à l'égard de l'Abbé, notre Mère le regarde comme un Saint. Je te dirai que l'accident d'Ursule a les suites que tu soupçonnais ; & qu'elle ressent des incommodités qui nous l'annoncent. Voila un malheur pour nous. Quant à ce qui est de M. le Conseiller, je te dirai qu'il est venu hièr ; & qu'il s'est enfermé avec M.ᵐᵉ Parangon, notre Mère, Ursule & M.ᵐᵉ Canon ; & qu'on lui a tout déclaré, avec toutes les explications. Il a bien pleuré ! mais finalement, il a dit : Que ça ne fesait rien, vu la violence.

Il a bien approuvé de ce qu'on avait pas poursuivi ; & il a dit qu'avant que rien ne puisse paraître, il falait que notre Sœur retournât à Paris, parce-qu'il sera aisé d'y gardèr le fecret. Il a proposé d'épouser Urfule dès qu'elle fera rétablie. On n'avait pas encore parlé de la fomme d'argent : M. Gaudet lui a fait cet aveu, avec la permiffion de M.<sup>me</sup> Parangon. Il a d'abord blâmé de ce qu'on l'avait acceptée : mais quand il a fu comment l'Abbé avait tout fait, à l'infu de notre Sœur & de la Famille, il l'a bien loué. Il y a une chose là-dedans qui fait peine à notre Père & à notre bonne Mère, c'eft ce retour d'Urfule à Paris. Il leur femble que c'eft renvoyer la Brebis à la gueule du Loup. Et je penfe tout-de-même. Voila tout ce que je te puis mander, mon chèr Edmond ; fi ce n'eft que ma Femme m'a donné une Fille, & qu'elle t'embraffe, te recommandant de te garder des Vauriens qui font dans le pays où tu es. Quitte ce dangereus Paris le plutôt que tu pourras, mon Edmond. Je le crains autant pour toi que pour Urfule.

---

XCVI.<sup>me</sup>　　15 décembre.

EDMOND, à GAUDET.

[ Il fe félicite de fa malheureuse & criminelle
paternité. ]

SERAIT-IL vrai, mon'Ami, & fe pourrait-il, que la chère Idole de mon cœur...

Ce crime, que je me suis tant reproché, aurait-il eu les suites d'une faveur confentie !.
O mon Ami! devrais-je aux confeils que je
t'ai fi durement reprochés, une innocente
Créature, qui va former entr'*elle* & moi,
le lien éternel de la paternité ?...... Suis
toutes *fes* démarches; foutiens *fon* courage,
calme *fon* efprit. Je la recommande fur-tout
au chèr P. Gardien : c'eft à-préfent qu'on
peut employer tout ce que la Religion fug-
gère de confolant. Chèrs Amis, veillez enfemble fur ce précieus Dépôt : mon bonheur
en va dépendre ! Plus d'idées de mariage,
ceci les anéantit pour jamais. Depuis que tu
m'as appris cette heureufe nouvelle, ma joie
perce, & Laure qui f'apperçoit du changement prodigieus qui f'eft fait en moi, l'attribue à quelque bonne-fortune dont je lui fais
myftère. Elle a raifon ; c'eft une bonne-fortune, mais d'un genre infiniment fupérieur
à toutes celles qu'elle peut imaginer.....
Chère Coufine !.... Oh ! plus de remords
il ne faut plus fouffrir qu'elle en ait ! des
fuites trop heureufes vont la dedommager
de mon attentat ! Elle fera mère ! les fentimens de la Nature & le feu de l'amour
doivent tarir la fource de fes larmes !....
P.-*f.* Je t'écris ce court Billet à la hâte,
  chés Laure : elle t'embraffe à ta manière,
  & fe porte à ravir.
(La *Réponfe* à cette Lettre eft dans LA PAYSANE.)

## XCVII.ME



*EDMOND, à ses Père et Mère.*

[ Il change hélas! mais devrait-il s'en applaudir! ]

CHAQUE année qui s'écoule, tout change autour de moi, & je change moi-même. Que le circonstances où je me trouve sont différentes de celles où j'étais l'année dernière! C'est toute une autre façon de voir & de penser : il me semble de jour-en-jour qu'un voile épais tombe de dessus mes ieux. Souffrez, chèrs Parens, que je vous fasse hommage de mes lumières. Sans vos bontés, je serais encore plongé dans l'engourdissement, & je ne m'occuperais que de ces bagatelles, dont vous m'avez plus d'une-fois reproché le goût trop prolongé. Aussi, mon chèr Père & ma tendre Mère, il n'est pas de jour que je ne fasse au Ciel des vœux ardens pour votre prospérité. Puisse le Maître-des-destinées, étendre votre précieuse vie bien au-delà des temps où vos soins paternels cesseront d'être nécessaires à votre Famille.

Je finis, parce-que mes devoirs m'appellent, en témoignant à mes chèrs Frères & Sœurs (sur-tout à notre Aîné) la tendre amitié que je ressens, & que je ressentirai toute ma vie pour eux. Fasse le Ciel, que cette Lettre-de-compliment soit suivie de beaucoup d'autres !

( Sous la même enveloppe , était une Lettre pour moi, où il me fait le tableau qu'on va lire du tumulte de Paris, & le recit de ce qui l'y a frappé.)

COMME je suis peut-être à la veille de ne t'écrire de longtemps, chèr Aîné, je profite de mon loisir pour entrer avec toi dans des détails qui auraient été déplacés dans une Lettre à nos chèrs Père & Mère. Je suis à Paris : c'est un monde absolument nouveau pour un Provincial ; il ressemble moins à nos petites Villes, que ces dernières à nos Villages. Je ne vais te parler encore que de l'extérieur , & de ce qui frappe d'abord les ieux.

Paris est un vaste assemblage de bâtimens irréguliers, qui forment quelques belles rues, d'autres qui ont l'aspect le plus desagréable, & l'air le plus mal-sain : on voit d'un côté la profusion sans nécessité ; de l'autre la mesquinerie la plus incommode : telle rue , dans une quartier desert, où il ne passe pas trois carrosses par jour, a quarante piéds de large : tandis que telle autre (comme celle de *la Huchette*, un des passages le plus fréquentés ) n'a pas pas cinq piéds, & que l'on risque à tous momens d'y être écrâsé. Au bout d'une autre rue , nommée *de-la-Bucherie*, passage de toutes les voitures qui viennent des chantiers, il y a une maison qui fait un angle, & cet angle est un' piége tendu par quelque Mauvais-génie pour écrâser les Hommes ; à-l'instant où on va pour le *doubler*, comme

disent les Marins, on se trouve sous une voiture, ou sous les piéds des Chevaux qui vont à
l'abreuvoir, ou entre les cornes d'un troupeau
de Bœufs : on n'évite tout cela qu'en se jetant
dans un fleuve de fange ; car c'est le plus fort
égoût de la Ville : & cependant on laisse debout cette maudite maison !   Malgré le soin
qu'on prend pour entretenir les rues propres,
on peut dire qu'il n'y a rien au monde d'aussi
sale que plusieurs quartiers ; l'odeur infecte
qu'ils exhalent ne peut être supportée que par
Ceux qui en ont l'habitude.  Mais si l'on passe
dans d'autres, on trouve des palais magnifiques, où brillent l'élégance & le goût de la belle
architecture.   Croirais-tu que cette grande
Ville, dans un siècle aussi éclairé que le nôtre,
n'a pas de conduits souterreins pour égoûter
ses eaux ?  Un fleuve d'immondices, à la
moindre pluie, inonde les rues ; & en tout
temps, l'Homme-à-piéd est éclaboussé par
un limon gras & noir, que lancent à droite
& à gauche les piéds des Chevaux & les
roues des voitures.   Les maisons n'y ont pas
d'égoûts pour la pluie ; un échené saillant y
jette à flots sur les Passans l'eau des toits, &
les inonde encore longtemps après que la
pluie a cessé.  Une chose fort-mauvaise, &
très-peu politique frappe tout-d'un-coup à
Paris, c'est qu'on n'y a eu presqu'aucun égard
à tout ce qui n'est que pour la commodité
du Peuple ; cette Espèce paraît si méprisée,

qu'à-peine a-t-on daigné s'en occuper ; la
populace eft écrâsée par les carrofses, fans
qu'il y ait d'ordre établi pour la préferver ;
un Homme en voiture a toujours des affaires
plus prefsées que toute la malheureuse Infan-
terie , qui , cependant ne piétone que pour
fe procurer le néceffaire ; le plus frivole Pe-
titmaître, la plus méprisable Catin , peuvent
impunément pafser fur le dos a cent-mille
Hônnêtes-gens qui fervent la Patrie , & fe
faire mener ventre-à-terre , pour aler faire
des inutilités ou des crimes.   Je fuis perfua-
dé que fi les Gens-à-fortune fouffraient des
ruifseaux & des égoûts, il y a longtemps que
tout cela ferait réformé.   Quoique la Police
foit ici fort-bien exercée ,   on y laifse pourtant aux Filous , & même aux Afsacins tous
les commencemens de lune ; on n'alume pas
les lanternes , & les rues font alors comme
des cachots ,   à-caufe de l'ombre des mai-
fons ; fi quelque Scélérat a un Ennemi , il
peut attendre ces temps-là pour f'en défaire.
Au premier coup-d'œil que l'on jette fur
le Peuple de Paris, il paraît tout le contraire
de nos Citadins de province : chés nous,
c'eft l'apathie , la nonchalance , le goût de la
tranquilité : ici, l'on voit une activité , un
air d'affaire ; on ne marche pas , on court ,
on vole ; nulle attention les uns pour les autres ; très-peu d'égards dans les occasions
même qui le demandent ; on voit que tous
ces

ces Gens-là font des pièces féparées, qui ne forment point un tout. Je crois que la politique y gâgne; mais l'humanité fûrement y perd. Si un Homme que des Voleurs affacinent fe fauve dans une boutique, il en eft pour l'ordinaire inhumainement repouffé par le Maître, qui le voit maffacrer de fens-froid à fa porte. Cependant il ne faut pas croire que tous ces Gens qui heurtent, qui pouffent, dont les piéds touchent à peine le pavé, ayent tous des affaires preffées! c'eft la manière d'ici: Où croirais-tu que court ce Négociant père-de-famille? à la manufacture, chés fes Débiteurs? non; c'eft chés une petite Grisette qu'il entretient: Cet Homme en robe, chargé de facs & de paperaffes, à l'audience? non: il va dans la galerie du Palais, conter fleurettes à une Fille-de-modes: Cet Abbé? il vole au foyer de la Comédie ou de l'Opéra, faire fa cour aux Actrices, & juger une Pièce nouvelle: Cette Jeune-perfonne, fi modefte, qui trotte à-petits pas de Souris?.... elle court à un rendévous, &c.^a Ainfi, tu vois qu'ici les occupations d'un certain monde, ne valent pas mieux que l'indolence de nos Provinciaux.

Il eft aifé d'imaginer que l'indifférence qu'ont ici tous les Hommes les uns pour les autres, n'eft pas un aliment pour la probité; des Etres qui tous fe font parfaitement indifférens & inconnus; qui par-conféquent ne rougiſſent jamais de leurs turpitudes en ſe voyant, doivent chercher à ſe tromper ; & c'eſt ce qui arrive : Paris eſt le centre de la filouterie, de l'eſcroquerie, du vol, de tous les vices, de tous les crimes qui y ont rapport. Le Sexe y doit avoir moins de pudeur & moins de vertu ; parce-que le frein très-puiſſant de l'opinion publique y eſt preſque nul.

Une choſe qui frappe encore tout d'un-coup à Paris, c'eſt la gradation de tous les rangs ; de l'un des extrêmes à l'autre, & par nuances inſenſibles, on voit l'Homme ſ'élever, de la fange où il gît audeſſous des Animaux, juſqu'à la divinité (paſſe moi le terme, mais il n'en eſt pas d'autre pour exprimer l'état de certaines Gens ). C'eſt une choſe qui ſerait incroyable, inconcevable même, ſi on ne l'avait pas ſous les ieux, comment dans l'enceinte d'une même Ville, il peut ſe trouver des Etres de même eſpèce, ayant les même paſſions, les mêmes deſirs, partagés avec tant d'inégalité de ce qui peut les ſatiſſaire, & qui néanmoins vivent enſemble ſans ſ'égorger ! c'eſt, je le ſais bien, un effet des lois ſociales, & ce qui en montre la ſageſſe : mais ces lois ont des Hommes pour auteurs, & leur effet, qui exiſte, ne m'en paraît pas moins admirable, quoiqu'infaillible & ſûr. Quel coup-d'œil pour un Philoſophe, que celui de cette foule d'Individus qui ſe touchent,

dont l'Un se contente d'un jour de plaisir sur
sept ; & dont l'Autre employe à se divertir
les jours & les nuits, qu'il trouve trop courts
encore ! L'Ouvrier supporte jour & nuit
les plus rudes travaux, dont il sait que rien
ne peut l'affranchir que la mort, dans l'espoir d'aler le dimanche à la guinguette,
boire d'un vin destestable, & manger d'un
ragoût de Cheval *équarrissé*, avec le grossier
& peu ragoûtant Objet de son amour : Le
Valet, ravalé au dessous de la qualité d'Homme, mis sur la même ligne que les Chevaux
& les Chiens de son Maitre, endure les
mépris, quelquefois les coups, toujours l'impertinence, & applaudissant lui même à sa
dégradation, voue son existance au faste
& aux commodités de son Égal, dans l'espoir de survivre à son Tyran, & d'avoir part
à ses tardifs & mal-assurés bienfaits. D'autres, esclaves du Public, qu'ils servent ou
qu'ils amusent, s'occupent éternellement de
choses qui leur sont étrangèes ; & devenus
des espèces de canaux par où tout passe,
& qui ne sentent rien, ils vivent & meurent
sans avoir pensé ou agi pour eux-mêmes.

Je n'ai encore trouvé qu'une chose agréable à Paris ; & elle resulte de ce peu de conséquence dont on y est les uns pour les autres ; c'est qu'on est libre de se mettre comme on veut. Je t'avoûrai que j'ai le faible d'aimer les beaux habits : je me suis
satisfait de ce côté-là ; mais si l'on a carte-

blanche, cet avantage eſt tellement commun, qu'il ſ'en faut beaucoup qu'il faſſe la
même impreſſion que chés nous ! Cependant la ſenſation qu'il cauſe, même ſur les
Perſonnes dont on n'eſt pas connu, eſt encore aſſés forte, pour que bien des Gens ſacrifient tout à leur parure. Il faut convenir
auſſi que les Particuliers étant inconnus, l'i-
magination de Ceux qui voient un Homme
bien-mis, a une carrière très-vaſte ; on peut
être pris pour un Duc-&-Pair, un Marquis,
un Comte ; ou dans un autre coſtume, pour
Quelqu'un de la Haute-robe, &c.ᵃ Je
ſoupçonne cependant encore une autre raiſon : c'eſt que la parure rend plus agréable,
& qu'à chaque pas, il ſe trouve à Paris des
Objets à qui l'on deſire de le paraître, parce
qu'ils le ſont pour nous. . . . . . .
Je m'en tiens-là pour aujourd'hui. Je repren-
drai cette matière une autre fois, ſi je puis.

<hr>

## XCVIII.ᴹᴱ  2 février.

*L A U R E, à G A U D E T.*

[ Duel d'Edmond avec le Marquis. ]

Nous ſommes encore toute-tremblan-
tes, ma Mère & moi, mon Chèr ; & je
trouve à-peine la force de t'écrire. Sais-
tu bien qu'Urſule eſt vengéé ? Je te vois
d'ici : je gaje que tu t'y attendais ? Edmond eſt un brave Cavalier, qui fera ſon
chemin ; ce début me l'annonce ; il faut du

courage pour plaire à notre sexe.  Le Marquis a reçus son affaire en deux minutes.
Entre-nous, il le méritait.  Enlever, violer,
fi-donc ! on ne peut rien de plus bourgeois !
C'était bon pour nos Grand'mères : aujour-
d'hui l'on est si dégoûté des enlèvemens,
qu'il suffit d'en voir un dans une Brochure
nouvelle pour qu'on la jette-là , & qu'on
prenne de l'Auteur & du Livre la plus mince
idée !... Mais je ne songe pas que je raisonne ! *je fais*, je crois *de la philosophie* ,
tandis que c'est un récit que je te dois.

Edmond sortit avanhièr , sous prétexte
d'aler mettre lui-même à la poste une Lettre
de bonne-année pour ses Parens.  Il ne devait être qu'une minute.  Nous l'attendions
pour dîner.  Trois heures, il ne revient
point.  Nous nous mettons à table.  Je ne
mangeai pas ; j'étais inquiette.  Quatre heures viennent ; cinq, six, dix heures du soir ;
& point d'Edmond.  Notre inquiétude devient des plus sérieuses.  Nous envoyames
chés Tous-ceux qu'il a coutume de voir : il
n'avait paru chés Personne.  Mais hièr Quelqu'un a dit , qu'il alait souvent chés un Maî-
tre-d'armes ( & c'était-là qu'à notre insu ,
il passait une partie des journées ).  L'on y
a couru.  —Le Monsieur qu'on demande (a
répondu cet Homme ) , est sorti de ma salle
hièr sur les cinq heures. Un de mes Écoliers,
M. le Marquis de-*** passait dans sa voiture ,
comme nous étions sur ma porte ; il m'a fait

l'honneur de me faluer , & par manière de conversation , j'ai dit à M. Edmond le nom de ce jeune Seigneur : fur-le-champ il m'a quitté : je ne l'ai pas revu depuis—. Cette réponfe nous a tout expliqué. Il n'était pas difficile de voir quel avait été le deffein d'Edmond. Nous avons paffé le refte de la journée dans des tranfes mortelles. A mi-nuit , on a frappé : c'était lui-même , fan-glant , bleffé , mais légèrement. Je me fuis évanouie tout-de-bon , pour-le-coup ! mais je me fuis dépêchée de revenir , pour en-tendre le récit de fon combat,

En abordant le Marquis , il lui a dit ces mots : —Etes-vous le Marquis *tel* ? —Oui. —( *tous-bas.* ) Etes-vous le Raviffeur d'une jeune Fille de Province ? —Que vous im-porte ? —Moi, monfieur, je fuis le Frère de cette Fille outragée , & je prétens la venger fur le Lâche qui f'eft deshonoré lui-même, en lui fesant violence : & vous êtes ce Lâche. —Je ne fuis point un Lâche : mais j'aimais , & j'aime encore une Jeune-perfonne que j'avais enlevée : je voudrais réparer l'affront involontaire que je lui ai fait , par le don de ma main : je fuis desefpéré que ma Famille f'y oppose. —Croyez-vous, monfieur, pou-voir l'époufer ? —Non , monfieur. —Vous m'accorderez donc de vous battre avec moi, dans l'endroit & avec les armes que vous choisirez. —Pour celui-là, monfieur, à regret ; mais j'accepte, puifque vous m'y

forcez—. Jour au lendemain. Edmond a paſſé la nuit dans un hotel-garni, & n'a pas voulu paraître chés nous de la journée. Cette légère circonſtance, donne une idée de ſa bravoure. A quatre heures-&-demie, ils ſe ſont joints, dans un terrein vide, proche les *grands-boulevards*, d'où Perſonne ne pouvait les voir, à-cauſe de la hauteur des murs environnans. (Ils ſe ſont ſervis de l'épée, comme d'une arme avec laquelle brillent davantage le courage & l'adreſſe', & fait moins de bruit. Notre Ami a bleſſé à-mort, à ce qu'il croit, le Raviſſeur d'Urſule. Nous l'avons fait cacher dans une maiſon, où on ne ſ'aviſera pas de l'aler trouver. Voi, mon Ami, ce qu'il faut faire. Dirige-nous, ou viens toi-même. Mais, tu ne t'aviſeras pas de le gronder! il a bien fait; & la preuve, c'eſt que je l'approuve.

Je remets ce qui peut ne regarder que moi, pour une autre Lettre. Adieu, &c.

<hr>

## XCIX.ᵐᵉ

16 février.

M.ᵐᵉ PARANGON, à EDMOND.

[ Que de faibleſſe! malgré ſa vertu! ]

CRUEL Enenmide mon repos, ne ceſſeras-tu jamais d'amonceler les peines & les angoiſſes ſur la tête d'une Infortunée, dont le ſeul crime eſt de t'avoir involontairement aimé! A chaque inſtant, tu me donnes de nouveaux ſujets de larmes; & le dernier...

ah-Dieu ! le dernier expose tes jours ! ...
Cette idée me desespère ; elle abbat mon
courage. Jeune Imprudent ! à quoi sert ta
ta vengeance ? que repare-t-elle ? une Famille
puissante, accréditée, qui peut-être va se
voir privé de son unique Rejeton, deman-
dera ton supplice ! Comment échapperas-
tu ! ... Dans l'état où je me trouve, une si
cruelle inquiétude ! .... La Colère-céleste
nous poursuit, Edmond ; songez que nous
l'avons attirée ; ayez recours à la divine Mi-
séricorde ; rentrez en vous-même : vous
n'êtes point assés endurci dans le crime, pour
que le Dieu de bonté que nous adorons ne
vous châtie plus en Père. Tirons aumoins
ce fruit de notre faute ... je dis *notre faute* ;
je n'ai pourtant pas à me reprocher.... Edmond, je vais être mère... & ma Famille
l'ignorera. Mon Cousin ! ah ! que vous êtes
coupable ! ... Si l'on vengeait sur vous les
crimes que vous trouvez (avec raison) im-
pardonnables dans les Autres, où en seriez-
vous ? ...

Nous alons partir votre Sœur & moi.
J'irai me jetter aux genous des Parens du
Marquis.... S'il se pouvait qu'il vécût, je
serais bien sûre de les toucher..... ou d'expirer à leurs piéds... Je vous crois trop malheureus pour vous faire le détail de ce que
souffre, par votre faute,

Votre plus tendre Amie. (*sans signature*).
P.-*S.* Vos Parens ignorent tout.

C. ME

C.^me

EDMOND, à PIERROT.                    1 mars.

[ Il m'apprend tout ce qui se passe au sujet d'Ursus
& du Marquis. ]

LA Lettre d'Ursule (1) vous a instruits
dans le temps, de son heureuse arrivée ici,
avec ma Cousine, M.^lle Fanchette, M.^me
Canon, & M. Gaudet. Mon Frère, M.^me Parangon n'est pas une Femme ; c'est une Ange.
Je suis libre, & c'est par elle : le Marquis,
presque rétabli de sa blessure, est devenu
mon ami, mon protecteur ; & c'est par elle :
toute sa Famille me voit de bon-œil, & c'est
encore par elle : c'est d'après les éloges qu'elle
a daigné faire de l'*Ennemi de son repos*.

Tu ne sais pas encore au vrai la manière
dont le combat s'est engagé entre le Marquis & moi, & comment les choses se sont
passées. Le hazard me fit connaître le Marquis, un jour ou deux avant celui que j'avais
marqué pour lui faire un appel. Je ne crus
pas qu'il fût dans les règles de l'honneur &
de la bravoure de voir passer mon Ennemi,
sans lui parler net. Je le suivis, & je l'at-
teignis facilement, quoiqu'il fût en cabriolet,
à-cause d'un embarras dans une rue aussi
étroite que celle *des-Anglais*, par laquelle il
passait. Je m'expliquai en peu de mots.
Jour au lendemain. Exactitude complette

_______________________________
(1) On la trouve dans l'Ouvrage déja indiqué.

de fa part & de la mienne. —Il vous faut
donc du fang, Monfieur (me dit-il?) Je lui
répondis, que l'outrage l'exigeait ; que puifque par fa conduite il nous avait mis, ma
Sœur & moi, dans le cas de ne pouvoir fupporter fa vue fans rougir, il falait que lui ou
moi fuffions à-jamais délivrés par la mort
de la préfence d'un Objet odieus. —Vous
avez raifon (me répondit-il) : mais il ferait
bien malheureus pour vous cependant, de
perdre la vie, en foutenant une bonne-
caufe. —Il eft bien plus malheureus,
bien plus infupportable (repris-je) de vivre
avec le fentiment de l'injure que vous nous
avez faite : que je meure ou que je tue, j'aurai fait ce que j'ai dû, & ma Sœur fera ven-
gée-...., A ce mot, nous avons mis l'épée
à la main. Je me fuis apperçu que le Marquis me ménageait. —Employez toute votre
adreffe ( me fuis-je écrié), elle vous eft né-
ceffaire-.... Voyant qu'il fe tenait toujours
fur la défenfive : —Traître ( ai-je repris),
veux-tu me rendre ton affacin malgré moi,
& m'ôter auffi l'honneur-! Alors le combat
eft devenu tel que je le fouhaitais. Le Marquis m'a bleffé : j'ai paré à-demi, & fur le
même temps, je l'ai atteint au corps. Il eft
tombé : le fang fortait à gros-bouillons.
Mais fatiffait de la vengeance que je venais
de prendre, la pitié eft rentrée dans mon
cœur; au rifque de ma propre vie, j'ai fauvé

les reſtes de la ſienne : ç'a été moi qui ai mis
le premier appareil : j'ai arrêté le ſang ; &
j'ai aidé le Domeſtique du Bleſſé, à le porter
le plus commodément pour lui qu'il a été
poſſible , juſques chés un Chirurgien. Là ,
je l'ai quitté pour me ſauver, en lui diſant :
—Je ne vous en veux plus ; j'aime à me per-
ſuader que le ſang que vous venez de perdre,
eſt tout ce que vous en aviez de mauvais &
de criminel. Croyez-vous que j'aie dû me
battre ? —Je le crois ( a répondu le Moribond), & je vous pardonne ma mort de tout
mon cœur..... Je l'avais méritée plus igno-
minieuse-. Il a exigé que je l'embraſſaſſe ,
& m'a préſenté ſa bourſe , que j'ai refuſée.

Dès que ſon extrême faibleſſe , ſuite du
traitement, lui a permis de parler , M.<sup>me</sup>
Parangon ſ'eſt préſentée. Elle ſ'eſt miſe à
genous devant ſon lit. Qui peut reſiſter à
la Beauté ſuppliante ! —Ah ! levez-vous,
belle Dame (a dit le Marquis ) ; cette poſ-
ture me convient : je ſuis le coupable-. Il
l'a écoutée un inſtant : puis il a fait prier le
Comte ſon Père (chés lequel on ne l'avait
tranſporté que de la veille) de paſſer dans ſa
chambre avec la Dame ſa mère. —Vous
pourſuivez le Jeune-homme (leur a-t-il dit),
à ce que cette belle Dame m'apprend ? Eh !
pourquoi ? Je ne vous rappelerai pas que
c'eſt un Frère qui a vengé la plus cruelle
injure , & qui m'a juſtement puni : Mais je

vous dirai plûs ; c'eſt que vous pourſuivez l'Homme auſſi humain que courageus, qui a ſauvé les reſtes de ma vie, en exposant la ſienne—. Il a raconté ce que j'avais fait, en l'embelliſſant ſi bien, qu'il a fait répandre des larmes à Ceux que dévorait la ſoif de mon ſang. On m'a pardonné : l'on a careſſé ma Cousine ; & pour la tranquiliſer abſolument, le Comte a écrit de ſa main, qu'*inſtruit de ma conduite envers ſon Fils, il venait de me pardonner.*

C'eſt avec cette ſimplicité que M.<sup>me</sup> Parangon m'a raconté ſa réüſſite : mais je ne doute pas que je ne lui doive beaucoup plûs qu'elle ne veut le faire paraître. Elle a ajouté, qu'on l'avait chargée de m'amener.

Dès le lendemain elle m'a préſenté : Il y avait des Dames jeunes & charmantes. Nous avions M.<sup>lle</sup> Fanchette avec nous. On m'a fait la grâce de me louer ſur ma figure. Les Dames m'ont fait des queſtions ; on a écé juſqu'à me demander, ſi j'avais une Maitreſſe ? J'ai regardé ma Cousine ; qui confuſe de mon ſilence, & de ce que mes regards pouvaient faire penſer, à répondu pour moi, en montrant Fanchette : —Je lui deſtinais ma Sœur ( ce qui lui a fait baiſſer ſes beaux ieux, avec une modeſte rougeur) —Ah ! Monſieur le Comte, a dit une jeune Dame, quel dommage, ſi vous aviez été à cette charmante Fille ſon Amant, &

preſque ſon Mari! ſans-doute elle l'aime,
car il le mérite; & vous l'euſſiez rendue bien
malheureuse-! J'ai pris ce compliment pour
ce qu'il valait. Mais ce qui m'a beaucoup
flaté, c'eſt que ma Couſine a paru l'être.
—Que fait-il ? (a-t-on dit): il lui faut un
emploi? —Il eſt peintre, Madame (a répoſ-
du ma Conductrice). —Il fera mon portrait
(ont repris toutes les Dames enſemble).

M. le Comte m'a donné un moment d'entretien particulier : il m'a promis ſa protection, d'un ton de bonté, qui m'a touché ſi
vivement, qu'il en a été frappé. —Vous
êtes ſenſible! (m'a-t-il dit): cela me fait
plaiſir! ſi cette ſenſibilité-là ne vous égare
pas, elle vous donnera de vrais Amis-.

Tu vois, mon chèr Aîné, que je ne ſuis
pas malheureus! L'honneur de ma Sœur
eſt réparé par mon action : tout le monde le
dit, juſqu'au Conſeiller lui-même : cette
action qui paraiſſait devoir me perdre, me
fera faire mon chemin, en me donnant accès
dans une Famille reſpectable & puiſſante.
D'un autre côté, je vois tous les jours ma
Couſine, ma Sœur, M.<sup>lle</sup> Fanchette, &
M. Gaudet: enfin, l'Artiſte le plus habile de
cette Capitale veut bien être mon guide.
(Je dois encore ce dernier avantage à M.<sup>me</sup>
Parangon.) Eſt-il une perſpective plus avantageuse? Joins à tout cela, mon Pierre,
qu'Urſule me parait encore plus aimée du

Conseiller qu'elle ne l'était ; qu'il ne soupire qu'après l'instant de s'unir à elle : que le Marquis jure qu'il veut ma Sœur.... Mais je t'avouerai, qu'elle a de la répugnance pour ce Dernier, & qu'elle n'est pas indifférente pour son généreus Amant. Nous fesons bien notre cour à la Famille du Marquis, en paraissant chercher nous-mêmes à l'éloigner. Je ne sais pourtant pas trop ce qui arriverait, si c'est un Fils. Les Chefs de la Famille de ce jeune Seigneur (à ce que j'entens) chancellent lorsqu'il leur dit : —Abandonnerai-je mon sang, le vôtre, mon nom, votre Héritier–?

Ah! Pierre! je ne dis pas tout....

<hr>

On a souvent renvoyé à cette Lettre, au lieu de la *CII*. **CI.**<sup>me</sup>     12 avril.

## *EDMOND, à GAUDET.*

[ Encore une lueur de vertu : car son Corrupteur avait tenté d'entraîner dans la séduction M.<sup>me</sup> Parangon elle-même, & mon pauvre Frère l'en raille. ]

JE te l'avais bien dit, que tu ne réüssirais pas! Toutes tes belles maximes, toute ta philosophie n'ont pu convaincre une Femme : & tu te flates d'avoir pour toi l'évidence! Ah! Gaudet! je ne le vois que trop, il faut, pour devenir ton disciple, avoir un commencement de corruption dans le cœur ; & voila sans-doute pourquoi je le suis sitôt devenu, & pourquoi M.<sup>me</sup> Parangon ne le deviendra jamais. Rens-toi, du moins à-présent ; con-

viens qu'elle est *inexpugnable*, comme tu disais, & qu'elle le sera toujours.  Que n'a-
vons-nous pas employé ? nous l'avions-belle
ici ! le sort nous l'avait pour-ainsi-dire livrée.
Plus de M.<sup>me</sup> Canon qui nous gênât ; cachée
à tous les ieux , pour dérober les suites de
son état , nous avions seuls le privilége de la
voir.  Nous avons parlé : elle nous a laissé
dire tout ce que nous avons voulu : & quand
nous avons eu fini , elle a répondu , en attes-
tant nos propres cœurs ; nous avons été nos
juges à nous-mêmes :  Elle a plaidé la cause
de la Vertu , & nous avons été forcés de
rougir de nos desseins,& de nous condamner.
Je te l'avoue , mon Chèr , en te voyant rougir, j'ai pris de toi, une meilleure opinion
que je n'en avais auparavant.  Gaudet, Gaudet lui-même n'a pu s'empêcher de convenir
intérieurement , que ni Celle que j'adore ,
ni moi , nous ne trouverions pas le bonheur
dans ce que je desirais ; pas même le plaisir ;
puisqu'un plaisir auquel une peine égale fait
équilibre , cesse d'être un plaisir !

Te souviens-tu du jour où nous avions formé le beau projet de la soumettre entièrement ?  Elle en fut instruite ; & sans-doute
ce fut Laure qui nous trahit.  Elle dédaigna
de nous éviter ; elle nous attendit de pié-
ferme , & quand nous eumes dressé toutes
nos batteries , que nous commencions l'at-
taque , elle se leva d'un air qui me pénétra

d'une crainte refpectueufe : —Edmond,
dit-elle (je crois l'entendre encore), quittez
ce mafque, & le rôle de Comedien : Je
lis dans votre cœur ; il eft corrompu ; &
voila le Corrupteur (en te montrant). Mais
ne croyez pas que la certitude que vous
êtes avili, dégradé, ne croyez que cette
trifte certitude vous rende odieus à Celle
que vous offenfez ! non, mon Cousin : par
un jufte décret fans-doute, le Ciel m'a
condamnée au fupplice de Ceux qu'on lie
avec un Cadavre infect ; & cette horrible
image, qui me pourfuit en tout lieu, qui
ne m'abandonne pas un inftant, eft la punition de la faute involontaire que j'ai faite, de
prendre pour vous des fentimens ... qu'il faut
bien qui foient criminels. Mais il vous refte
un-peu de ce qu'on nomme *honneur,* dans le
monde ; il ne vous refte que cela, pour
vous diftinguer des Sauvages les plus féroces :
C'eft donc cet honneur qui me raffure en
cet inftant, & qui m'empêche de vous fuir.
Tremblez, Edmond, de perdre ce dernier
frein ; hélas ! fi vous ne l'aviez plus, il faudrait vous quitter pour jamais !... Je n'hésite pas à vous montrer toute ma faibleffe :
pourquoi la déguiserais-je ? le crime (fi c'en-
eft un) n'eft pas fur mes lèvres, il eft dans mon
cœur.... Quant à votre Ami, je lui prédis
qu'un jour, il gémira, mais envain, des erreurs où il vous aura fait donner. On a beau.

dire & beau-faire, le droit, le juste, l'honnête sont essenciels pour le bonheur ; cette morale tant répétée, n'est que le fruit de l'expérience des premiers Hommes, qui l'ont peut-être mise en maximes trop sèches : mais tout Homme peut suppléer à cette aridité. Si l'on étudie le livre vivant que nos Semblables nous offrent continuellement, on y verra la preuve évidente de tous les axiomes de morale. Pour le présent, je ne veux pas ouvrir d'autre livre à vos ieux que votre propre conduite ( te dit-elle) : Dites-moi si tous les vrais plaisirs que vous avez goûtés, n'ont pas eu pour source quelques actions généreuses que vous avez faites ? Votre conduite envers Edmond, qui n'est pas sans reproches à tant d'égards, a cependant un bon côté : je m'en rapporte à vous-même, n'est-ce pas de ce côté-là seulement que vient toute la douceur de votre amitié ? (Tu ne pus en disconvenir). Puis s'adressant à moi de-nouveau : —Et vous mon Cousin, vous qui étiez fait pour aimer la vertu, vous en êtes-vous écarté sans éprouver des remords, qui surpassent votre satiffaction momentanée ? (J'ai fait un geste vif ; car je l'adorais de si bien parler. Elle a continué, en me regardant :) J'ai ouï-dire, & je conçois qu'on peut à-la-longue s'endurcir assés pour plus ne connaître le remords (c'est peut-être le cas de votre Ami) : mais, Edmond, jamais, quelque méchant qu'on soit, l'on n'a fait une

bonne action, sans éprouver une volupté infiniment supérieure à toute les jouissances que
le vice procure : j'en appelle encore à vous-
deux : Que M. Gaudet me dise, si lorsqu'il a été compâtissant ; lorsqu'il a sauvé
la vie & l'honneur à des Infortunés, il n'a
pas senti, par son expérience, que la vertu
est la vraie source du bonheur? ( J'ai vu des
larmes dans tes ieux, mon Ami ; sans-doute
ma Cousine les a remarquées comme moi ;
car elle a appuyé, par ce trait que j'ignorais:)
—Il est un Homme (elle t'a fixé), dont la
conduite, en certains cas, & les maximes,
font dans une inconcevable opposition,
Cet Homme a tâché de faire commettre à
son Ami sincère l'action la plus lâche ; il lui
a conseillé de corrompre le cœur d'une
Femme-mariée ; de la porter à l'oubli de son
devoir, & de l'engager ensuite à vivre avec
lui dans le crime ; & par-conséquent malheureuse, d'après les principes où elle est : voila
ce qu'il a dit ; & voici ce qu'il a fait : Un
de ces jours, une Femme de Paris, man-
quant de tout, de pain, d'ouvrage, même
de santé ; venant de perdre son Mari, un
Artiste avec qui tout périssait, puisqu'il n'a-
vait que ses talens ; cette Femme... ( Ici tu
as jugé à-propos de sortir ), cette pauvre
Femme n'avait pas des idées fort-saines de
la religion ; elle a cru que deux Filles qu'elle
a, toutes-deux fort-jolies, .... & à-peine
sorties de l'enfance, .... étaient un bien

dont elle pouvait difposer, fur-tout f'agif-
fant de leur donner à elles-mêmes le plus
abfolu néceffaire. Elle connaiffait l'Homme
dont je parle : & elle le connaiffait du côté
des mœurs, qui n'eft pas fon côté avantageus : Elle eft venue le trouver, & lui a demandé des fecours, en lui laiffant entrevoir
tout ce qu'un Voluptueus peut defirer. Cet
Homme corrompu f'eft fait expliquer fa fi-
tuation, il lui a donné quelqu'argent, & a promis une visite pour le lendemain. L'intervale a été employé à f'affurer de la vérité de
ce qu'on lui avait dit. Convaincu qu'on ne
lui en imposait pas, qu'a fait l'Homme qui
cherche à corrompre fon meilleur Ami, &
une Femme à laquelle il a quelques obligations ? Il f'eft rendu chés la Mère, a feint
d'accepter ce qu'on lui proposait, eft con-
venu d'un prix, eft entré dans une chambre
particulière avec les deux Filles, & là, il ne
f'eft occuppé qu'à montrer à ces deux jeunes
Victimes, déja déterminées par leur Mère
au facrifice de leur vertu, dans quel abîme
elles étaient prêtes à tomber. Il ne f'en eft
pas tenu-là ; il a vendu des bijous précieus,
dons chèrs de fa Famille, qu'il avait refufés à
l'Objet de fa paffion actuelle, & il a doté les
deux Filles ; elles font mariées d'hier : Et ce
même Homme, refpectant fon ouvrage,
voulant goûter fans mélange le plaifir d'une
bonne-action ; ce même Homme, après avoir
détruit le fcandale de fa conduite connue, a

donné des fentimens de religion à ces deux Infortunées, qu'il a fauvées d'un double péril.

Ce n'eft pas tout ; l'un de ces jours, le
même Homme visita une pauvre Famille,
dont le Chef était malade : il a mis fix petits
Garfons qui la composent, les uns en pen-
fion pour apprendre à lire ; les autres en
apprentiffage ; il a fervi pendant deux nuits
de garde au Moribond, qui fe porte mieux,
& qu'il va faire occuper. Il a fait tout-cela
d'une manière qui en augmente le prix. Que
cherche cet Homme, dans ces bonnes œuvres, lui, qui ne croit point aux éternelles re-
compenfes ? Un plaisir plus pur que celui du
vice, dont il eft las ; il cherche à f'eftimer un-
peu, à f'honorer à fes propres ieux : tant il
eft vrai, qu'il faut bien-faire, pour fe pouvoir fupporter foi-même, & pour ne pas
éprouver dès ce monde, l'échantillon de cet
enfer qu'on nie dans l'autre..... Mon Cousin, examinez votre cœur, rentrez-y, &
retracez-vous quelquefois l'idée de ce que
nous ferions tous-deux, fi nous n'avions rien
à nous reprocher : fi une amitié pure & confiante nous uniffait : fi nous pouvions fans danger, nous communiquer nos peines & nos
confolations ; fi nous pouvions ne faire qu'une
âme : qu'elle douce intimité !....

—Eh bien ! (me fuis-je écrié) qui vous empêche de fuivre ce plan ? —Il n'y faut plus
fonger, mon Cousin ; il n'eft plus temps ; tout
notre bonheur f'eft évanoui avec notre inno-

cence. Un souvenir importun empoisonne-
rait tout. Mais, c'en eſt beaucoup pour aujourd'hui, que de vous avoir amené-là, vous,
que des vues ſi contraires ont conduit ici!
Alez, mon chèr Edmond, alez retrouver
votre Ami, qui n'a pu ſupporter le poids
de la louange que méritent quelques bonnes
actions qu'il a faites, lui qui ſans-doute eût
bravé tous mes reproches; alez; en ce moment il ne ſaurait être dangereus-.

J'ai couru chés toi; Laure venait de t'en-
trainer à Chaillot. Dans mon loiſir, je t'é-
cris; & je répète même ce que tu ſais, parce-
que cela peut t'être utile : *il faut chercher à
faire le bien de ſes Amis de toutes manières...*
Ah! mon pauvre Mentor! je ſens qu'elle a
raiſon; mon cœur me le crie plus fort qu'elle :
nous cherchons le bonheur où il n'eſt pas !....
Pourtant, qu'il eſt de douces erreurs!

⁂ ══════════════════

15 mai.　　C I I.<sup>me</sup>　　*Réponſe.*

[ Gaudet entreprend d'éteindre en lui tout ſentiment de religion.] *(Nous ne rapportons en partie cette longue Lettre tant citée! que parce-
qu'elle donnera lieu à une Réponſe très-forte).*

QUOIQUE ton Ami, & que je ne te voye
qu'avec des ieux trop ſouvent aveuglés par
la prévention, je ne t'en ai pas moins bien
jugé, dès que je t'ai parfaitement connu:
L'eſprit que t'a donné la nature, eſt offuſ-
qué par une imagination qui ſ'alume facilement : ce qui vient ; je crois, de l'extrême

sensibilité de tes organes. Les Personnes de ce caractère ont un grand défaut! c'est que la sensibilité leur tenant lieu de pénétration, leur jugement est embarrassé par une sorte d'ivresse. C'est le vice de notre siècle, mon Ami, que cette sensibilité-chatouilleuse; c'est elle qui fait que nos Jeunes-gens décident avec tant d'assurance, & qu'ils sont presque tous des Enthousiastes. Je n'en rechercherai point la cause, & je dirai seulement en-général, qu'elle est morale & physique tout-à-la-fois. C'est une sensibilité trop-vive, mais trop-aisément émoussée, qui fait que les Amans de nos jours portent si loin l'inconstance & la légèreté; que nos Auteurs sont faibles, incapables d'un Ouvrage de longue-haleine, approfondi, &c.[a] Le Genre humain des Villes est exalté; il est trop susceptible d'impressions, parceque les fibres sont toujours tendues, la vue, l'ouïe & l'imagination n'ayant aucun repos; tous les objets, même les plus frivoles, sont capables d'irriter ces fibres, & l'attention ne peut plus former d'idées bien distinctes; elle est aussitôt emportée par une impression nouvelle: de-là notre inconstance, nos inconséquences, &c.[a] Et te voila d'après nature, Edmond. Ta Cousine a presque le même caractère, mais un-peu plus solide (ce qui, je l'avoue, me donne une haute opinion d'elle, en ce qu'elle est Femme). Partons de-là, c'est-à-dire, de cette aveugle

fenfibilité qui te guide , pour expliquer ta
conduite & tes fentimens.

*Trop d'inftruction abrutit* , dit Pafcal :
Trop de fenfibilité nuit au jugement : &
comme fans inftruction on n'a pas de lumières , de-même auffi le défaut de fenfibilité
empêche de bien juger : *medio tutiffimus
ibis :* les deux excès font également à craindre.   Qu'on te faffe un beau tableau ; qu'on
foit pathétique , intéreffant , en-un-mot,
qu'on remue ton cœur , on fera fûr d'avoir
raifon.   Tu ferais un mauvais Magiftrat :
l'Avocat le plus adroit à manier les refforts
du cœur-humain ferait toujours affuré de
ton fuffrage , quelque pitoyable que fût fa
caufe.   Tel eft le malheur des Perfonnes
qui ont plûs de fenfibilité que de jugement ;
elles font fujettes-à-tout-moment à être la
dupe des paffions des autres : ces Perfonnes-
là font incapables de prefque tous les Emplois & de toutes les Charges publiques :
mais en recompenfe , elles font d'aimables
Particuliers , de Bonnes-gens ; elles jouif-
fent avec plûs de volupté que les autres
Hommes : il eft vrai qu'elles font par cela-
même plus fouvent emportées par le goût
du plaifir ; mais l'efclavage de la volupté
a tant de douceur , que je n'ose l'appeler un
mal , malgrè les peines qui en font comme
la compenfation néceffaire.

Pour rectifier la façon de penfer d'un
Homme tel que toi , & le faire folidement ,

il ne faut pas que je me contente d'employer la manière de M.<sup>me</sup> Parangon ; il eſt nécesſaire en-outre que je t'éclaire , en te feſant enviſager les choſes ſous leur vrai point-de-vue : il eſt des Génies privilégiés qui les voient ainſi d'eux-mêmes ; il faut démontrer au reſte du monde , & particulièrement à Ceux dans qui le ſentiment étouffe le raiſonnement.

Quel eſt ton principe victorieus ; ce principe auquel tu crois que je n'ai pu reſiſter ? C'eſt qu'*il n'y a de bonheur que dans le* BIEN ; c'eſt-à-dire , que dans ce qui nous conſtitue compâtiſſans , juſtes , généreus envers les Autres. J'accorde le principe , en retranchant la particule négative , & je dis : *On trouve toujours du plaiſir dans le bien.* En effet , ce ſerait aler contre toute évidence , contre les vues & la deſtination de la Nature , que de prétendre que les accesſoires du bonheur ne ſe trouvent pas dans les jouiſſances , qu'on ne peut nommer proprement de bonnes-actions morales ; comme , par-exemple , ta conduite avec Madelon , &c.ᵃ C'eſt donc ici le cas de diſtinguer ce qui eſt de l'inſtitution des Hommes , & dont par-conſéquent on peut ſe diſpenſer à leur inſu, lorſqu'on eſt faible , & ſans les craindre lorſqu'on eſt puiſſant , d'avec ce que la Nature permet.

Tout ce que défendent les Hommes eſt conditionnel

conditionnel & relatif: il n'est défendu au
P. Gardien d'avoir une Femme, que parce-
qu'il est moine: il t'est défendu de prétendre à la main de M.me Parangon, parce-
qu'elle est mariée à Un-autre: mais ces deux
choses n'en sont pas moins un bien réel, dans
les vues ordinaires, pour le P. Gardien &
pour toi.

Tout ce que défend la Nature est universel & absolu; c'est un mal indépendamment
des circonstances. Voila notre pierre-de-
touche, toutes les fois que nous avons à examiner la légitimeté d'une action. Je ne cite-
rai pas d'exemples; tu feras toi-même les
applications.

La source de toutes tes erreurs, c'est que
tu pèches par les principes; tu ne sais pas
encore distinguer ce que l'Homme tient de
la Nature, d'avec ce qu'il ne tient que de la
Société. L'Homme naturel ne connait d'autre bien que son avantage & sa conservation, aux dépens de tout ce qui l'environne:
c'est son droit; c'est le droit de tous les Êtres
vivans; la Nature lui permet d'en user, &
ne voulut jamais le restreindre. L'Homme
social au contraire, est environné d'entraves,
assujéti, géné par mille lois, que la réciprocité doit l'empêcher de violer. Mais, quelqu'indispensables qu'elles soient, elles ne
sont pourtant que d'institution humaine;
es Hommes seuls en sont les auteurs, les

Obſervateurs & les vengeurs. Il ne ſ'agit donc que d'examiner quelles ſont les lois dout l'inobſervation bleſſe la réciprocité ; quelles ſont les lois qui ne ſont que de décence ; enfin, quelles ſont les lois de pur caprice, dont l'inobſervation n'eſt pas moins punie par les Hommes, que celles des lois les plus néceſſaires.

Quoique l'Homme naturel ne ſoit pas obligé d'obſerver les lois ſociales, & qu'il ſoit ſeu'ement aſtreint aux naturelles, il eſt pourtant vrai que l'Homme en ſociété ne peut ſe diſpenſer d'obſerver les lois de la première eſpèce ; c'eſt-à-dire, celles dont la violation romprait la ſociété. Ces lois ne ſont pas en grand nombre, & ſe diviſent en deux eſpèces, les lois *prohibitives,* & les *commutatives :* les premières ſont, *Ne point tuer, ni voler, ni faire aucune violence, de quelque nature qu'elle ſoit.* Les ſecondes, *Rendre à chacun ce qui lui eſt dû ; et en-outre, tous les ſervices qui dépendent de ſoi.* L'Homme-ſocial le plus borné, découvrira toujours ces lois ; parce-qu'il n'a, pour les connaître, qu'à ſe demander ce qu'il voudrait qu'on lui fît, ou qu'on ne lui fît pas : il n'a qu'à réfléchir enſuite, ſur l'effet que produiſent les ſervices rendus ; ſur la bienveuillance qu'ils font naître dans ſon cœur envers Celui qui l'oblige ; & ſans-doute il ſe trouvera porté par ſon propre intérêt, à inſpirer aux Autres des sentimens aussi flateurs. La *mutualité* est le fondement des lois *commutatives*; on recevra autant qu'on aura donné, & de-plus, l'estime publique, le plus grand des biens sociaux. Je ne dis rien des lois *prohibitives* : il est certain que l'Homme social qui tue, qui vole, ou qui fait tel autre mal, est un fou, qui sacrifie à un petit avantage présent, la tranquilité de toute sa vie; puisqu'outre la punition infligée par le Gouvernement, & le blâme public, il s'expose à éprouver le traitement qu'il a fait; sans quoi, tu sens que les Hommes ne seraient plus associés pour s'entr'aider, mais pour s'entredéchirer.

Les *lois de pure décence et de police*, sont utiles sans-doute; mais elles ne sont pas d'une absolue nécessité : la meilleure preuve qu'on en puisse donner, c'est que les siècles les plus innocens, sont ceux, je ne dis pas où il y a eu le moins de lois de décence (on me répondrait qu'ils n'en avaient presque pas besoin); mais ceux où on observait le moins ce qu'on nomme décence d'actions & de paroles. On n'est pas coupable envers la Société de la violation des lois de décence, de la même manière que lorsqu'on manque aux lois essencielles, telles que celles des deux premières espèces. Que l'on tue, ou qu'on vole en public ou en secret, l'on n'en a pas moins fait un mal réel; mais si l'on n'a violé qu'une loi de décence, la publicité fait seule le crime; il eſt nul dès qu'il eſt ignoré: Parce-qu'en-effet, la décence n'eſt pas violée, quand Perſonne n'a vu ni entendu. Si l'acte indécent eſt public, il peut être criminel; & cela ſuffit pour qu'il ſoit puniſſable par la Société léſée.

J'appelle *lois de caprice*, lois inutiles au bien-être, les *lois cérémonielles*: leur violation ne peut jamais être une faute réelle, fût-elle publique: à combien plus forte-raiſon, ſi elle eſt ſecrette! Les lois cérémonielles naquirent dans l'enfance du monde: elles pouvaient être utiles chés des Peuples qui profeſſaient des religions gaies, parce-qu'alors elles contribuaient au bien-être & au divertiſſement. Mais elles ſont un vrai joug, une tyrannie chés les Peuples atroces qui ont des rits affreus, barbares, tels que les Indiens, les Japonais, &c.ª, &c.ª

Il eſt encore d'autres lois, qui ſans être cérémonielles, n'en doivent pas moins être rangées dans la claſſe des lois de caprice, de ces lois déraiſonnables, qui tendent à faire porter à l'Homme un joug pénible, & contraire au but de la Nature: ces lois ſe nomment *de diſcipline*: telle eſt celle qui nous interdit les choſes auſquelles la Nature nous deſtine, comme la propagation, &cª. Loin d'être obligés d'obſerver ce que ces lois impoſent, c'eſt, en certains cas, un crime que de leur obéir.

D'après ces préliminaires, qualifie maintenant ma conduite : c'est sur ses principes
qu'on doit juger un Homme : voi combien
peu sont fondés tes lieux-communs sur mes
bonnes & mes prétendues mauvaises - actions! si j'ai dû être *atterré* par le *sermon* de
ta Cousine! Si je suis sorti, c'est que je n'ai
pas cru devoir lui répondre, & que je me
reservais de t'entretenir.

Mon chèr Edmond, je ne doute pas que
tu ne devînsses quelque-jour capable des plus
grandes choses, si tu pouvais prendre des
idées saines en physique & en morale ; car la
dernière, pour être bonne, utile & vraie,
doit être fondée sur la première. Ce que
j'entens par ce mot de *physique*, c'est la notion
suffisante de toutes les substances, depuis la
Divinité, jusqu'à la matière palpable ; &
par celui de *morale*, je designe tout acte
d'un Être intelligent. Dans nos conversa-
tions, j'ai déja tâché plus d'une fois de te faire
prendre une idée juste de la Nature ; mais
avec assés peu de succès ; tu es tellement
aveuglé par le préjugé ; tellement engiué,
je dirais presqu'abruti, par la façon routi-
nière dont tu as toujours envisagé l'Univers
en-général, & chaque chose en-particulier,
que tu ne m'as pas mieux entendu, que si
je t'eusse parlé la langue des Hottentots ou
des Patagons. Une Lettre sera peut-être
plus efficace ; tu pourras la peser davantage

qu'un difcours à-peine écouté, bien-fûre-ment oublié dès l'inftant où il finit.

Pour avoir une morale fenfée, vraiment utile, bonne fans inconvéniens, il faut qu'elle foit fondée fur la vérité. L'erreur, quel-qu'avantageufe qu'elle paraiffe, ne l'eft que momentanément, & dans le temps de l'en-thoufiafme : C'eft donc à grand tort que M. Rouffeau de Genève applaudit au *Poulh-ferro* des Perfans ! une pareille croyance n'eft utile qu'accidentellement ; qu'il vienne un Grand qui n'y croye pas ( chofe affés commune ), rien ne l'arrêtera plus : aulieu que fi le frein était fondé fur la vérité, la raifon, l'utilité réciproque, il ferait éternel comme Dieu même, & jamais fufceptible d'affaibliffe-ment. La vraie caufe de toutes les fuper-ftitions qui ont exifté, c'eft qu'elles ont été un-moyen facile de retenir les Hommes dans laffoumiffion : mais ce moyen facile ne tarde pas de s'affaiblir à-mefure que les Hommes, étonnés d'abord, ou féduits, font ufage de leur raifon. Alors, on tombe dans un état pire qu'avant la fuperftition ; & tel fut celui du Genre-humain à la chute de la religion payenne : la vraie caufe du débordement des mœurs fur la fin de la République-Romaine, débordement qui opéra fa ruine, fut princi-palement la *defabufation* (paffe-moi le terme) des anciennes erreurs : or toute religion amènera toujours ce temps de crife ; temps

affreus, où le refte des Gens-à-préjugés, au-
torisés par les lois , combattent contre les
Desabusés, oppriment, répandent des flots
de fang , & font en un fiècle ou deux plûs
de mal , que la religion qui tombe n'a fait de
bien durant des myriades d'années : parce-
que pendant la crise , Ceux qui la bravent ,
& les Hypocrites qui la foutiennent n'ont
plus aucun frein.   La cause toujours renaif-
fante de ce mal, c'eft la religion ; parce-qu'il
n'en eft aucune affés bien appuyée , pour être
crue  généralement & conftamment.   Un
grand inconvénient des fuperftitions, auquel
on fait  trop  peu d'attention ,  c'eft que les
Miniftres qu'on leur donne , ne tardent pas
d'en faire un objet capital ; aulieu qu'en les
inftituant , on ne les regardait que comme
des acceffoires de la liaison fociale.   De-là
ces revenus immenfes , & le fcandale qui les
fuit ; de là ces temples magnifiques , cette
foule de Perfonnes confacrées , &c.ᵃ  Mais
il ne faut que du bon-fens pour fentir le vide
de tout cela , & que les cérémonies les plus
graves , ne font au fond qu'un jeu d'Enfans,
exécuté par des Hommes.   C'eft ce que je
penfai ,  dès que j'eus la plénitude de ma
raison.  Quand par la fuite , je fus éclairé
par la physique , ce fut une lumière de-plûs ,
mais l'idée même que la religion actuelle
m'avait donnée de la Divinité , cette idée
feule , puisée dans la Bible , aurait fuffi pour

me faire fentir la futilité du rit cérémoniel.

Quant à toi, mon Ami, comme tu n'as pas fait ton étude de ces matières, il faut tout-d'un-coup te mener au-fait, & te faire toucher la vérité au doigt & à l'œil. *Qu'eft-ce que Dieu? Qu'eft-ce-que l'Homme? Qu'eft-ce que toute la Nature?* il y aurait-là pour faire des volumes, qui ne t'apprendraient rien du-tout : Je vais répondre à ces trois queftions, qui paraiffent immenfes, en très-peu de mots. *Qu'eft-ce que Dieu?*

Dieu, le Principe-univerfel, la Nature, font trois noms qui expriment la même chose (c'eft la Trinité des Philosophes); puifque la toute-puiffance & l'immerfité ne peuvent exifter que dans un Être unique. Dieu eft tout; & nous avons tous en lui le mouvement & la vie. Ce mot *Dieu*, n'a été inventé, que pour fignifier l'Ame, la Vie univerfelle, qui meut tout l'Univers: les Hommes, les Animaux & les Minéraux ont une portion de cette vie générale : chacun de ces Êtres l'a dans une proportion convenable à fa confervation : l'Homme, qui a une vie plus longue, qui peut vivre fous tous les climats, a non-feulement les appétits & les fens pour fe conferver, mais il a de-plus un degré d'intelligence & l'art des combinaifons; la faculté de fe communiquer fes lumières; la puiffance d'inventer des ouvrages d'efprit, qui opèrent cette communication,

cation, que n'ont pas, & que ne peuvent avoir au même degré, les autres Animaux. Cependant l'intelligence humaine n'eſt qu'un mode, une manière d'être de la matière, donnée à chaque Individu pour ſa conſervation ſeulement : ôtez cette néceſſité, la Nature ou Dieu ne la donne plus ; j'apporte en preuve les autres Animaux : ils ſont tous de la même nature & de la même conſtruction que l'Homme ; ils ne diffèrent de lui que par quelques alongemens de membres : ce qui me ferait croire qu'il n'y eut d'abord qu'un Animal unique, dont tous les autres ſont dérivés ; que le premier Animal fut d'abord poiſſon, comme le dit *Telliamed,* puis amphibie, &c.ª  Or chacun des Êtres vivans a une intelligence proportionnée à la difficulté de ſa conſervation, à ſon importance, & à la longueur de ſa vie ; L'Homme, par ſa délicateſſe, par ſon défaut de poil, par la longueur de ſa vie, ſon manque d'armes naturelle, eſt celui qui a le plûs beſoin d'intelligence.  Remarque, en-effet, qu'à-meſure que nous deſcendons de l'ordre vivant, pour nous approcher de l'ordre végétant, l'intelligence diminue depuis l'Homme, juſqu'à l'Huître & aux Orties-de-mèr, qui en paraiſſent abſolument deſtituées.

Mais Dieu eſt-il intelligent ?  Les Athées diſent que non.  Qu'en ſavent-ils ?..... Je vais cependant expoſer leur raiſonnement ;

& pour préliminaires, je dirai, Qu'il y eut parmi les Anciens, des Philosophes, qui prétendaient, que le Soleil, ainsi que les Planètes, étaient de gros Animaux doués d'intelligence. A cela, les Athées répondent très-bien, Que la Nature n'ayant donné aucun mouvement spontané aux Planètes, & les ayant garanties de tout contact avec les Êtres de leur espèce, elles n'ont pas besoin de plûs d'intelligence que les Plantes, & que par-conséquent elles n'en ont pas davantage : qu'à-la-vérité. elles peuvent avoir cette vie des Plantes; encore ne leur est-elle pas nécessaire. De-là, les Athées passent à la Divinité, à la Nature, à l'Être-principe, & après avoir tiré des Philosophes théistes ou déistes, l'aveu que toutes les lois de la Nature ont pour base la nécessité, ils leur disent : A quoi lui servirait l'intelligence ? Il est contre l'ordre, qu'elle soit là où elle n'est pas nécessaire : elle ne l'est pas à l'Être-unique, qui n'a Personne dont il doive se garantir : donc il ne l'a pas. Vous avez, d'ailleurs, une idée singulière de l'intelligence ! vous la regardez comme une perfection, & dès-là, comme un attribut de la Divinité ! Mais l'intelligence n'est qu'une manière-d'être de l'Homme & des Animaux, un mode de la matière, dont les inconvéniens égalent aumoins les avantages : en-effet, le bonheur est incompatible avec l'intelligence, qui prévoit les maux, qui les fent avant qu'ils arrivent, & en fouffre encore, par la mémoire, après qu'ils font arrivés: le vrai bonheur eft dans la brutitude, qui ne prévoit rien, jouit du préfent, &c.ᵉ

Mais moi, en-particulier, je crois qu'il ferait très-aifé de renverfer toute cette belle théorie des Athées: je leur dirais: —Vous avancez que l'intelligence n'eft pas un attribut de l'Être-principe, parce-qu'il eft feul, & qu'il n'a rien à faire pour fe conferver. Je répons, que cette affertion ne pourrait avoir quelqu'apparence de vérité, qu'autant que Dieu n'aurait rien produit.... —Dieu a produit, il eft vrai ; mais il a tout fait par des lois néceffaires—. Soit. Mais cette néceffité même, dont refulte le bel ordre de l'Univers, & les Animaux vivans, auffi inconcevables pour nous, parce-qu'ils font chacun un petit Univers complet, ne fuppofe-t-elle pas une intelligence infinie, qui l'a voulue? Cependant, comme cela n'eft pas appuyé en preuve, & que ce n'eft qu'une conjecture, je nie que l'intelligence ne foit pas néceffaire à l'Être-principe ou Dieu, pour jouir de lui-même: qu'eft-ce qu'un bonheur qu'on ne connaît pas? —Mais les Sots de ce monde ne font-ils pas plus heureus que les Gens-d'efprit—? Je le nie: le bonheur du Sot n'eft qu'une végétation vigoureuse, à-peine fentie. Mais fuppofons que

cette raison soit faible, j'en ai une meilleure.
Dieu est l'âme du monde ; il doit avoir la
plénitude de l'existance, lui qui est le principe de la vie ;  le bon-sens le dit :  or cette
plénitude consiste non-seulement à exister,
comme les pierres , mais à sentir son existance, comme les Êtres-raisonnables : Donc
Dieu existe parfaitement ; donc il se connaît , & cet Être-souverain ne peut avoir
une connaissance imparfaite ; dès qu'il connaît, c'est parfaitement : Un Être existant
sans connaissance, n'existerait pas pour lui-
même ; un Monde uniquement composé de
pareils Êtres ,  serait un véritable néant ;
mais de l'instant où il y surviendrait un Être
capable de connaître , il sortirait du caos.
La véritable existance , c'est la connaissance :
L'Être-principe ; qui est tout ce qui est , &
dont nous ne sommes que des modifications,
doit renfermer en lui-même notre connaissance ;  il est donc substanciellement intelligent & connaissant.  Le Monde, ainsi
que chaque Animal, est un composé de matière palpable , comme les os , les nerfs, la
chair, le sang , les humeurs , & d'un principe impalpable de vie : ce Principe, pour
le Monde, c'est Dieu; pour l'Animal, moûlé
sur le type du Monde , c'est une émanation
de Dieu , comme le corps est une excrois-
sance de la matière visible.  D'après cette
belle analogie , y a-t-il à douter que Dieu,
âme du Monde , ne soit intelligent ?

A cela, les Athées fourient, & difent:
—Tu as raison, Matérialiste: ton Dieu eft
un mode, une manière-d'être de la matière.
Il ne fait qu'un avec le Tout, & tu es Dieu
toi-même autant que lui.  Quand nous di-
fons, qu'*il n'y a point de Dieu*, c'eft un Dieu
différent de nous, audeffus nous, notre maître, que nous voulons dire-.  Qui vous le
difpute? mais je vous tiens, & je prouve
que vous ne fauriez être athées, fans abfur-
dité.  Il exifte un Principe de vie: il exifte un ordre: tout ce qui fe fait, comme les
mouvemens des corps céleftes, la génération
des Animaux & des Plantes, fe fait par des
lois néceffaires, qui ont un Auteur; quel
qu'il foit, cet Auteur eft Dieu.  Accordé,
qu'il n'exifte pas de Dieu audeffus de nous,
& différent du Tout, ou de l'Univers.

Tu vois, mon Chèr, que je ne fuis pas
athée; puifque je force les prétendus Athées
dans leurs derniers retranchemens: mais je
fuis matérialiste:  Je crois que la matière
penfe, lorfqu'elle eft arrangée pour penfer.

En-effet, connaiffons-nous affés toutes les
propriétés de la matière, pour lui en refufer une, lors, fur-tout, que le témoignage
de nos fens la lui donne?  Les Théologues
des fiècles d'ignorance ont profcrit le maté-
rialifme, faute d'une faine physique, & de
connaître, que des quatre élémens, il y en
a trois d'indifférens au mouvement & au re-

pos, tandis qu'un, le feu, est mouvement par essence, & ne s'arrête jamais, que forcé au repos par les trois autres. Or le mouvement, la vie, l'intelligence, c'est une même chose. Passons à une autre question.

Dieu, considéré comme l'Ordre par-excellence, est-il rémunérateur de la vertu, & vengeur du crime? Je répons: L'ordre ne peut être dérangé par l'Homme, non-plûs que par les autres Animaux: aux ieux de Dieu, tel Homme n'est rien; le genre seulement existe, jeune, fort, vieux, comme s'il était un seul Individu éternel: le mal relatif que se font entr'eux les Individus, est nul pour Dieu; il n'est desordre que d'Homme à Homme, & punissable seulement par les Hommes entr'eux: Dieu, ou l'Ordre-universel, a donné aux Êtres vivans le sentiment de la vengeance, pour qu'ils contribuassent par cette passion à l'ordre-particulier, & c'est une des *vertus de leur cœur*, que la vengeance, comme dit *Zamore*. Mais le moment de l'insulte passé, la vengeance deviendrait un desordre, dont Dieu est incapable. Tire la conséquence.

Reste la religion à l'égard de Dieu. Pouvons-nous lui rendre un culte? Non. Pour quoi? Parce-que nous ne pouvons pas l'aimer. Pourquoi ne pouvons-nous pas l'aimer? Rien n'est plus clair; nous ne le connaissons pas: les Mystiques ont beau-dire! ce n'est pas

Dieu qu'ils aiment, mais la chimère de leur imagination. A-t-on eu tort d'établir les Religions ? Non, sans-doute ; elles sont un lien-social de-plûs ( & c'est ce que signi-fie le mot de *religion*) : lorsque les Hommes ont été réünis en société, ils ont vu que leurs lois les plus sévères ne suffisaient pas ; le plus Spirituel d'entr'eux, imagina, qu'un Être invisible & voyant tout, serait un mo-yen efficace de contenir l'Homme, là où le pouvoir de la loi cesse. Ainsi, la religion est utile : il aurait seulement falu tâcher de ne s'écarter du vrai que le moins possible : mais cela ne se pouvait guère : plûs les dog-mes sont absurdes, extraordinaires, plûs ils paraissent divins à la Populace, qui doit ne rien comprendre de ce qu'elle doit vé-nérer, comme l'ont de nos jours très-bien senti les Jésuites. Les premiers Théistes, ou Feseurs-de-religions, n'ont pas été si fourbes qu'on le prétend ; ils ont fait comme ils ont pu, afin de policer des Hordes sauvages.

*Qu'est-ce que l'Homme ?* L'Homme est le premier des Animaux ; il est leur *abbé*, leur *gardien*, pour employer des termes de moine, *Primus inter Pares.* Tous les Animaux, l'Homme compris, sont frères. Il n'a rien de plûs qu'eux, si ce n'est une certaine éten-due d'intelligence, à-raison de sa qualité de Chef de l'Animalité ; comme notre tête est plus intelligente que les autres membres de notre corps. L'Homme eſt un mode de la matière : ſa vie , ſon âme , ſont une portion de la Vie-univerſelle. Il ne faut pas croire, que l'Univers ſoit fait pour l'Homme ; cet Être , qui en ſerait le Dieu , ſi les Athées avaient raiſon , n'en eſt réellement qu'un faible acceſſoire, à ſuppoſer même qu'il ait l'empire dans toutes les Planètes habitées. Comparées aux Soleils, qu'eſt-ce que les Planètes? & qu'eſt-ce que chaque Soleil, comparé à Dieu , au Tout , au Principe-univerſel, à la Nature? Tous les Soleils réünis, ont Dieu pour cenrre ; & tous les Soleils de tous les ſyſtèmes poſſibles, ne ſont qu'un point. Et l'Homme que ſera-t-il , lui qui n'eſt qu'un atôme comparé à un ſeul Soleil? Il n'eſt qu'un faible acceſſoire dans la Nature, matière & vie comme les autres Animaux.

*Qu'eſt-ce que la Nature?* L'aſſemblage de tous les Êtres, exiſtans ſous tous les mo-des poſſibles. La Nature était repréſentée chés les anciens Égyptiens , ſous l'emblême d'un Serpent qui avale ſa queûe : ce qui était bien le ſymbole de ſon éternité, comme le diſent les Philoſophes : mais ce ſens du jérogliphe n'était que ſecondaire ; ſa vraie ſignification, c'eſt que la Nature ſe dévore continuellement elle-même , pour renaître ſans-ceſſe. Ils exprimaient les diſſolutions ou conflagrations générales , par la fable du Fénix, que les Grecs ont priſe à-la-lettre.

Ces fins d'un Monde-planétaire par le feu,
font beaucoup plus fréquentes qu'on ne croit;
& il eſt certain que la révolution actuelle n'eſt
pas fort-ancienne, à en juger par la marche
de la civiliſation, le degré de lumière où
nous ſommes parvenus, & l'étendue de
notre hiſtoire : il eſt à préſumer qu'elle
ne ſera pas fort-longue encore, & que par
elle, tout l'acquit actuel du Genre-humain
ſera perdu.   Qu'eſt-ce donc que notre gloire, Inſectes éfémères que nous ſommes, &
qu'on eſt fou de travailler pour elle !   Ne
ſongeons qu'au plaiſir :   car à-l'inſtant où ce
Monde y penſera le moins,  une Comète
l'embrâſera.   Que deviendront alors, &
les Alexandre,  & les César,  & les Ho-
mère, & les Horace,  & les Virgile, & les
Ovide, & les Corneille, & les Voltaire, &
les Buffons !...   Tout paſſe, tout renaît,
rien ne ſe détruit : Il eſt donc indifférent à
la Nature que les Individus périſſent par
myriades; l'Eſpèce reſte ; la matière com-
poſante reſte, toujours prête à reformer des
Individus nouveaux.   C'eſt ce dont nous
avons un type bien-frappant dans les Carnivores :  ſi la Nature était ſenſible au mal
partiel que les Individus peuvent ſe faire
entr'eux,  aurait-elle introduit les Eſpèces
carnacières dans le ſyſtème animal? ne ſont-
ce pas autant de meurtriers, d'aſſacins que
la Nature a jetés parmi les Animaux, ſans en
excepter l'Homme? Cette grande & belle

vérité te prouve bien qu'il n'existe qu'un mal
relatif entre les Individus, absolument nul
pour la Nature, sans quoi la Nature serait
criminelle, & Dieu le plus féroce des Ty-
rans : mais la belle vérité que je viens d'exposer, explique tout. Et voila comme dans
la vraie philosophie, les vérités se tiennent
& s'engrainent les unes dans les autres.

Mais à supposer vraies toutes les erreurs
qu'on nous débite, l'Homme peut-il mériter ou démériter ? Non : il n'est pas un
de nos actes prétendus libres qui n'ait une
cause extérieure, actuelle, ou antécédente :
ce que je t'écris, même en ce moment, n'est
pas une action libre de ma part ; j'y suis nécessité par l'envie de te servir, qui a sa cause
dans mon amitié ; laquelle fut occasionnée
par ta première vue, &c.ᵃ : sans la première
cause, la seconde ne fût pas née, & je ne
t'écrirais pas. Ainsi, l'Homme enfile aveu-
glément une route qu'il suit toute sa vie : il
est nécessité par sa première action, qui a été
fortuite : tout ce que nous voyons, tout ce
qu'on nous dit, tout ce qu'on nous fait, in-
flue sur nous, & change la série de nos actes ; nous influons sur les autres de la même
manière ; desorte que toutes les actions des
Hommes sont un enchaînemens de fortuités.
Ainsi l'Homme n'est pas plus libre que le reste des Êtres ; il est emporté par la nécessité :
comment & de Qui bien-mériterait-il ?

Je ne donne cependant pas dans le fatalifme ; puifque la plus légère cause dérange la prétendue fatalité.  Ce dernier fyſtème eſt auſſi contraire au régime ſocial , que celui que je viens d'exposer  y eſt favorable ;  Le Turc ferait bien d'anéantir chés lui la ſuperſtition de la fatalité ; car ſi elle contribue quelquefois  à donner du courage aux Troupes, le plus ſouvent elle éteint l'induſtrie & l'activité...  Voila , mon Chèr , de la vraie philosophie , capable de te tranquiliser.....

*( L'Editeur ſupprime une partie de ce que dit ici le Matérialiſte Gaudet ; quoique le bon Pierre R**, dans le titre de la Lettre , ait dit qu'il ne le mettait ſous les ieux de ſes Enfans, que parceque cette fauſſe doctrine était ſuffisamment réfutée , & que ce ſoit auſſi notre ſentiment.  Il ne nous reſte qu'un regret, en fesant cette ſuppreſſion , c'eſt d'ôter au Héros de cet Ouvrage, la meilleure excuse à ſes desordres , en montrant au Lecteur honnête & ſenſé, la force de la ſéduction , & la marche adroite du Séducteur.)*

.  .  .  .  .  .  .  .  .  .  .  .  .  .  .  .  .  .  .  .

*( Après l'exposition de ſon ſyſtème, il continue : )*

Ne viens donc plus , Edmond , m'étaler tes ſophiſmes ; prens de la Nature & de la Divinité , des idées ſaines ; étudie le phyſic, & ſur cette étude bien réfléchie , fonde ta morale.  Tu ſeras alors un Être naturel, & ſocial , d'une manière éclairée , qui ne te rendra plus eſclave & malheureus ; tu verras juſqu'à quel point tu peux t'écarter des lois ſociales, ſans troubler l'ordre politique , & ſans t'attirer de la part des autres Individus une *répulſion* desagréable.  Alors tu ſera▸

heureus, délivré des chimères qui tourmen-
tent tes Pareils, & sans inquiétudes pour le
présent ni pour l'avenir. Ton esprit étant
éclairé, il bravera cette pusillanimité qui
rend ta sensibilité naturelle si dangereuse
pour toi ; cette sensibilité ne te servira plus
qu'à jouir, & jamais à t'effrayer, à t'éblouir,
ou à te jeter dans l'ivresse de l'admiration
pour des choses simples, dont la cause
étant connue, tout le merveilleus disparaît.
Épicure dans sa jeunesse te ressemblait, &
il ne secoua le joug des préjugés, que parce-
qu'il le trouva trop pesant. Il y a un Être-
suprême, Père commun de tout ; voila une
vérité : Des lois générales & nécessaires
règlent tout, sans qu'aucun Individu puisse
s'en écarter ; en voila une seconde non
moins certaine. Tout ce qui est, est donc
bien, même le mal ou crime apparent, parce-que ce mal resulte de bonnes lois ; troisième vérité que je vais te rendre bien sensible par un exemple : Violer est un mal
sans-doute, & un grand mal ! un Homme
social voit une belle Fille, se jette sur elle,
& lui ravit ses faveurs : voila un acte que les
lois sociales punissent du dernier supplice,
& elles ont raison : cependant toutes les
lois de la Nature par lesquelles cet Homme-
féroce a fait violence à la Fille sont excellentes, utiles, nécessaires : Eh ! que font-
elles en-effet, que sagesse admirable ? Par
ces lois, l'Homme en voyant une Femme

éprouve un appétit , dont le but est la conservation de l'espèce : plûs il l'éprouve for-
tement, mieux il est constitué, plûs il est
propre à obéir à la nature , &c.ᵃ :  Toutes
les lois physiques qui ont porté cet Homme
à faire violence à la Fille , sont donc bonnes
aux ieux de la Divinité : mais l'acte physic
qui en a été la suite , est mauvais ; car du
bien physic, il ne resulte pas toujours un bien
social.  En-effet, comme cet Homme est social , toutes ces lois physiques, excellentes
en elles-mêmes , ont produit un mal relatif
aux lois sociales ; respectif entre les Individus ; punissable par la Société , de la manière qu'elle le voudra , pourvu qu'elle ait
manifesté sa volonté à tous ses Membres.

En voila bien assés , je crois , mon Ami,
pour une Lettre.  Je remets à nos entre-
tiens quelques réponses aux objections que
tu pourras me faire.  J'ajoute seulement,
que je n'aurais garde de me porter avec
tant d'empressement à éteindre tes préjugés , si tu n'étais pas dans un pays où il ne
faut plus en avoir pour être heureus & faire
son chemin.  Dans un Village comme celui
où tu es né , je pense que peut-être il n'est
pas absolument mauvais de conserver des
erreurs propres à retenir des Hommes gros-
siers , incapables de jamais se détromper ,
si on les abandonne à eux-mêmes. Mais pour
les Personnes habituées dans les Villes , à-

moins que ce ne foient des brutes, il faut les-
éclairer de bonne-heure, & leur donner
une bonne morale, fondée fur la faine phy-
fique ; de-peur que leurs ieux venant un-
jour à fe déciller d'eux-mêmes, elles ne fe
trouvent fans frein, & ne fe perdent, en
caufant beaucoup de mal aux autres.

Adieu, mon pauvre Edmond : ton Ami
ne t'eft pas encore affés connu ; mais f'il
l'était, & fi l'étant, tu l'eftimais, il fe porterait garant envers toi de tout le bonheur
dont un Homme peut jouir.

<hr>

## CIII.ᵐᵉ

25 mai.

**M.ᵐᵉ PARANGON, à EDMOND.**

[Invitation qui furprendra, mais que fes motifs
doivent faire approuver.]

POURQUOI mon Cousin me fuit-il depuis
une misérable Lettre, qu'il n'a pas hésité
de condamner, dans le premier moment de
fa furprise, & je crois pouvoir le dire, de
fon indignation ? Eft-ce la honte du présent qui l'éloigne, ou le remords du paffé ?
Je crains bien qu'il ne foit plus fufceptible
que de la première, & encore pour très-
peu de temps ! Qui m'aurait dit, après ce
que vous favez, ah ! qui m'aurait dit, que je
ferais obligée de vous rappeler, & que votre
négligence à mon égard, vous exposerait
autant que votre criminelle pourfuite !.....

Mon Cousin, vous alez achever de vous perdre, & je tremble que votre chute n'ait des suites funestes !.. Edmond, il est un malheur plus grand que la perte de la fortune, de l'honneur, de la vie même, & c'est ce malheur que je redoute pour vous, & pour tout ce qui m'est chér.  Revenez, mon Cousin, revenez auprès de moi.  Vous aimez à m'entendre : revenez ; je veux vous faire aimer la vertu : je me crois assés forte à-présent pour n'avoir rien à craindre ; parce-que je ne m'appuierai plus sur cet honneur fragile qui n'est qu'orgueil, mais sur la Source-de-tout bien.  Depuis notre faute, je l'ai étudiée, cette religion qu'on veut vous faire abandonner, & j'y ai trouvé des consolations, que rien au monde qu'elle ne peut procurer.  Que ne l'ai-je plutôt connue !... J'espère vous voir ce soir ; je l'espère, & vous en prie.

<hr>

## C I V.<sup>me</sup>

28 mai.

### La Même au Même.

[ Elle combat & détruit les mauvais-raisonnemens de la dernière Lettre de Gaudet. ]

Puisque je ne saurais obtenir une entrevue, il faut vous écrire ! Lisez du moins ma Lettre, & ne la livrez pas, avant que de l'ouvrir, à votre Corrupteur.  Mon Cousin, lorsqu'il a voulu vous porter les derniers-coups, & montrer à-découver toute son impiété, obfervez qu'il a pris le parti d'é-crire : tout-corrompu qu'il eft, & quoiqu'il ait un front d'airain, il n'aurait pu vous dire fans rougir, ce qu'il n'a pas craint de vous écrire. Eh! comment, comment aurait-il osé, en f'adreffant à une âme auffi bien-faite que la vôtre, entreprendre audacieusement d'en effacer l'image de fon Créateur, de fon Père, de fon Bienfaiteur! Non, fa témé-rité, toute grande qu'elle eft, fa coupable témérité ne va pas encore jufque-là!

Mais avant de me livrer à la difcuffion de fes faus principes, permettez que je faffe ici un parallèle de fa conduite & de la mienne. Nous vous aimons tous-deux, & fans-doute vous ne croirez pas que je fois la moins ten-dre & la moins defintéreffée. Cependant notre conduite eft tout-à-fait différente. Mon amitié pour vous me fait desirer que vous foyiez religieus envers la Divinité ; que vous l'aimiez, l'adoriez, & foyiez foumis à toutes fes faintes lois, qui ne font que pu-reté, juftice & bonté : mon amitié me fait desirer que vous foyiez généreus, obligeant envers les autres Hommes ; que vous en foyiez chéri par vos bienfaits, vos fervices, vos prévenances, & tous les actes de bien-veuillance qui peuvent rendre un Homme agréable à fes Semblables : Elle desire donc que vous foyiez retenu, modéré, honnête, aimant & craignant Dieu, éloigné de toute

action

action méchante & trop-libre; en-un-mot,
un Homme ferme dans son devoir envers la
Société. Que demande au contraire l'amitié
de votre Séducteur? Que vous brisiez tous
les liens qui vous attachent à Dieu, & non-
seulement à Dieu, mais aux Hommes! Eh!
quel but a-t-il donc, si, pour ce qu'il prétend faire de vous, il faut qu'il vous air ôté
l'idée de tout devoir & de toute décence.

Je ne suis pas un Savant; mais je vous aime!
non-seulement pour cette vie, mais pour
l'éternelle durée, reservée à nos âmes; &
c'est ma tendresse qui me donnerait le courage de réfuter, avec les seules lumières du
bon-sens, les dangereus sophismes de votre
Ennemi, si je n'avais pas d'autres secours.

Je n'entens rien à toutes ses idées sur la
physique & la métaphysique: mais ce que je
fais, parce-que la raison le dicte, c'est que
*l'Etre-suprême étant la source de tout ce qui est,*
il doit non-seulement avoir règlé l'Univers,
par ces lois générales que nous admirons, &
qui font que les grands Corps se meuvent
avec une majestueuse régularité; mais encore il doit avoir règlé les rapports des Individus particuliers, pour qu'il y ait entr'eux
la même harmonie qu'entre les grands Êtres.
En-effet, si l'on considère, que dans le physic,
Dieu a mis autant d'attention dans la cons-
truction du Moucheron délicat, qui ne doit
vivre que quelques heures, que dans celle de
l'Éléfant & de l'Homme lui-même; n'en

doit-on pas conclure, en jugeant, comme
ledit votre Docteur, de l'inconnu par le connu, que la Divinité a de-même règlé les relations morales des Êtres-intelligens, avec
autant de foin, que les relations physiques
du Soleil & des Planètes avec les autres Corps
céleftes (1); que notre peu d'importance
fuppofée, ne nous a pas fait négliger de
Dieu?....... Mais je fens que mes faibles
lumières ne fuffiraient pas, fur-tout avec
l'Homme que vous prenez pour votre Oracle.
Permettez que je vous faffe part de ce que
m'a écrit à ce fujet un Prêtre refpectable ;
c'eft le Curé de C**, cet Ecclésiaftique
exemplaire, dont vous avez vous-même admiré les vertus, & que M. Gaudet, tout-
corrompu qu'il eft, ne peut f'empêcher
d'honorer.

» Nous fommes dans un temps (c'eft le Curé
qui parle) où l'incrédulité eft fi commune,
qu'à chaque pas on trouve à combattre de
fes Champions, les uns plûs, les autres moins
redoutables. On doit donc fe tenir toujours prêt ; & non-feulement il faut être bien
armé pour repouffer leurs attaques, mais
encore il faut avoir tontes fortes d'armes.
Car avec les Uns, il faut raisonner; avec
d'autres, il faut f'appuyer fur la morale ;
avec Ceux-ci, l'on doit employer la physi-

______

(1) Une partie de ce qu'on va lire dans cette
*Réponfe*, a rapport à ce qui a été retranché dans
a Lettre de Gaudet. [ *L'Editeur.*

que ; avec Ceux-là, c'est le pathétique ; il
suffit de leur faire admirer la religion, de
les toucher ; avec les Libertins sans principes, comme il y en a beaucoup dans nos
Campagnes, il faut leur prouver les miracles,
& les faire trembler. Ces Derniers sont les
plus faciles à ramener ; parce-que n'ayant pas
une science orgueilleuse, ils admettent tout
ce qui est appuyé sur des preuves suffisantes :
je ne vous entretiendrai pas de la manière
dont je m'y prens avec ces Personnes, puisque Celui à qui vous voulez que cet écrit soit
utile, n'est pas de cette classe. Ceux dont
il faut remuer le cœur, sont les Incrédules
qui joignent à beaucoup de sensibilité, des
lumières assés étendues. Voila quel est le
cas de votre Jeune-philosophe. Quiconque
est sensible, est bon, & presque toujours
droit : Pascal, Fénelon, &c.', étaient
éclairés & sensibles ; ils crurent la religion,
parce-qu'ils en avaient d'abord admiré la
beauté, qu'elle leur avait ensuite touché le
cœur, & qu'ils la trouvèrent conforme à leur
droiture naturelle. Si (comme vous le dites)
le Jeune-homme que vous voulez ramener
est de cette trempe, il faut lui faire de la
religion une exposition belle & vraie, d'une
manière onctueuse & touchante ; il faut le
prendre du côté des avantages immenses
qu'elle a procurés & qu'elle procure ; il faut
lui montrer que les maux qu'on lui attribue
sont absolument contraires à son esprit, &

que les Méchans qui l'on fait servir de prétexte à leurs crimes, en auraient trouvés d'autres, pour commettre autant de mal qu'ils en
ont fait ; il faut enfin lui prouver, qu'à tout
supposer, un culte où l'on aime l'Être-principe, & ses Semblables, honore l'Homme,
& qu'il serait au moins excellent, s'il n'était
pas nécessaire. Mais il est nécessaire ; & il
faut le prouver à-peu-près de cette manière.

» Il est impossible de ne pas voir l'ordre
physic qui règne dans l'Univers, & que cet
ordre ou cette harmonie, est ce qui en fait
subsister toutes les Parties & tous les Individus. Pour commencer par les grands
Êtres, tels que le Soleil & les Planètes,
il est certain qu'il y a une Puissance & des
lois constantes qui les maintiennent à une
distance convenable, & dans leurs positions
respectives ; des lois qui ont fait que parmi
les Planètes, les unes sont montées à une
plus grande distance du Soleil, comme
Mars, Jupiter & Saturne ; & que les autres
sont demeurées plus proche de cet Astre
que n'en est notre Globe ; telles sont Vénus & Mercure : l'on ne peut disconvenir
que ces lois ne soient les lois ordinaires de
la statique, par lesquelles les fluides, ou
les corps solides nageant dans un fluide, se
mettent toujours en équilibre, dès qu'ils
sont abandonnés à eux-mêmes. D'où il
suit que l'Univers est essenciellement tout
ordre, puisque chaque substance porte au-

dedans d'elle-même la propriété inhérente qui doit la clâffer , proportionnément à fon poids & à fa maffe.  Si de cette idée générale , nous defcendons fur notre Planète , nous y voyons règner en-particulier le même ordre qui règne en-général dans l'Univers : des quatre élémens , le plus léger , l'éther , ou matière du feu , furnage audeffus de l'air , de l'eau & de la terre ; l'air audeffus des deux derniers ; & l'eau fur la terre ; avec cette circonftance , que le furnageant pénètre toujours l'élément qu'il domine , & les inférieurs , fans en être pénétré : l'éther ou le feu pénètre les trois autres élémens ; l'air pénètre l'eau & la terre ; l'eau pénètre l'élément folide , & n'en eft pas pénétrée. Cet ordre admirable produit tous les phénomènes de la Nature.  L'éther , mis en mouvement par le Soleil , de la manière générale dont le dit l'Incrédule ( car nous fommes d'accord là-deffus ) (1) , ou par d'autres caufes particulières , produit la fenfation de la chaleur & de la lumière ; &

_______________

(1) Le P. Berthier de l'Oratoire , prétend que le Soleil n'eft autre chofe qu'un tournant d'éther , incomparablement plus chaud , à fon centre , à raifon de fon mouvement circulaire , que ce même éther dans les cercles éloignés : d'après cette idée , il faut fe repréfenter le Soleil & toutes les Etoiles-fixes , comme les tournans de la mer , où ceux qu'on voit audeffous d'un pont : ces tournans font ce qui produit la chaleur & la lumière : toutes les fois que l'éther eft agité en rond , il eft feu ; il

à-raison de ce qu'il est le plus délié de tous les élémens , de ce qu'il les pénètre avec une inconcevable facilité , il porte par-tout la chaleur , ou dumoins la lumière. L'air, qui environne la terre & l'eau , n'a pas la même propriété que l'éther , de produire , par son mouvement circulaire , la lumière & la chaleur ; car, quoiqu'il soit extrêmement mobile, il ne l'est que par un mouvement communiqué par l'éther ; ajoutez que ses particules constitutives sont trop-grosses, & par-conséquent , n'ont pas les unes sur les autres un contact assez parfait : mais l'air, à-raison de son degré de fluidité, d'élasticité, de grossièreté, a une autre faculté, qui est de transmettre les sons à notre ouïe comme l'éther a celle de produire la lumière & la chaleur. L'eau, ce troisième des élémens, n'a de commun avec les deux premiers, que la fluidité : mais elle possède d'autres qualités, à-raison de son adhésibilité, de son degré de fluidité, de la grossièreté de ses molécules, de sa pesanteur, de son incompressibilité, de sa volatilité,

---

consume le bois de nos forêts ; il éclaire, fixé par la cire à la mèche d'une bougie, &c.ᵃ Ces tournans d'éther, sont le moyen dont Dieu s'est servi pour faire cesser le caos ; toutes les particules de matière grossière également distribuées dans l'Univers, ont alors été poussées à différentes distances, suivant leur densité, & ont formé des Comètes, qui sont ensuite devenues des Planètes, &c.ᵃ [ *Note du Curé.*

qui fait qu'elle fe réduit en vapeurs au plus petit degré de chaleur ; elle mouille, elle abreuve, elle lie entr'elles les parties du quatrième élément. Et ce dernier lui-même devient comme la base des Êtres ; c'eft lui qui les rend fixes & ftables ; qui leur donne, à-raison de fa plus grande palpabilité, une forte de réalité à notre égard, incomparablement plus forte que les autres élémens ne peuvent le faire. Je me fuis arrêté là-deffus, parce-que j'ai de très-belles conféquences à tirer de ces différentes propriétés des élémens ; elles vont prouver tout-à-l'heure, quel eft le grand but de la Création, & que l'Homme, les Animaux, &c. ne font pas un accident dans l'Univers ; qu'ils font le terme & le but que l'Auteur de la Nature f'eft proposé (1). Mais j'ai un mot à dire auparavant.

Votre Matérialifte réfute les Athées, qui prétendent que tout ce bel ordre ne prouve pas un Être intelligent ; & que, pour qu'il exifte, il fuffit d'une Nature aveugle, gouvernée par la néceffité, c'eft-à-dire, à-raison des différentes pesanteurs ; car c'eft-là le

---

(1) Cette vérité ; que la Nature a eu particulièrement en vue les Êtres vivans, a été reconnue dans toutes les religions : on voit en Égypte une Infcription arabe fur la corniche de la baluftrade du *mékias* ou nilomètre ; laquelle Infcription porte : *Que c'eft pour les Êtres vivans qu'exifte la lumière & l'air ; qu'il y a des pluies, &c.* On

moyen par lequel la Nature fait tout (disent-
ils). Je suis de son avis, en ce point ; & je
vais le seconder ; tout comme je combats ce
qu'il ajoute ensuite , que néanmoins Dieu
ne se mêle pas de ce que nous fesons.

Je prouve la première conséquence que
je veux tirer de l'ordre physic , sans être
obligé de combattre l'erreur où sont les Incrédules : dans leur propre système , je puis
leur dire : Eh-quoi! l'ordre le plus exact,
le plus régulier & le plus admirable règne
dans le physic , & vous prétendez qu'il ne
doit point y en avoir dans le moral ? que
le juste & l'injuste sont indifférens ; qu'un
Être , pendant toute sa durée , pourra op-
primer un autre Être , lui enlever la portion de bonheur pour laquelle il a été fait ,
sans qu'il y ait quelque chose qui remette
enfin l'équilibre entre ces deux Individus ?
Vous n'y pensez pas , & cela est aussi absur-
de , que si vous prétendiez que l'eau d'un
fleuve conduite par des machines sur le haut
d'une montagne , ne s'en précipitera pas ;
ou-bien qu'un sceau qui puise au milieu d'un
étang , laissera un creus où il aura plongé ,

---

prétend que cetet Inscription était en grec avant
le Mahométisme , & avant Alexandre en égyptien.
( En-effet , comme on le dira plus bas , la lumière
ne peut servir qu'aux Etres vivans. )
Le *mékias* est un puits qui sert à mesurer la
crûe du Nil , & quand il est à une certaine marque , haute de *16 draas* au dessus du niveau ( le
draas a 20 pouces de France ) il y a abondance.
[ *Note du Curé.* sans

fans que l'eau environnante fe remette au niveau. Il eſt impoſſible que les Matéria-liſtes fe débarraſſent jamais de ce raiſonne-ment d'une manière ſatiſſeſante.

» Pour ſuivre une marche certaine, & démontrer, comme je le diſais tout-à-l'heure, à l'Homme ſenſible & reconnaiſ-fant, qu'il n'eſt pas l'enfant d'un haſard aveugle, j'argumentais des élémens & de leurs propriétés. En-effet, il n'exiſte rien qui ne ſemble fait pour les Êtres vivans ; & c'eſt encore ici un ordre de cauſes & d'éma-nations, qui met en évidence l'Intelligence infinie du Principe-univerſel. Obſervez avec quelle ſageſſe, par-exemple ( pour m'en tenir à celui-là, entre tant d'autres ! ) obſervez avec quelle ſageſſe, Dieu qui ſe ſert du Soleil pour élever des vapeurs, & faire tomber les pluies ſur la terre, a en-même-temps voulu que les ſels ſe durciſſent par la chaleur, & demeuraſſent, tandis que l'eau pure ſ'éleve en ſ'évaporant ? Ne voit-on pas-là une attention pour donner aux animaux & aux plantes une boiſſon qui leur convienne ? Mais je ne m'arrêterai pas à l'utilité *matérielle* pour-ainſi-dire, que tout le monde connaît ; j'irai plus loin : je prou-verai que la Nature a en vue les facultés intellectuelles par deux des élémens, d'une manière ſi claire, qu'on ne peut ſ'y refuſer ; c'eſt l'éther & l'air : le *premier*, par la lumière, qui n'est absolument d'aucun usage dans l'Univers, si ce n'est pour les Êtres intelligens, dans quelque degré qu'ils le soient ; le *second* par sa qualité sonore, qui fait que tous les Animaux entendent ; ce qui ne peut encore absolument convenir qu'à l'Être intelligent & capable d'action, de réflexion & d'analyse.

» Il se présentera ici une question, sur cette qualité d'Êtres intelligens, que je parais donner indistinctement à tous les Animaux ; j'y reviendrai tout-à-l'heure. Quant à-présent, je vais dire un mot sur une des plus belles vérités physiques, en vous expliquant la nature & les propriétés de l'éther : car avec nos Incrédules d'aujourd'hui, ce n'est qu'appuyé sur la bonne physique que l'on doit raisonner : En vous parlant des élémens, je vous ai dit qu'il y en avait quatre ; mais à parler correctement, il n'y en a que trois qui soient propres à notre globe ; parce-que l'éther ou le feu est un élément général, commun au Soleil & aux Étoiles : il compose ce fluide immense dans lequel nagent les Planètes, & qui est peut-être la substance unique du Soleil : mais si l'éther est la substance du feu, il n'est pas le feu ni la lumière proprement dits ; il faut une condition, pour qu'il devienne l'un & l'autre, je veux dire le mouvement circulaire, avec la vitesse convenable. C'est une vérité reconnue, que l'éther a seul tout le mouvemenr qui exiſte dans l'Univers, & que c'eſt lui qui meut tous les corps : c'eſt par ce mouvement, que l'Être - principe donne la vie à tout ce qui exiſte, comme le dit l'Incrédule : deſorte que ſi l'éther ceſſait de circuler, l'Univers au même inſtant, re-tomberait dans le premier caos. Le Soleil & les Etoiles ne ſont probablement que des tourbillons d'éther, lequel eſt forcé de les former par une de ces lois qu'on nomme *néceſſaires*. Vous alez en comprendre aiſé-ment la néceſſité, ſi vous conſidérez que l'éther ſ'étend par-tout, qu'il eſt ſans bor-nes connues, & toujours dans un mouve-ment rapide : or, repréſentez-vous un fluide auſſi groſſier que l'eau, par-exemple, dans un océan ſans bornes, & dans une agitation extrême ; ne ſera-t-il pas néceſſaire qu'il ſe forme des tournans en divers endroits ? car il ne ſera pas poſſible que ce fluide ſuive la ligne droite, puiſqu'il y en aura autant du côté où il court, que de celui d'où il vient : il faudra donc de tonte néceſſité qu'après avoir couru un certain temps du même côté il reflue ſur lui-même &c.ᵃ Dans l'eſpace immenſe que rempli l'éther, il y a un nom-bre prodigieus, diſons même infini à notre égard, de ces tournans, qui par leur mou-vement, donnent à l'éther la faculté d'éclai-rer & d'échauffer ; la faculté de lancer, par la force centrifuge , chaque portion de la matiére dans la couche du tourbillon solaire capable de la foutenir ; de féparer , dans chacune de ces maſſes, qui ſont les Planètes, l'air de l'eau , & l'eau , de la terre ; trois choses qui feraient confondues entr'elles, éparſes dans tout l'eſpace , ſi l'éther ne les claſſait pas, au-moyen du mouvement, & de la chaleur qui en eſt l'effet néceſſaire (1).

» Il y a plusieurs Soleils ; c'eſt une vérité qui fut connue des Anciens , & qui ne ſouffre pas aujourd'hui le moindre doute. S'il n'y en avait qu'un , il n'y aurait qu'un monde , qu'un ſyſtème , & les Planètes y feraient d'une ſi énorme groſſeur , qu'il y aurait une perte conſidérable de matière , ſoit par l'épaiſſeur , ſoit par l'immenſité du terrein qui ne pourrait être échauffé aux deux pôles. Or , la Nature anime le plûs qu'il eſt poſſible , & ne donne précisément à chaque Corps , que la matière abſolument néceſſaire : voila pourquoi elle a formé une infinité de Soleils & une infinité de Planètes qui en dépendent. Une chose qui n'eſt pas à omettre , c'eſt que les Soleils ſont bien les producteurs occasionnels de la chaleur; mais cette chaleur , & même la lumière , n'au-

---

(1) *Deſcartes* ne demandait que de la matière & du mouvement pour former l'Univers : il indiquait une belle vérité ! [ *Note du Curé.*

raient aucun effet , fi elles ne rencontraient
pas un corps denfe & folide qui les réflé-
chiffe , tel que les Planètes. A une diftance
confidérable de ces Planètes , & affés près
du Soleil , il fait un froid inconcevable pour
nous. L'air peut réfléchir la lumière , mais
non la chaleur: l'eau réfléchit plûs de lumière , & affés de chaleur ; la terre réfléchit parfaitement l'une & l'autre. C'eft ainfi
que fans la Femelle , la puiffance générative
du Mâle refterait fans effet.

» Si les Soleils font des tournans d'éther ,
f'ils font en fi grand nombre , ne peut-il ,
ne doit-il pas arriver qu'un de ces tournans
ceffe , fe déplace , fe réüniffe à un autre ,
ou fe partage en deux : & alors , quel dé-
rangement n'arrivera-t-il pas dans les Planètes qui en dépendent ? Ne feront-elles
pas replongées dans le caos? décompofées ,
difperfées , reformées enfuite , dès qu'elles
feront rangées dans un nouveau tournant de
fluide éthéré ? Et dans ce cas , n'eft-ce pas
une vraie création ; & en coûte-t-il plûs à
la Divinité , qu'un feul acte de volonté ,
pour reproduire un tourbillon folaire , fyf-
tème nouveau de Planètes nouvelles , & pour
clâffer toutes celles qui doivent en dépendre ? Ceci deviendra facile à concevoir
même pour nous , qui fommes fi bornés ,
fi l'on fe forme de Dieu une idée conforme
à fon immenfité , & qu'on le confidère com-

me étant lui-même le Soleil des Soleils , qui lui sont infiniment inférieurs sans-doute , mais qui pourtant sont à notre égard une image de la Divinité.

» Si l'éther n'avait formé qu'un tournant , il n'y aurait eu qu'un Soleil , & comme le disait l'Incrédule dont vous m'avez communiqué la Lettre , il n'aurait guère été possible , par les lumières de la raison , de le distinguer de la Divinité. Je suis de son avis. Comme le Soleil serait alors le seul canal & l'agent unique , l'Homme n'aurait pu , de lui-même , & sans le secours de la révélation , deviner qu'il n'est pas le Premier-Principe. Mais nous n'en sommes pas-là ; des myriades de Soleils existent dans la Nature : & ne fussent-ils que deux , il n'en faudrait pas davantage à la saine raison, pour en conclure , qu'ils ne sont pas Dieu. Votre Incrédule a très-bien défini l'Être-Suprême : *la Toute puissance & l'Immensité*, comme il le dit , *ne sauraient exister qu dans un Être unique.*

» Il existe donc , cet Être-principe ; & comme *il est la source de tout , il est tout :* J'accorde encore ceci pour un moment à votre Incrédule , & je dis avec lui , que *tout ce qui est , est un mode , une manière d'être de la Divinité :* Mais je vais plus loin , & en consultant la raison , je me dis , qu'y ayant une multitude de modes visibles , on

ne peut dire d'aucun en-particulier qu'il soit
Dieu ; il n'eſt pas le Soleil, ni la Terre, qui
ne ſont point par-tout ; or, Dieu doit-être
par-tout. Trouvons donc, en ſuivant la
marche des premiers Hommes qui recon-
nurent la Divinité, trouvons une ſubſtance,
qui de ſa nature ſoit une, & partout également. L'éther eſt à-la-vérité par-tout ;
mais il n'y eſt pas également : de quelle manière différente n'exiſte-t-il pas dans le diſ-
que du Soleil, & à cinquante-millions de
lieues du point central de cet Aſtre, ou
ſur la Terre, ſur Jupiter & Saturne ?  Or
la raiſon nous dit, que Dieu eſt le même
dans chaque point de l'Univers. Quelle
ſera donc cette ſubſtance également répar-
tie ?  C'eſt une ſubſtance la plus parfaite de
toutes, ſans laquelle les autres ſubſtances
ſeraient envain, puiſqu'elles ne ſeraient pas
connues ; c'eſt une ſubſtance, dont l'Homme & les Animaux ont une portion ; en-
un-mot c'eſt l'intellectualité ; & comme el'e
eſt la plus parfaite de toutes, il y a lieu
de croire qu'elle eſt celle de la Divinité.  Il
eſt aiſé de ſentir que cette ſubſtance eſt néceſſairement également repartie dans l'immenſité ; car elle anime & dirige tous les
Êtres, chacun de la manière qu'ils doivent
l'être, & par des moyens qui ne ſont pas
de notre reſſort. Une preuve que cette
ſubſtance eſt celle de la Divinité ; que la

Nature n'eſt pas un Tout aveugle, comme les Matérialiſtes le prétendent ; que l'intelligence de quelques Eſpèces n'eſt pas une propriété de la matière qui les compose & un ſimple effet de l'organisation, c'eſt que dans ce cas, l'Homme ſerait le ſeul Dieu de la Nature, puiſqu'étant le ſeul Intelligent, le ſeul Être ayant la faculté de connaître ce qui l'entoure, dans la réalité rien n'exiſterait que lui (1).

» Dès qu'il y a un Dieu ; que ce Dieu eſt intelligent ; qu'il aime l'ordre dans le moral comme il l'aime dans le physic ; dès qu'il eſt ſûr que les contraventions physiques ſont punies en quelque façon, aux dépens des Êtres qui les causent, comme nous l'avons tous les jours ſous les ieux : dès qu'il n'eſt pas moins certain, que Dieu, tant pour la variété, que pour d'autres raisons connues de ſon infinie ſageſſe, & ſans-doute pour le plus grand bien, laiſſe dans le physic, comme dans le moral, une ſorte de liberté aux Êtres de violer les lois, & que cette

______

(1) Batklai disait, Qu'il n'y avait de ſubſtance réelle qué l'intellectualité. C'eſt une belle vérité qu'il indiquait : ce qui ne ſe connaît pas, n'eſt pas pour lui-même ; la matière morte ſerait un vrait néant, ſ'il n'exiſtait pas des Êtres intelligens pour la connaître & la ſentir. J.-J. Rouſſeau a dit, qu'il n'entendait pas cette proposition de l'Évêque de Cloyne ! cela eſt ſingulier, puiſque je l'entens ! [ *Note du Curé.*

violation même eſt une ſuite de ces lois,
&c.ᵃ : il eſt donc raiſonnable d'en conclure
que le desordre moral doit néceſſairement
retomber ſur ſes Auteurs;  qu'il y a par-
conſéquent recompenſe & punition pour
l'Être intelligent ; qu'il exiſte à l'égard de
Dieu du bien & du mal, & qu'une rénumé-
ration ou une punition eſt l'effet naturel,
néceſſaire & juſte des  actes qui l'auront
déterminée.

»Quant au culte dû à l'Etre-ſuprême ; ſans
parler ici de la révélation , je dirai, que c'eſt
plutôt l'affaire du ſentiment que de la réflexion ; tous les Hommes ſentent au-de-
dans d'eux-mêmes un panchant qui les porte
à ſe laiſſer aler dans les bras de la Divinité ;
à la louer dans la joie ; à reclamer ſon ſecours dans l'adverſité : Or, ſi ce ſentiment
eſt naturel, c'eſt ici le lieu d'appliquer la
grande règle , que la Nature, qui ne ſait
rien d'inutile , ne nous l'aurait pas donné ,
ſ'il n'avait point d'objet.

»Mais ce ſentiment d'un Dieu , eſt particulier à l'Homme, & les autres Êtres, les
Animaux, par-exemple , qui lui doivent
preſqu'autant, ne l'ont pas, ils n'en donnent
aucune marque ?  Je ne répondrai pas, que
l'Homme eſt le Prêtre de la Nature, & que
ſon hommage actif ſuffit :  je diſtingue l'hommage naturel dû à la Divinité,  en actif & en
paſſif : l'actif eſt peut-être abſolument propre

à l'Homme ( & aux Êtres supérieurs à lui )
comme étant le plus parfait & le plus ex-
périmenté des Animaux ; & le paffif eft commun à tout le refte des Êtres, *vivans, vé-*
*gétans, & minéralisans,* fi l'on peut employer cette dernière expreffion, qui rend
la chose que je veux dire. Je dis *peut-être* ;
cela n'eft pas fûr, quoique très-probable : car
qui nous a dit que les Animaux n'ont pas une
intelligence bien-fupérieure à ce qu'on a
coutume de penfer ? Si nous confidérons les
actions des Animaux, leur adreffe, leurs
inventions, les combinaisons réfléchies
qu'ils font en-conféquence de ce qui frappe
leurs fens ; & qu'enfuite nous nous mettions
à leur place, nous ne faurions nous empêcher
de convenir, qu'il faut que les Animaux aient
une faculté de penfer & de raisonner appro-
chante de celle de l'Homme. Mais c'eft
l'inftinct, dira-t-on ! Diftinction miserable,
que rien n'appuie ! Et moi, je vous dis que
c'eft la raison. Qu'eft-ce que l'inftinct ? c'eft
une raison naturelle, qui naît du fentiment
du besoin : nous-même nous avons cet in-
tinct, qui nous conduit auffi fouvent que la
raison. Le Reftaurateur de la faine Philosophie, *Defcartes*, penfait différemment
mais il fe trompait. Les Animaux agiffen
comme nous ; ils prennent les moyens que
nous prendrions, dans les mêmes circonf-
tances ; avec cette différence, que chaque

Animal n'a, pour se conduire, que la force de son propre génie & son expérience personnelle ; d'ailleurs, il n'a jamais pour motif que sa conservation & son appétit actuel : aulieu que l'Homme a l'expérience de ses Semblables, & presque toujours des causes de ses actions très-vives & très-compliquées, l'intérêt, la gloire, l'ambition, la tendresse, la haîne, la vengeance, l'ostentation, l'hypocrisie, &c.ᵃ Otez ces causes, nous ne serons pas plus avisés que les Animaux. Abandonnons donc l'opinion de Descartes, ce Père de mille erreurs, & de quelques vérités. La Nature, toujours simple, tire plusieurs effets d'une seule cause, & ne donne jamais deux causes au même effet. L'irreligion ne peut rien gâgner à cette doctrine, qui est celle de l'Auteur de l'*Ecclésiaste*, (ch. III) lorsqu'il dit : *L'âme de l'Homme et de la Béte est une même chose, et l'Homme n'a rien de-plus que la Brute.* Il ne peut resulter de cette doctrine, qu'une conduite plus conforme à la raison de la part de l'Homme envers les Animaux, qu'il regardera comme une sorte de frères-cadets. Je vous avertis, que je ne prétens pas néanmoins inférer de-là, que l'Homme n'a pas droit de se nourir de la chair des Animaux : je pense aucontraire, que l'Homme est carnivore de sa nature, quoique la chair ne soit pas son unique aliment ; ce que prouve le peu de capacité

de son estomac & son goût pour les nour-
ritures cuites ( la cuisson abregeant le travail de la digestion) : que les Carnivores sont
établis par une loi sage de la Divinité, pour
réprimer la trop-grande multiplication des
Herbivores ; multiplication qui ne tarderait
pas à leur être funeste (1), parce-que la sub-
sistance ne répondant plus au nombre des Individus à nourrir, il en resulterait une fa-
mine, & l'épidémie qui en est la suite. J'entens seulement que l'Homme serait doux
envers les Espèces non-nuisibles ; & qu'à-
l'exception du seul instant qui les priverait
de la vie, il éviterait de les faire souffrir.
Voila ce que j'avais à dire au sujet des Animaux, pour enlever ce retranchement aux
Incrédules athées, ou matérialistes.

» Mais si l'Homme est le Prêtre de la Nature ; s'il doit un hommage actif à la Divinité, par la raison même qu'il est en état de le
rendre, il faut donc qu'il y ait une religion.
De quelle nature doit-elle être ? Il me semble, qu'il faut qu'elle soit propre à rendre
à l'Etre-principe un culte pur, tendre & fi-
lial ; qu'elle règle avec sagesse les rapports
les plus intimes des Hommes les uns envers
les autres, & que par l'ensemble de ses préceptes, elle établisse entr'eux l'affection la
mieux fondée ; que chacun de ces préceptes

_____

(1) *Voyez* à ce sujet L'ÉCOLE DES PÈRES,
*Tome III, p.* 213 *& suiv.*

ſoit propre à rendre la vie douce & ſûre ; qu'enfin elle excite le Juſte, par l'eſpoir d'une recompenſe ſans fin & ſans bornes; en-même-temps qu'elle épouvante l'Homme in-juſte par l'effrayant tableau des plus horribles ſupplices.  Je vous ai prouvé plus-haut, que Dieu étant l'ordre par-excellence, il eſt im-poſſible qu'en ſuivant l'ordre, on ne jouiſſe pas du bien-être qui lui eſt eſſenciellement attaché ; tout-comme en ſortant de l'ordre, il eſt impoſſible qu'on ne rencontre pas en-fin le mal-aise, la gêne qui doit naturelle-ment ſuivre le deſordre : puiſque ce deſor-dre n'eſt autre chose qu'un défaut d'harmo-nie, une ſuite de choses dans le phyſic, & d'actes dans le moral, qui ne cârdrent point enſemble, & dont l'aſſemblage répugne. La religion qui annonce des peines & des recom-penſes, ne fait donc que publier une vérité certaine comme l'exiſtance du Soleil.

» Voyons maintenant quelle eſt la Reli-gion connue qui a dans un plus-haut degré les qualités dont je parlais tout-à-l'heure : car m'étant interdit toutes les preuves triom-phantes tirées de la révélation, je ne dois employer ici que les raiſonnemens humains; je ne me ſuis jeté dans la phyſique, que pour montrer aux Incrédules qu'elle eſt d'accord avec la religion, & que l'argument de notre identité avec les Animaux, n'ôte rien de ſa dignité à l'âme de l'Homme.  De tous les

Cultes connus, tant anciens qu'actuels, de
l'aveu des Incrédules eux-mêmes, qui ne le
difputent pas, le chriftianifme pur eft le plus
propre à unir les Hommes entr'eux & à leur
divin Principe. J'ai dit le *chriftianifme pur,*
c'eft-à-dire tel qu'il eft dans l'évangile ; car
pour juger un culte, ce ne font point fes abus
qu'il faut confidérer. Ainfi, j'abandonne à
tout le fiel des Incrédules, & notre Mona-
caille & fes vœux préfomptueux, & le luxe
de nos Prélats, & les richeffes de nos temples, & la longueur de nos offices, &cᵃ,
&c.ᵃ, &c.ᵃ, &c.ᵃ; je m'en tiens uniquement
aux préceptes de notre faint Légiflateur : il
recommande aux Miniftres la pauvreté, le
desintéreffement, l'humilité ; il veut qu'on
banniffe un vain cérémonial ; qu'on *adore en
efprit ;* que les prières foient courtes, mais
du cœur, & il en indique une formule : f'il
recommande ailleurs de toujours prier, &
de ne jamais ceffer, cela fignifie, qü'il faut
tout faire dans la vue de Dieu: Il nous eft
recommandé de nous aimer les Uns les Autres, & défendu de perfécuter pour cause
de religion : Le Légiflateur nous déclare,
& nous fait déclarer par fon Apôtre, que
fans la charité, la croyance en lui n'eft rien.
Et qu'eft-ce que la charité ? c'eft l'amour
de nos Frères c'eft le vrai fens de ce mot
dont les Myftiques abusent, pour l'attribuer
à Dieu) : or peut-on les aimer en les fesant

mourir, en les emprisonnant, comme le fait le tribunal de l'Inquisition? si la charité est l'amour de nos Frères, ce Tribunal qui la viole, commet une apostasie. Le Législateur du christianisme a institué une religion sage, amie de l'humanité, douce, moins cérémonielle qu'aucune autre; il avait dit que son *joug est doux et léger*; qu'il veut qu'on ne le porte que volontairement: Si de faus Disciples ont pris tout le contre-piéd; s'ils ont établi sur les ruines du vrai christianime, une superstition atroce, intolérante, surchargée de vaines pratiques, de minucies pointilleuses, de vœux contraires à la nature, ce n'est plus le christianisme. Mais qu'est-il arrivé de cette erreur pernicieuse? L'Homme a secoué absolument le joug: loin de recourir à la pureté primitive d'une religion capable de le rendre heureus & vertueus, il l'a confondue avec ses abus; & comme ceux-ci ne peuvent soutenir l'examen d'une saine raison, il en a conclu, que tout était faus. Arrête, Malheureus! veux-tu donc m'éconnaitre ton Père & ton Dieu! veux-tu, comme un Frénétique, renverser les barrières qu'a posées la Divinité, pour t'empêcher de tomber dans le précipice ! Ah! respecte-les! ou bientôt entrainé dans un abime de malheurs, tu reconnaitras, mais trop-tard, que ces barrières salutaires furent mises, non pour te retenir dans l'esclavage, mais pour ta propre sureté! Considère que si tu parvenais à rompre le frein utile de tes passions, tout serait bouleversé ; que le monde ne serait plus qu'un repaire d'Assacins, massacrans aujourd'hui, le lendemain massacrés : misérables Victimes sorties de l'ordre moral , & qui venant à cesser de vivre avant que d'y être rentrées, ne pourront trouver place dans le sein de l'Ordre par-excellence ; elles seront jetées dans le caos de l'horrible confusion, pour y demeurer , soit pour un temps, soit pour toujours, suivant les incompréhensibles decrets de la Suprême-Justice.

» Je n'en dirai pas davantage sur cette matière, madame : il est inutile de réfuter pié-à-pléd votre Incrédule. Un point que je lui ai prouvé, c'est l'existance de Dieu , & la nécessité d'un culte : tous les sophismes tombent devant ces deux augustes vérités. Si donc cet Écrit fait quelqu'impression sur le Jeune-homme auquel vous vous intéressez, je vous indiquerai pour lui des Ouvrages solides, qui lui feront connaître toute la beauté du christianisme, & qui achèveront de lui inspirer pour cette sainte religion, les sentimens d'un Fils pour une Mère tendre & bienfesante. Espérez beaucoup, s'il a eus des principes de vertu; l'on y revient tôt ou tard, & souvent les grands crimes produisent la grande pénitence. Si son cœur est comme vous le dites, je craindrais plutôt un-

un-jour le desespoir (supposé que l'égare-
mènt continuât), que l'impénitence finale».

Jugez vous-même, mon chèr Edmond,
de la solidité de tout ce que vient de m'envoyer ce bon Prêtre. Pour moi, je le
trouve aussi philosophe que votre Corrupteur, & moins systématique. Tout ce qu'il
dit est conséquent. Je fais au Ciel les vœux
les plus ardens, mon Cousin, pour qu'il dai-
gne vous éclairer : en redevenant Chretien,
vous serez tout-à-la-fois, bon Fils, bon
Ami, bon Citoyen : & un-jour bon Mari
& bon Père ; en-un-mot, Edmond, vous
serez heureus. Essayez-en, mon Cousin ;
c'est à genous que je vous en conjure. Avec
de la religion, nous nous verrons sans danger : nous gémirons de nos fautes, il est vrai :
mais je vous assure, d'après mon expérience, que nos larmes ne seront pas sans douceur... Ah ! ne voudrez-vous donc rien
faire pour moi ! ne rien avoir de commun
avec Celle, qui se dit avec tant d'affection,
Votre Cousine & votre Amie !

---

CV.me      2 juin.

EDMOND, à GAUDET.

[Il laisse paraître son indifférence pour le bien ; il
vante les agrémens de Paris, & développe son
panchant pour un dépense audessus de son état,
qui perd tant de Gens.]

Tu vas dire que je suis toujours pour le

Dernier qui parle. J'étais pour toi, il n'y a que huit jours ; & je suis contre à-présent. C'est, mon Chèr, que la matière est importante, & mérite bien qu'on hésite ! Lorsque tu es auprès de moi ; que tu me parles ; que tu répons à toutes mes objections, avec cette promptitude, cet air assuré qui t'est propre, tu me fais partager la conviction que je vois dans tes ieux : le ton imposant que tu prens d'ailleurs m'asservit : mais lorsque je suis auprès de ma Cousine, il me semble entendre la voix mélodieuse de la Vertu elle-même : la persuasion coule de ses lèvres.... Pour devenir ton Prosélyte, il faudrait que je cessasse de la voir. Tel est donc le pouvoir que vous avez tout-deux sur moi ! Qnand je suis auprès de l'Un ou de l'Autre, je ne vois que par vos ieux, & c'est votre âme qui m'anime. Au nom de notre amitié, ne me tiraillez pas ainsi ; jouez-moi au dés, & que celui de vous-deux qui me gâgnera, m'enlève à l'autre ; car il faut absolument que la situation où je suis finisse ; elle est trop pénible, & je ne saurais y resister. Ma Cousine, m'écrivit-il, il y a quel-jours ; mais je ne t'enverrai pas sa Lettre : ce serait faire naître entre vous une dispute de controverse, dont j'aurais toute la fatigue & tout l'ennui. Il me gâgne dé,a, & je vais changer de matière.

J'ai resolu de me fixer à Paris ; depuis que

j'ai goûté de ce délicieus séjour de la liberté, la Province me paraît insupportable. Je t'ai ouï-dire plus d'une fois, que l'Homme était fait pour être indépendant, & qu'il pouvait l'être dans deux séjours opposés, celui de la solitude absolue, telle qu'on peut la trouver dans quelques-unes des nos Campagnes; & dans celui d'une Ville immense, où l'excès de population fait que chaque Individu n'étant presque rien, il s'y trouve confondu comme les grains de sable du rivage de la mèr. Je trouve même que dans ce dernier séjour, on est bien plus libre! les impositions s'y paient dans un détail insensible, & sans l'appareil de la sujétion; l'on s'y cache, ou l'on s'y montre à son chois, & à qui l'on veut; ce qu'on y dit, & ce qu'on y fait a toute la dignité qu'on veut y donner; la tache originelle des défauts personnels y est nulle, & cette source de ridicule, qui infecte tout dans la Province, n'existe pas ici: en-conséquence, rien n'arrête l'élan d'un Homme actif; il a tout le ressort d'un Homme libre, & il va aussi loin qu'il peut aler. Ce séjour est donc unique. Et si l'on y ajoute la facilité qu'il procure de converser avec toutes les Nations de la Terre, d'y voir en racourci les mœurs & le tableau du Monde entier, il n'est pas un Homme sensé qui ne convienne, que quiconque a vécu dans la Capitale, doit se trouver en exil par-tout ailleurs. T 2

Mais d'un autre côté, pour y vivre avec agrément, il faut avoir quelque fortune ; la mienne, comme tu sais, est des plus médiocres : je jouis du revenu du bien de ma Femme ; mais j'ai des charges, & tout payé, il ne me reste pas quinze-cents livres par an. Qu'est-ce qu'une pareille somme pour un Homme qui voit le Marquis de-*** ; qui est obligé de se mettre assés bien, pour paraître dans la Famille de ce Seigneur, & de jouer, lorsque l'occasion s'en présente ? Je rougis de te le dire ; mais il le faut ; j'ai déjà eu recours à ma Cousine, à ma Sœur elle-même, qui a touché un quartier des rentes que tu lui as faites. Ce dernier emprunt est ce qui me peine le plûs ; il répugne à ma délicatesse, à-cause de la source où j'ai puisé ; quelques ouvrages, assés bien payés, m'ont très-à-propos mis dans la possibilité de rendre. Mais tous les jours mes besoins se renouvellent. Je ne te le dis pas ( & tu le sais bien ), dans la vue de sonder ton amitié ; je connais l'état de tes affaires, & j'ai été avec toi jusqu'où je pouvais aler : pour tout au monde, je ne voudrais pas faire un pas de-plûs : mais je veux te demander, si, d'après ce que tu sais de ma capacité, tu ne pourrais pas imaginer quelque moyen qui m'empêchât de vous être aussi incommode à tous que je le suis à-présent ? Voi cela, mon Ami, & sois sûr que tu me trouveras prêt à tout. Il y a longtemps que j'avais à te faire cette ouverture; je différais, je crois, plutôt par timidité, que manque de confiance. Répons-moi par écrit. Je suis en attendant,

Ton incommode Ami, &c.ᵃ

3 juin.            *C V I.*ᴹᴮ        *Réponse.*

[ Manière bien dangereuse d'applaudir au vice ! mais il y a une grande vérité sur le jeu, & l'effet des passions.]

IL ne sera question ici que de la dernière partie de ta Lettre; & j'y répons, Que tu dois être sans inquiétude : il me suffit à moi que tu sentes vivement le desir d'une meilleure fortune, & que ce desir excite ton ambition: quant à tes dépenses, je les approuve toutes; il n'y a qu'une chose à éviter, c'est d'être dupe au jeu : tu n'as pas été dans le cas, je pense; les maisons où l'on t'a fait jouer sont honnêtes : mais le Marquis pourrait te mener ailleurs. Je te recommande, au nom de notre amitié, de ne pas te faire une occupation d'un simple amusement: le jeu, devenu passion, est la plus méprisable de toutes, & j'aimerais mieux te voir enfoncé jusqu'au cou dans la débauche des Femmes, ou dans les mysticités de ta chère Cousine, que joueur de profession. Ma bourse est à ton service, & tout ce que je possède t'appartient. Je pense d'ailleurs qu'Ursule ne doit pas dépenser quinze-mille livres de rentes, & que tu peux sans scrupule en faire passer quelque chose à ton usage.

Quant à la belle Cousine, tu la desobligerais trop en la refusant. Avec ces trois ressources, dépense, & forme-toi un caractère ; je te mettrai à-même de figurer honnêtement, tandis que je chercherai. Mon Chèr, il nous faut un mariage, avec une Vieille, bien-vieille & bien-riche. Par cet arrangement, que je ne desespère pas de trouver, je puis te porter bien-haut. Tout ce que je crains, c'est que tu ne me fasses de sotes difficultés : mais dans ce cas, je me fâcherais sérieusement, je t'en avertis ! Il y a un an que je n'aurais pas osé trancher le mot : mais tu te formes un-peu, & je commence à concevoir des espérances. Pour ce qui est de la religion, j'ai fait réflexion que c'était perdre le temps que de t'en parler : avec vous-autres Jeunes-gens à passions vives, ce n'est pas le raisonnement qu'il faut employer ; il faut laisser faire la dissipation & les plaisirs ; ils ne mènent souvent que trop-loin !

Adieu, mon Chèr. Tu iras toucher avec l'ordre que je t'envoie, deux-cents louis chés *B***, banquier, rue *des-Marmouzets.*

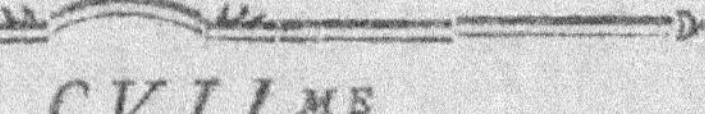

## *CVII.*<sup>ME</sup>

1 juillet.

### E D M O N D, à P I E R R O T.

[ Le voici tout-à-fait enthousiasmé de la Ville de Paris, dont il décrit les amusemens.]

VOILA fort-longtemps que tu n'as reçu de mes Lettres, chèr Aîné : mais des Personnes

du pays qui m'ont vu , doivent t'avoir donné
fréquemment de mes nouvelles.   Je ne différais de jour-en-jour à t'écrire , que pour
t'annoncer la nouvelle que vous attendez :
*C'est un Fils*.   Le Marquis l'a su auſſitôt :
il eſt ici , & c'eſt lui qui ordonne tout ;
on va batiser ſous ſon nom , de l'aveu de ſa
Famille entière : ſes procédés ſont vraiment
d'un Honnête-homme , & je me ſais gré de
n'avoir pas été plus adroit , lors de notre
combat. Ainſi, voila deux Partis : mais leur
rivalité n'eſt qu'un avantage : ſi le Marquis
épouse , c'eſt un établiſſement bien audeſſus
de nos eſpérances :   ſi ſa Famille s'oppose ,
on aura le Conſeiller , & la chère Perſonne
ne peut tomber que debout.   Je te dirai ,
que nous avons ici deux *Gisantes* ; il y a quelques-jours qu'une Perſonne à laquelle je m'intéreſſe, a mis au monde une Fille belle comme ſa Mère : Urſule & elle vont très-bien.

Il faut à-préſent te parler de moi.   Je ſais
ici des progrès beaucoup plus rapides qu'a-
vec ᴍ. Parangon :  je donne auſſi plûs de
temps au travail , & je l'emploie mieux.
J'ai des Émules qui m'humilient , tant je
me trouve audeſſous d'eux ; mais j'eſpère
que je n'aurai pas toujours ce desagrément-
là ; je le ſens au goût que j'ai pris pour
mon art.   La Capitale inſpire bien autrement le desir de s'avancer , & l'amour de
la gloire que nos Villes de Provinces !  J'y

éprouve une forte d'ivreffe. Heureus pays!
liberté! divine liberté! j'ai donc enfin trouvé
ton véritable féjour!.... Pardonne, mon
Frère, cet enthousiafme. Oui, je me fens
plus feul ici, environné de dix-mille âmes,
que tu ne l'es dans notre finage desert; un
feul Homme rencontré t'y fait appercevoir
que tu n'es pas feul; tu es obligé de lui parler, de le faluer aumoins, & de t'obferver
pour lui: mais ici, je fuis libre comme l'air:
tout ce qui m'environne, n'eft, fi je le veux,
qu'un fpectacle indifférent pour moi: je
réünis les agrémens que procure la compagnie d'Hommes polis, & la vue de Femmes charmantes, aux douceurs d'une tranquile folitude: en-un-mot, je jouis de tous
les avantages de la Société, fans être fujet
à fes inconvéniens. Voila comme les extrêmes fe touchent, mon Ami! les deserts
& les Villes les plus peuplées fe reffemblent
en un point. Mais les dernières font faites
pour l'Homme; mon féjour ici m'en con-
vainc; car je m'y trouve dans mon élément:
c'eft une idée qui m'eft venue dès les premiers
temps de mon féjour, Paris eft dans le moral,
ce que font nos montagnes dans le physic; on
y refpire plus librement; on f'y trouve dans
un dégagement délicieus, que je fens, mais
que je ne faurais exprimer.

Tu te rappelles ce que je t'en ai déja marqué *. L'Efpèce-humaine eft comme embellie

bellie à Paris par le goût : il y eſt exquis dans
la parure, comme dans tout le reſte : mais
j'y trouve deux défauts : le premier, qu'un
Auteur célèbre a déja remarqué, c'eſt qu'elle
donne à tout le monde la même phyſionomie,
le ſecond, qui eſt le plus important, c'eſt
qu'elle opère trop de reſſemblance entre les
deux-ſexes : les Hommes affectent, dans
l'arrangement de leurs cheveux, de rapprocher leur coifure de celle des Femmes ; &
celles-ci commencent à ſe faire des faces, à
porter des chapeaux comme les Hommes : le
Mari & la Femme, à-côté l'un de l'autre,
vus de la rue, nue-tête, à une croisée,
ne ſe diſtinguent pas facilement.  Or, cette
reſſemblance, d'un ſexe à l'autre, fut ce qui
fit naître chés les Grecs & les Romains, un
desordre affreus, & qu'on ne connaît pas dans
nos campagnes.  Une autre obſervation :
Dans les commencemens que j'étais à Paris,
je ne ſavais pas diſtinguer les mœurs à la parure ; je croyais toutes les Femmes honnêtes : après une demi-expérience, je fis tout
le contraire, & je pris toutes les Femmes
pour des Catins.  Il faut un long usage,
pour les diſtinguer ſûrement !

Je ne parlerai pas encore aujourd'hui des
plaisirs multipliés qui ſ'offrent à chaque pas
dans la Capitale.  Il en eſt de tous les gen-
res ; les uns ſont publics, les autres particuliers, & resultent de la population même qui
donne les premiers, & facilite les ſeconds :

Pendant trois mois, je n'ai goûté que ceux-là : un Peuple immense ; les jardins-royaux, les promenades présentent à-tout-moment des scènes nouvelles qui m'enchantent. Je ne suis plus surpris que le génie se dévelope mieux à la Capitale ; qu'elle soit le berceau des talens, & l'asile d'un goût exquis : outre que tout s'y peint en grand, est-il possible de voir tant d'Objets divers, si capables d'exciter les desirs, sans chercher à mériter leur possession, par une capacité qui procure la fortune ? Envérité, mon Frère, je ne suis plus étonné de l'indolence des Sauvages de l'Amérique, de ceux-mêmes qui habitent un pays-froid, tels que les Canadiens : qui pourrait exciter l'émulation au-milieu des forêts ? les arts, pour naître, veulent du luxe, des plaisirs, tout ce qu'une morale sévère condamne, & c'est pour cela que Paris doit en être le centre, puisqu'il l'est des richesses & des grandes passions : l'on végète en Province ; on ne vit qu'à Paris.

Tout est spectacle ici : on y rencontre à chaque pas des chéfs d'œuvres, en tableaux, en statues, en architecture. Il est aussi des spectacles que l'on paie (& c'est-là ce que j'entens par plaisirs particuliers) ; mais à si bon-marché, qu'on ne peut choisir une meilleure preuve des avantages de la réünion des Hommes en société : le mervéilleus spectacle de l'*Opéra*, dont les frais journaliers montent à plus de huit-cents livres, peut se voir pour

quarante-fous : à un autre fpectacle plus intéreffant & plus naturel , qu'on nomme le
*Théâtre-français* , on peut fe placer pour
vingt-fous : il en eft de-même à celui dit *des*
*Italiens* , où l'on joue de jolies petites pièces
en musique légère , dont tout Paris eft fou :
les frais de ces deux derniers vont par-jour
à quatre ou cinq-cents livres. Il faut en-
outre le gain des Acteurs , affés fort pour
les encourager ; les honoraires des Auteurs
( objet affés mince ) ; le quart des Pauvres ,
qu'on prélève fur le profit , &c.ᵃ Quelles
immenfes richeffes ne faudrait-il pas à un feul
Homme , qui voudrait jouir à fes frais d'un
de ces amufemens ? Que dis-je , à un feul
Homme ? cent , deuxcents , fuffent-ils prin-
ces , ne pourraient trouver de quoi y fuffire ,
tandis qu'un million en jouit prefque pour
rien. Juge par-là , mon Ami , combien la
Société apporte de biens aux Hommes , &
à quel point elle eft néceffaire à leur bonheur ! Ils fe foutiennent mutuellement
comme les arbres d'une forêt , & bravent ,
ainfi réünis , les attaques de l'ennui qui dévore l'Homme folitaire. Je fais bien que
tu es content à S** , fans tout cela : mais ,
chèr Aîné , une preuve que les plaisirs dont
je parle , valent-mieux que ceux dont tu
jouis dans ton Hameau , c'eft que j'ai goûté de cette vie paisible , qu'elle m'a pleine-
ment fatiffait ; & qu'à-préfent je ne la préfère pas : aulieu que tous Ceux qui ont une

fois connu les délices de la Ville, la préfèrent, comme je le fais, & mourraient d'ennui, s'il falait retourner vivre à la campagne.

Je veux te rendre-compte de tout ce que je verrai : par-là tu partageras mes amusemens ; le contraste de ta vie & de la mienne pourra te mettre à-portée de les apprécier toutes-deux ; & comme tu aimes à réfléchir, ces pensées t'occuperont agréablement au-milieu de nos campagnes.

Adieu, chèr Aîné ; je ne tarderai pas à te r'écrire.

*P.-s.* Je lisais hièr, que l'Empereur de la Chine actuellement règnant, vient de donner une *Instruction-pastorale* à son Peuple, à-peu-près dans le goût de celles de nos Évêques. La première chose qu'il y recommande, c'est d'*honorer ses Père et Mère :* & il en donne d'excellentes raisons, que tu trouveras dans ton cœur, mon Frère : la seconde, c'est d'*honorer les Aînés :* ce précepte est bien de mon goût, sur-tout lorsque je pense à toi ; souvent les Cadets doivent presqu'autant aux soins & au travail des Aînés, qu'à leurs Père & Mère.

⎯⎯⎯⎯⎯⎯⎯⎯⎯⎯⎯⎯⎯

*CVIII.*<sup>me</sup>　　　10 juillet.

EDMOND, à GAUDET.

[Inquiétudes au sujet de la Fille de M. M.<sup>me</sup> Parangon.]

J'ÉTAIS père, mon ami, & je l'étais par la véritable Moitié de moi-même... Je ne le

suis plus ! Je retombe dans le néant !.. Oui,
j'existais doublement, depuis la naissance de
cette Fille... On vient de me dire, qu'elle
est morte ; & l'on part !....... Il n'a pas été
question de sa maladie ; on me l'a cachée...
Cette mort est arrivée d'une manière si ex-
traordinaire, que j'ai heureusement quelques doutes.... Je viens de voir la Mère ;
cette Femme sensible m'a paru médiocre-
ment affectée..... Mais je me flate envain
peut-être ! mon espoir est douteus ; le mal
contraire presqu'assuré !....... Si tu pouvais
pénétrer ce mystère ?.... Ces liens si chèrs
seraient-ils donc rompus !... Une voix secrette me répond, que le crime les avait
formés.... Car enfin, quoi que tu en dises,
j'ai employé la violence, & mon action est
de celles que les Anciens, que tu me citais
l'autre-jour, n'envisageaient qu'avec horreur. Tous les Grecs s'armèrent contre
Troie, & Pâris moins coupable que moi,
se vit puni cruellement d'un rapt consenti.
*Esacus* poursuivait la belle *Hespérie* ; mais elle
était fille & libre : *Agamemnon* à-la-vérité
enleva, viola, épousa *Clytemnestre* déja mariée : mais quel fut son sort ?........ Je suis
coupable, mon Ami ; la raison & la nature
me le disent.... Envérité cette affligeante
idée me fait trembler pour la petite Laure !..
Je t'en prie, à ton retour, tâche de découvrir quelque chose qui me tranquilise, ou
m'ôte tout espoir.                V ;

## CIX.ᵐᵉ



*EDMOND, à PIERROT.*

[ Il me parle du Fils d'Urſule, & continue
de m'entretenir des plaisirs de Paris]

Mon Ami : Le Fils dont je t'ai parlé dans
ma dernière, cause ici bien des débats! le
Marquis veut épouser Celle qui l'a mis au-
monde; ſa Famille ſ'oppose; & hièr encore, la
Mère du Marquis eſt venue voir la Perſonne
que tu ſais, pour la queſtionner, & ſavoir ſi
*elle* n'encourageait pas les diſpoſitions d'un
Jeune-homme qui ſe refuſe aux vues qu'on
a pour ſon établiſſement ? —Madame (a
répondu la *Demoiſelle* ), je vois que vous
êtes loin d'imaginer combien ma ſituation
eſt affligeante! je n'aime pas M. votre Fils;
la violence qu'il m'a faite ne fût point adoucie
par le goût le plus léger pour mon Raviſſeur.
Je connais un autre Homme, vertueus, modeſte, généreus à mon égard, qui m'aimait
à mon inſu, dès avant mon malheur, & qui
n'a pas changé depuis; c'eſt à cet Honnête-
homme que mon cœur ſe donnerait, ſans ce
qui eſt arrivé. Voila, madame, la vérité; je
vous parle comme je ferais à ma Mère elle-
même–. La Comteſſe l'a embraſſée, & lui
doit envoyer un préſent fort joli en bijous.
Enſuite elle a voulu voir l'Enfant. Cette
Dame a paru charmée de ſa beauté; elle l'a
careſſé fort-longtemps, puis elle l'a deman-

dé. La *Demoiselle* a répondu, Qu'elle aimait trop son Fils pour s'en priver ; qu'elle le voulait élever enfant ; mais qu'elle serait charmée qu'on lui conservât cette bonne volonté pour des temps plus éloignés ; & qu'alors elle le remettrait volontiers à son Père, après avoir fait naître & nourri pour elle dans son cœur les tendres sentimens, qu'une absence entière empécherait de germer. —Car ( a-t-elle ajouté) je renoncerais plutôt à tout espoir de bonheur, qu'aux sentimens naturels que me devra cette Créature innocente à qui j'ai donné le jour : Et ne croyez pourtant pas, MADAME, que je me les approprie seule : sans aimer M. le Marquis, je connais ses droits ; il peut être sûr, que je pénétrerai son Fils du respect légitime dû à un Père–. La Comtesse a paru surprise de ce langage ; elle n'a plus insisté. Les choses en sont-là. Ma Cousine & M.<sup>me</sup> Canon approuvent la *Demoiselle:* mais moi, je la blâme.

A-présent, mon Ami, il faut reprendre la suite de ma dernière, afin de tenir la promesse que je t'y ai faite. Je viens de jouir de quelques-uns de ces amusemens dont je t'y entretenais. Nous avons ici des spectacles pour toutes les conditions ; M.<sup>me</sup> G**, femme de mon nouveau Maître, m'a conseillé de commencer par ceux du dernier étage. En-conséquence, j'ai vu les *Danseurs-de-corde* & l'*Opéra-comique.* Tu n'as point d'idées de ces divertiſſemens-là , mon Ami : le premier eſt un ſpectacle qui te paraitrait magique : des Hommes & des Femmes marchent ſur une corde tendue ; y danſent , s'élèvent très-haut , retombent d'aplomb, s'y aſſéyent, s'y mettent à genous ; en cet état , ils battent de la caiſſe, jouent du violon, y tiennent en équilibre ſur leur néz , ſur leur front, une épée poſée ſur un morceau de métal , ils la font rapidement tourner , &c.ᵃ , &c.ᵃ  J'étais enchanté, je te l'avoue , de ces choses extraordinaires pour moi : je ne conçois pas encore bien comment l'Homme peut aler juſques-là! Mais j'étais le ſeul admirateur : ᴍ.ᵐᵉ G** (ainſi que tout le monde ) voyait ces prodiges avec une indifférence qui me choquait, & diminuait mon plaiſir  J'en ai pourtant conclu , que l'habitude de les faire les rendait faciles aux Baladins ; & l'habitude de les voir , inſipides aux Spectateurs ; ainſi nous ſommes bienheureus, nous autres Habitans de campagne, de n'avoir pas encore entâmé le tréſor de notre admiration & de notre ſenſibilité ; elles nous procurent des jouiſſances, dont les Gens-du-monde ne ſe doutent pas.

Après les Danſeurs-de-corde & les *Équilibreurs*, nous avons eu des *Sauteurs*, qui nous ont fait voir de nouveaux miracles ; car c'eſt ainſi que je nomme le ſaut du cercle,

& du tonneau : en fesant ce dernier, le Sau-
teur entre la tête la première, mais il sort
les piéds devant. L'on voit ensuite des
tours-de-force, encore plus surprenans que
tout le reste : tel est celui de l'*assiette*, où
l'Homme se ploye de-façon que son estomac lui sert de pivot, & qu'il se donne ensuite un mouvement qui le fait pirouetter
avec son assiette, &c.

Je ne parlerai pas des petites comédies
qu'on représentait (car les danses & les tours
ne servaient que d'intermèdes) ; l'on ma fait
tant de honte du plaisir qu'elles me donnaient, que je n'ose t'en rien dire ; j'attens
que j'aye vu des choses que les Gens d'ici
approuvent (s'il en est, car ils sont terri-
blement difficiles !) pour t'en rendre-compte
& te les analyser. Enfin, l'on nous a donné
une pantomime : c'est une comédie où l'on
ne parle que par gestes : elle m'a déplu ; je
l'ai avoué à M.<sup>me</sup> G**. Elle a souri, en me
disant, que le ton admiratif sur lequel j'étais
monté, lui avait fait espérer que je trouverais la pantomime charmante ; elle a observé
que c'était le mêts favori des Spectateurs *à
catogan*, qui se tuaient d'applaudir. Après
cette petite critique de ma bonhommie,
elle s'est levée, & nous sommes sortis.

Deux jours après (le 12 de ce mois) nous
avons été à l'*Opéra-comique* : ce spectacle est
ravissant : l'on y donne de jolies petites piè-

ces en vaudevilles, qui par leur variété, la
convenance qu'ils ont avec les paroles, la situation & le caractère des Personnages, ont
un charme inexprimable. Ceci vaut bien-
mieux que des danses-de-corde, des sauts
périlleus, & des tours-de-force! Les Acteurs m'ont paru bons; les Actrices charmantes, & toutes si jolies, que je ne saurais
laquelle préférer. L'état de ces Gens-là est
bien agréable! Nous avons eu trois pièces:
La première est une plaisanterie délicieuse,
intitulée, *le Miroir-magique*; la glasse se
ternit par le souffle de toute Fille qui n'a pas
exactement conservé sa vertu: La seconde,
*le Coq-du-village* : rien de plus léger, en-
même-temps qu'il s'y trouve des endroits extrêmement tendres. Voici le sujet : Un
Garson resté seul dans son Village, est couru
de toutes les Filles: mais il n'est amoureus que
de la modeste Thérèse: il y a des obstacles,
qui font l'intrigue de la pièce : Dans une circonstance, il prend le bouquet de sa Thérèse,
& chante, en le flairant, ce joli couplet,
que j'ai retenu:

 Est-il de plus douces odeurs !...
  D'où-vient que je soupire ?...
 L'Amour s'est niché dans ces fleurs,
  C'est lui que je respire !...
 Le biau bouquet !... mais quelle ardeur !
  Je me sens tout de braise ?...
 C'est qu'il était contre le cœur
  De ma chère Thérèse !

Enfin il épouse sa Maîtresse. Nous eumes

enfuite une pièce nouvelle intitulée *Pygma-*
*lion!*  C'eſt un Sculpteur qui devient amoureus d'une belle Statue qu'il a faite, & que
les Dieus animent à ſa prière.  Comme cette
pièce n'eſt pas imprimée, pour t'en donner
une notion, je t'envoye un acte d'Opéra que
j'ai ſous la main, & dont le titre & le ſujet
ſont les mêmes :  Mais il faudrait la voir re-
préſenter, pour en prendre une juſte idée.

J'en reſte-là pour aujourd'hui, chèr Aîné.
J'aurai au premier-jour le plaiſir de t'écrire;
& pour le faire durer plus-longtemps, je te
détaillerai tout ce que j'aurai vu.

━━━━◆━━┉┉◆◠◆┉┉━━━◆━━━━

C X.ᴹᴱ    ɪ auguſte.
*Le Même au Même.*
[Urſule refuſe & accepte le Marquis :  Edmond
me parle de Comédies & de ſornettes.]

**N**ous ſommes ici dans le plus grand embarras! ᴍ. le Marquis veut abſolument épou-
ſer : hièr il fit apporter ſon Fils devant toute
ſa Famille aſſemblée, afin de la toucher par la
vue de cette innocente Créature; il a reclamé
pour lui l'état qu'on lui doit : —Peut-être,
(ajouta-t-il), n'aurai-je jamais d'autre Fils :
quel chagrin alors & pour vous & pour moi,
de voir notre nom ſ'éteindre, parce-qu'un
mariage m'empêchera de légitimer l'Enfant
que la Nature m'avait donné! Confidé-
rez que ſa Mère n'eſt pas une fille ſéduite
ou intéreſſée, qui m'ait écouté malgré vous;
c'eſt la vertu même à qui j'ai fait violence.

Ne lui dois-je pas le titre de femme, que mon action empêchera Tout-autre de lui donner? Mon crime m'a rendu indigne de mon titre; je ne puis le légitimer fur ma tête, qu'en le partageant avec elle-. Il f'eft tû. La beauté du petit *De-****, que tout le monde admirait; les petites careffes qu'il femblait faire de-préférence à fon Ayeule, M.^me la Comteffe de-***, remuaient tous les cœurs: On a confenti. M. le Comte eft venu lui-même avec fon Fils en affurer Urfule. Mais notre Sœur f'eft mife à pleurer (1); elle a dit au Marquis, qu'elle avait de la répugnance pour lui. Ce mot a paru troubler M. le Comte. Quant au Marquis, il a répondu vivement: —Mademoifelle, en avez-vous pour votre Fils? —Et c'eft ce qui me tue (a dit Urfule): fans l'intérêt de ce chèr Enfant, jamais je n'aurais pu me resoudre à fouffrir un moment la préfence d'un Homme.... —Voila bien ce que vous méritez (a dit le Comte à fon Fils). Mademoifelle (a-t-il continué) cette répugnance eft légitime; elle marque l'honnêteté de votre âme. Mais enfin (*montrant l'Enfant*) voila mon Fils, & le vôtre. —Je confens à m'immoler pour lui, Monfieur (a-t-elle répondu triftement); mais à deux conditions: la première, que je ne parlerai pas à M. le

_______________

(1) Voyez, à cette même date, dans l'Ouvrage cité, les motifs de la conduite d'Urfule. [*L'Ed.*

Marquis jufqu'au jour de la célébration ; &
la feconde, qu'auſſitôt après, je pourrai me
retirer dans un Couvent, fans que M. le Marquis ait le droit de m'en faire fortir.  Contente d'avoir procuré à mon Fils l'illuſtration
qu'il doit tirer de votre fang, Monſieur, je
renonce aux avantages qui ne me feront que
perfonnels ; celui de mon Fils me tiendra lieu
de tous les autres-.  Cette resolution a
étonné M. le Comte ;  il a prié Urſule d'en
adoucir la dureté.  Mais le Marquis f'eſt
écrié, Qu'il acceptait aux deux conditions.
Et notre Sœur f'étant retirée, il a affuré M.
fon Père, qu'il la gâgnerait, ou la ferait gâgner, lorfqu'il ferait fon mari ;  qu'il favait
que l'Oracle d'Urſule était M.ᵐᵉ Parangon,
& qu'il comptait abfolument fur cette Dame,
qui était la raison même ; que cependant il ne
voulait pas employer fa médiation avant le
mariage, depeur d'effaroucher fa Maitreffe.

Voila, mon Ami, ce qui fe paffe actuellement: informe-s-en nos chèrs Père & Mère.
Je t'avouerai que je panche pour le Marquis:
ce ferait une illuſtration pour nous, ſi notre
Sœur entrait dans  une Famille ſi relevée,
qui peut-être mettrait Quelqu'un d'entre
nous fur la route d'une haute fortune & des
diſtinctions les plus flateuses.  A tout évè-
nement, qu'ils m'envoyent leur confente-
ment & tout ce qui eſt néceffaire pour le
mariage, afin que je puiffe faisir l'occasion
aux cheveux, comme on dit,

Ma Cousine a la bonté de demeurer ici jusqu'à ce que le sort de notre Sœur soit assuré. Mais je vois avec douleur qu'elle est plongée dans une profonde tristesse. Il n'est Personne au monde qui mérite autant d'être heureuse ; cependant elle ne l'est pas ! Qu'est-ce donc que cette vertu si vantée , si elle ne peut rien pour le bonheur ?... Quant à M.<sup>lle</sup> Fanchette, elle devient de jour-en-jour plus charmante : sa Sœur forme elle-même ce caractère heureus, & dévelope dans le cœur de l'aimable Fille le germe de ses propres vertus. Mais (& je le pense depuis longtemps) ce n'est pas moi qui dois en profiter ; outre que j'en suis indigne, mon cœur est pris pour jamais... Il est cruel pour moi, d'être la cause des peines d'une Femme... que j'honore , sans pouvoir les faire cesser ; je renoncerais à tout pour elle , hors à l'évidence : mais on ne peut dire que le jour est nuit , & que la nuit est jour ; c'est néanmoins le cas où je me trouve avec elle, sur un sujet très-important...... Je vais à-présent , chèr Aîné, reprendre le récit des curiosités de Paris.

M. Gaudet m'assure qu'il a fait convenir ma Cousine, que celle du monde & des amusemens de la Capitale m'étaient absolument nécessaire. En-conséquence, il profite des momens de loisir que me laisse l'étude de mon art , pour me faire tout voir , & goûter de tout. Quelques-jours après la partie dont je t'ai rendu-compte , nous alames aux *Italiens:* c'eſt un théâtre où l'on joue des pièces demi-françaises-italiennes : les Perſonnages-familiers, ou les Valets, ſont *Arlequin, Scapin, Pierrot & Scaramouche,* qui parlent français (1) ; les autres, comme *Pantalon* ( père de la Fille ), le *Docteur* ou *Médecin* , l'Amant (*Lélio*) , le Rival (*Célio*), la Maitreſſe , la Soubrette , une Mère, &c.ª, tous ces Gens-là parlent italien. S'il n'y avait que ce genre de comédie à leur théâtre, ils ne ſeraient pas fort-courus : mais après une de ces farces , ils jouent une ou deux pièces , qui ſont tout en français. La pièce française qu'on nous donna , avait pour titre *La Fauſſe-Suivante.* Je ne t'en ferai pas l'analyse ; tout ce que je te dirai ; c'eſt que de ma vie je n'ai rien vu de ſi touchant , de ſi brillant en attraits que l'Actrice qui fesait *la Fauſſe-Suivante.* Elle ſe nomme *Coraline.* Je ne ſais pas ſi elle jouait bien ; je ne m'y connais pas aſſés ; mais j'ai ſenti qu'il n'était pas poſſible que le rôle fût rempli par une Perſonne qui y convînt d'avantage ; elle me donnait le plus grand plaiſir que puiſſe procurer une repréſentation ; je voyais le Perſonnage même , & l'illuſion était complette. En vérité elle m'a convaincu qu'il eſt quelque-

---

(1) Il n'y avait plus de *Mezetin* au théâtre Italien en 1752, mais le *Scaramouche* & le *Pierrot,* qui ne ſubſiſtent plus , y étaient encore. [ *Note de l'Editeur.*

fois bon d'avoir le cœur pris , car on ne pourrait s'empêcher d'idolâtrer ces Femmes-là. Et tu sens combien il serait difficile , ou de parvenir jusqu'à elles , dans ma position , ou de suffire à tout ce qu'il faudrait , si j'y étais parvenu. A la *Fausse-Suivante* a succédé une parodie intitulée *Fanfale* , où l'on ridiculise les Héros de l'opéra d'*Omphale*. Je ne t'en entretiendrai pas ; il faudrait que tu connusses trop de choses pour m'entendre, outre que moi-même je n'ai pas vu cet Opéra , & que je n'ai pu saisir la justesse des contre-situations des paroles & de la musique même. L'Actrice principale qui y a joué , a aussi beaucoup de mérite. Elle se nomme M.<sup>lle</sup> *Favart;* c'est la gaîté même.

Tu vois , mon Ami, que les Gens des grandes Villes prennent des plaisirs dont on n'a pas d'idée chés nous. Après ces pièces , on a dansé : de Jeunes-filles, ou du moins qui le paraissaient , habillées le plus galamment du monde, avec de petits chapeaux-de-fleurs & de rubans, de petits corsets qui les rendent côme des poupées , une jupe écourtée , une chaussure brillante & mignone, ont étalé leurs grâces & montré leur légèreté. De petits Hommes, tout drôles, & qui pourtant m'ont déplu, ont aussi fait preuve de leur talent. Mais je souffrais à voir des Hommes ainsi dégradés, ayant du rouge, du blanc, & plus parés que des Femmes ; ils m'ont paru d'un ridicule attristant; & leurs grâces efféminées gauches & niaises, *CXI.<sup>me</sup>*

## CXI.<sup>me</sup>
### Le Même au Même.

21 auguste.

[La Mère du Marquis de *** prend le Fils d'Ursule :
ensuite mon Frere me parle de deux spectacles,
la *Comédie* & l'*Opéra*.]

URSULE ne sait ce qu'elle fait, mon Ami,
& je suis vraiment en colère de son peu de
raison.  La Famille du Marquis paraît à-
présent charmée de son refus : M.<sup>me</sup> la Comtesse est venue ces jours passés ; elle a si bien
fait par de belles paroles, & des caresses,
qu'elle a engagé notre Sœur à lui confier
l'Enfant : il est entre ses mains.  Je n'augure
rien de bon de cette démarche.  Qu'on est
malheureus !  quand l'exécution des vues
qu'on a dépend des caprices d'une Femme !
Cette idée me donne beaucoup d'humeur,
& ç'a été pour me dissiper un-peu, qu'avam-
hièr je me laissai entraîner à la *Comédie-
française*, & hièr à l'*Opéra*, dont je vais
t'entretenir.

Tous les autres Spectacles ne sont rien,
comparés au *théâtre français* ; il l'emporte
également par le mérite des pièces, & par
le jeu des Acteurs : il ne m'a plus été difficile
de comprendre comment on peut dédaigner
les Baladins, & tout ce que j'ai vu.  La Comédie-française est le Théâtre de la raison ;
on n'y débite qu'une morale saine ; on n'y
représente que des actions possibles & naturelles, & il m'a paru qu'on les rendais

Tome II.  U

avec le ton de la bonne-compagnie (1). La première Pièce qu'on a donnée s'intitule *Cénie*; elle est par une Femme, & du pathétique le plus attendrissant. Je n'ai jamais eu tant de plaisir. Une Actrice déja sur le retour, mais dont le son de voix va à l'âme, fesait *Cénie*, jeune orfeline qui se trouve dans la situation la plus critique, puisqu'elle n'est pas *légitime*, qu'un méchant Homme amoureus d'elle le sait, & qu'elle a un Amant aimé, digne de l'être, &c.ᵃ Si tu entendais cette Actrice, tu adorerais toutes les Femmes de sa profession. La seconde pièce est le *Consentement-forcé*: elle n'a pas été moins intéressante que la première: c'est une Jeune-personne sans bien, qui ayant épousé un Fils-de-famille contre le gré des Parens de Celui-ci, entreprend de les gâgner, en se mettant à leur service sous un nom supposé: elle y réüssit, à-force de soins. Je ne saurais t'exprimer ce que m'a fait éprouver de délicieus une jeune Actrice qui a rempli ce dernier rôle ! c'est la plus charmante figure du monde, & elle est telle sans le secours de l'illusion théâtrale : elle n'a pas tout le talent de la Première, mais on sent qu'elle l'aura, & qu'elle possède ce que l'Autre a déja perdu, la fraîcheur de la jeunesse ; elle a une timidité naturelle, qui produit une illusion complette dans les rôles honnêtes qu'elle rem-

---

(1) Edmond ne juge que d'après ce qu'il a vu.
[*Note de l'Editeur.*

plit. Je ne croyais, pas en alant à ce spectacle, que j'y trouverais, parfaitement exprimés, des fentimens que j'ai eus mille-fois, & que mon inexpérience me fesait croire que j'avais feul, aumoins de la manière dont je les avais. Ce fera-là desormais mon fpectacle favori : car on dit qu'il y a encore beaucoup d'autres Actrices charmantes, & des Acteurs du premier mérite, qui égalent Ceux que j'ai vus. On donne ici, comme aux autres Théâtres, de petits ballets, exécutés par de fort-jolies Danfeuses. M. Gaudet en connaît une ; nous avons été fouper chés elle, & nous y fommes beaucoup amusés ; elle nous a fait l'hiftoire fcandaleuse de toutes les Filles-de-théâtre. Je lui en ai de l'obligation ; j'avais pris une idée trop avantageuse de ces Syrènes.

A-présent, un mot de l'*Opéra*, & bien t'en-prend que je ne t'en aie pas rendu-compte hièr-foir, car tu n'aurais eu que des exclamations. Aujourd'hui, je fuis de fens-froid. L'Opéra eft l'opposé de la *Comédie-française* : il n'y a rien de naturel, rien de réel ; c'eft le féjour des Fées, & le pays de l'illusion. Les pièces m'ont peu attaché ; on n'entend prefque rien, l'accompagnement de l'Orcheftre couvrant toujours la voix d'une manière fatiguante pour le Spectateur : il y a près de cinquante inftrumens, violons, baffes, baffons, clarinettes, flûtes, hautbois, trompettes, & jufqu'à des tymbales.

On nous a donné un intermède italien, intitulé le *Maître-de-Musique*, avec une pièce
dont le sujet est *Alphée-et Aréthuse*. Dans
l'intermède, une Actrice (M.<sup>lle</sup> *Tonelli*), a enchanté tout le monde par la beauté de sa voix,
& par son goût : mais comme je ne sais pas
l'italien ; je n'ai entendu que des sons perlés,
des roulades, & des cadanses. Je passe
aux ballets : tu n'as pas d'idée de ce spec-
tacle-là, mon Frère : c'est celui qui m'attache
davantage ( après néanmoins ceux qui parlent à l'esprit & au cœur, comme la comédie-
française). Les ballets des autres spectacles
ne sont que des jeux d'Enfant, comparés à
ceux de l'Opéra : le théâtre est quelquefois
garni de plus de quarante Danseurs & Dan-
seuses ; & comme les Chœurs chantans dans
la pièce demeurent souvent sur la scène derrière les Danseurs, cela fait comme une
Foule innombrable, destinée à représenter
soit des Peuples, soit des Génies, des
Diables, des Satyres, des Nymphes, &c.ᵃ
Il y a plusieurs sortes de ballets ; quelques-
uns sont simples,, & ne représentent qu'une
fête, où les Peuples se réjouissent par des
danses mêlées de chants : dans ce cas la foule
des Danseurs qu'on nomme *Figurans* & *Fi-*
*gurantes*, forment différentes évolutions,
suivant que le Compositeur a dessiné son
ballet ; & de temps-en-temps, il y a des
*entrées*, c'est-à-dire, que des Personnages
principaux viennent danser seuls, ou bien

deux-à-deux, ou deux Hommes avec une Femme, &c.ᵃ  Il y a enfuite des ballets pantomimes, qui expriment & peignent une action particulière, arrivée durant la fête, dont cette action eft un incident;  comme par-exemple quand il furvient deux Rivaux qui fe battent pour une Bergète; Celui qui triomphe l'enlève à l'Autre, & danfe avec elle; tandis que cette Bergère, quelquefois amante du Vaincu, cherche à tromper fon Ravifleur, en quoi elle réüffit toujours, &c.ᵃ L'on en voit encore qui n'expriment abfolument que l'action, & qui font comme une pièce:  tel eft celui de *Pygmalion*, qui devenu amoureus de fa Statue, la voit f'animer par dégrés,  & marque par fa danfe & fes geftes, fon admiration & fa joie.  D'autres enfin font des ballets infernaux:  on y voit des Diables évoqués par un Enchanteur ou une Magicienne:  ces Diables fortent en foule d'un goufre, qui vomit des tourbillons de flâmes & de fumée, dont ils font entourés:  une Furie couverte de Serpens, y danfe  ordinairement une  entrée,  avec deux torches imbues d'efprit-de-vin, qu'elle fait tournoyer, & qui jètent des flâmes très-vives;  ce qui donne un fpectacle effrayant ! M.ᵉˡˡᵉˢ *Lany*, *Lionnais*, *Puvigné*, *Carville*, &c.ᵃ,  font les Fées qui danfent ces ballets. Les Hommes font ici moins ridicules qu'aux autres fpectacles; fans-doute parce-que le talent fublime,  même dans les choses futiles, élève toujours Ceux qui le poffèdent.

## CXII.<sup>me</sup>  *Réponse.*



[ Je lui renvoye une Lettre qui le démafque ,
& que je croyais calomnieuse. ]

JE ne puis que te remercier, mon chèr Frère , de ton attention à m'inftruire de tout ce
qui regarde tes affaires , & celles de notre
chère Sœur ; ainfi que de ta complaisance
& de ta confiance envers moi , qui t'enga-
gent à me marquer tout ce que tu fais ; & je
vois auffi que ça eft un effet de ta cordialité
fraternelle.   Mais, mon Ami , je remarque
auffi , que voila bien des choses où tu cours
un-peu-vite ! & qu'une partie de ce que tu
fais , nous eft défendu par notre fainte-reli-
gion.   Si je lisais tout à nos bons Père &
Mère , ils en auraient bien du tintoin ! mais
je ne fuis pas capable d'abuser de ta confiance.   Or donc, mon Frère , en mon nom ,
& comme ton ainé , que tu veux bien , en
cette qualité , eroire & refpecter , je te re-
commanderai de te fouvenir des bonnes in-
ftructions que nous avons reçues de notre
Père ; & des principes de religion & d'honneur qu'il nous a inculqués.   C'eft-là où tu es,
à ce que je vois , qu'on a plus grand befoin
de f'en fouvenir.   Mon très-chèr Edmond,
il  ne  me  conviendrait  pas  de  prendre
avec toi le ton de maitre , & de faire le
docteur ;  mais j'ai quelques chagrins à ton
fujet, par la grande amitié que je te porte &

porterai toute ma vie.  Et tu vas juger fi ils
font fondés, ou non; car quoiqu'on m'ait
recommandé le fecret, je ne l'ai pas promis; & de-plûs, je ne fais à quoi le fecret
fervirait, puifqu'en le gardant, je ne pourrais pas t'être d'utilité.  Par-ainfi, mon chèr
Frère, voici la copie de la Lettre qu'on m'a
écrite de Paris; afin que tu voyes qu'on fait
tes actions les plus fecrettes, & qu'on les
empoifonne peut-être.

*A maître, maître Pierre R**,*
*laboureur, demeurant à S**,*
*en Bourgogne, par Auxerre.*

Comme je fais, monfieur Pierre, que votre
Famille eft honnête, quoique peu relevée, je
ferais fâché qu'il arrivât rien à aucun de fes
Membres qui pût lui caufer du deshonneur:
C'eft ce qui me détermine à vous inftruire, fous
le fecret, de la manière dont fe conduit votre
Frère le Peintre:  Il me paraît que ce Jeune-
homme a les paffions vives, et que la foif du
plaifir le dévore, fur-tout qu'il a le goût faus;
ce qui dénote qu'il ne réüffira jamais dans fon
art.  Je me garderais bien d'avancer des
chofes auffi dures, fi je n'avais en main des
preuves que l'on ne peut recufer.

Il fit hièr une partie avec le Marquis de-***,
un Anglais qui fe fait appeler mylord Taaff, et
un Homme-de-lettres.  Trois jeunes Actrices
de l'Opéra-comique, jolies, mais affés médiocres, étaient leurs vis-à-vis; c'étaient mefde-

moiselles Batiste, Mantel et B—pré. Comme
votre Frère a de la figure, il était la coque-
luche de ces Dames, qui toutes paraissaient
le prévenir. Le Marquis n'est pas beau ;
mais il a l'usage du grand-monde, avec cette
aisance, et ce ton de supériorité que lui doivent
inspirer sa naissance et ses richesses. Mylord
est étranger, et c'est une grande recommandation auprès des Femmes ! Il suit de-là que
l'Homme-de-lettres était le rebut. Cependant,
on peut dire que son mérite est assés connu, pour
que dans toute autre Société, il dût lui tenir lieu
de recommandation et le faire respecter. Mais
M. votre Frère donnait le ton, et tout paysan
qu'il est, tranchait plus du Marquis, que le
Marquis de-*** lui-même. Il n'est sorte de
sarcasmes, qu'il ne lançât grossièrement contre
l'Homme-de-lettres ; qui lui répondait par des
épigrammes trop délicates pour être senties d'un
Homme de son étofe.

Mais ce n'est pas là le point ; voici un trait
dont vous alez avoir horreur. L'Homme-
de-lettres a l'âme belle, et par-conséquent sensible (quoique des Céladons langoureus l'accu-
sent de ne pas connaître la vraie tendresse) ; il
fut touché des grâces de la jeune B—pré, actrice du spectacle que j'ai nommé : c'était par-
malheur, Celle à qui le noble Edmond avait
donné le mouchoir : les petits-soins, les attentions de l'Homme-de-lettres furent d'abord
rebutés : mais tout-à-coup on changea de manière ; on lui sourit, on l'agaça même. Lorfqu'on

qu'on le crut au point où on le voulait, la B—
pré disparut, en lui jetant comme à-la-dérobée
un coup-d'œil expreſſif.  Il ne tarda pas à la
ſuivre.  A ſon arrivée, on éteignit les lumières ; mais il avait apperçu l'Actrice, qui lui
dit fort-bas : —Je veux du myſtère ; on me ri-
diculiſerait, ſi l'on ſavait mon faible pour vous.
J'aime les Auteurs ; c'eſt ma manie ; ces Gens-
là ſavent analyſer le plaiſir ; ils joignent la
délicateſſe du ſentiment, aux charmes des détails et à l'ardeur des careſſes : mais pas le mot ;
je l'exige, et ne permets ici que des ſoupirs—.
En achevant ce diſcours inſidieux, deux lèvres
brûlantes lui donnèrent un baiser.  A-la-vérité, l'haleine était un-peu forte ; mais la
B—pré était ſi jolie, que l'Homme-de-lettres,
échauffé par les plaisirs de la table, étant
d'ailleurs d'un tempérament très-érotique, ſe
livra ſans reserve aux impreſſions que la prétendue Beauté feſait ſur ſes ſens.  Il entendait
de temps-en-temps des éclats-de-rire ; mais
il crut que ſes Compagnons continuaient à
tenir table, ou qu'ils ſ'y étaient remis ; il ne
ſongeait guères d'ailleurs à tout ce qui l'envi-
ronnait, et n'avait-garde de penſer qu'on le
miſtifiât.  Cependant le dénoûment approchait.  Il entendit ſortir plusieurs Perſonnes
de la chambre voisine, et parmi elles, il crut
reconnaître la voix de l'Actrice : il ſ'apper-
çut en-même-temps, par un petit filet de lumière, qu'on l'avait écouté de cette chambre.
Tandis que ces réflexions ſe préſentaient aſſé

desagréablement à son esprit, la porte du boudoir où il était s'ouvrit avec fracas, et toute
la Compagnie s'y précipita munie de flam-
beaux ; la B—pré en avait deux : on s'avança
en riant aux larmes, et l'on ala déterrer derrière un lit-de-repos où elle s'était cachée,
une Femme, dont la vue fit frissonner Celui
qu'elle venait de favoriser. C'était une de ces
Malheureuses qui courent les rues ; laide, sale,
et ce qui est le pire, couverte de rougeurs qui
ne font présumer rien de bon.

Voila le trait, monsieur Pierre ; je vous
avertis, que si les effets répondent aux apparences, et que la santé de l'Homme-de-lettres
soit attaquée, il se propose de poursuivre vivement votre Frère ; ce qui lui sera facile, parce-
qu'il a un Protecteur en place. Il espère aussi
que vos Père et Mère mettront ordre à l'inconduite de leur Fils, qui est un franc Vaurien.
Je vous salue, mon chèr monsieur Pierre,
de tout mon cœur.　　　　　N'ÉG'RET.

Je n'ai jamais entendu parler de ce M. N'è-
g'ret, & il ne me donne pas son adresse. Mais
je vois bien par tous ces piéds-de-mouches,
qu'il met à son nom, que c'est un savant.
Pour-à-l'égard de la chose dont il parle, elle
est si noire, que je ne t'en crois pas capable ;
tout-ainsi-comme de faire des patties dans
le goût de celle-là qu'il raconte. Or donc,
mon chèr Ami, prens-garde à te préserver
du libertinage ! la compagnie de M. le Marquis de-*** est bien-honorable, & je sens

que c'eſt bien-chatouilleus de ſe refuſer à
ce que des Gens-comme-ça veulent ; il faut
accorder tout , hors ce qui ſerait contre
Dieu & le Prochain : voila , je crois la règle ;
car ces deux choses-là ſauves, on ne peut rien
faire qui deshonore. Quant à M. Gaudet,
ce que tu m'en marques, me donne deux
idées toutes - contraires ; ça me raſſure
pour toi , & m'étonne pour lui , au-point de
me cauſer des doutes bien-terribles !.......

Tout va ici à-l'ordinaire ; & pour ce qui
regarde les affaires de ton bien , c'eſt moi
qui les fais , & qui t'en rendrai bon-compte
vienne la Saintandré. Je finis , en t'em-
braſſant de tout mon cœur.

CXIII.^me

10 ſeptembre.

E D M O N D, à P I E R R O T.

[ Prétendue mort du Fils d'Urſule ;   Le Marquis
ſe retire.   Edmond m'avoue ſes turpitudes
en les excuſant. ]

MON chèr Aîné : le Fils d'Urſule , qu'a-
vait pris M.^me la Comteſſe , eſt mort , dit-on,
& les craintes que je témoignais dans ma
dernière ſont ainſi vérifiées. C'eſt un fâ-
cheus accident, pour ma Sœur & pour moi-
même , de quelque manière qu'il ſoit arrivé !
J'ai bien de la peine à conſoler une Mère
affligée, qui ſ'était attachée à cet aimable
Enfant , au delà de toute expreſſion. Le
comble du malheur, c'eſt que le Marquis

X 1

s'est aussitôt retiré. J'en suis vraiment au desespoir : Que d'avantages nous perdons, par l'entêtement de notre Sœur ! C'est bien sa faute, si elle n'est pas marquise ! Avec son attachement pour le Conseiller !... supposé qu'elle l'aime ; quant à moi, je le déteste ; cet Homme a un air en-dessous, depuis quelques jours, qui m'inspire de la défiance.

Ma Cousine, qui ne se croit plus utile ici, vient de partir pour Au**, où elle pense qu'elle servira mieux Ursule, attendu que le Conseiller est obligé de s'en retourner dans quelque-temps. Ce départ est un nouveau chagrin pour moi. Je ne suis plus le même ; mon humeur change, & tout me déplaît.... Une si belle occasion manquée ! Mais il n'y faut plus penser. L'alliance du Conseiller ( supposé qu'elle ait lieu) nous sera d'ailleurs assés avantageuse dans le pays : je pense que la fortune dont jouit notre Sœur lèvera les difficultés que le vieil Oncle pourrait faire. Il ne s'agit que de présenter les choses sous un jour favorable. M. Gaudet, cet utile Ami, quoi qu'on en dise, nous servira merveilleusement. Je vais presser ce mariage ; une Fille dans le cas où est Ursule, pèse toujours à sa Famille.

Il est temps de répondre à ta dernière, chèr Aîné. Je sais de qui est la Lettre qu'on t'a écrite ; je l'ai fait avouer par N'ég'ret, qui en est le héros ; & qui n'a pas craint de s'y louer lui-même, comme tu fais. Cet Homme est si vain & si sot, que peu lui importe *par*

*quelle bouche la Renommée parle de lui.* L'outrage dont il se plaint, est vrai : dans la chaleur de son ressentiment , il t'a écrit pour
me faire pièce ; & il a doublement tort , car
ni moi , ni M.ˡˡᵉ B—pré n'avons contribué au
tour qu'on lui a joué. C'est M. Taaff seul qui
a tout fait , avec son Valet-de-chambre. Il
est vrai que nous n'avons pu nous refuser au
plaisir d'en rire ; mais c'est tout notre tort.
Quant à la partie en elle-même , je l'ai faite
par complaisance pour le Marquis. Mais je
ne saurais m'en repentir : la connaissance des
trois Actrices est fort-agréable , & peut être
utile à un Jeune-homme de mon état : Le
commerce avec ces sortes de Femmes , très-
dangereus pour les Gens qui ont une fortune,
ne l'est guère pour les Gens à talens , dont
les moyens bornés sont connus ; d'ailleurs ,
on n'exige d'un Artiste, que les productions
de son art. Mais c'en est trop là-dessus.

Pour revenir à mes affaires, je te dirai que
le malheur dont je te parlais en commençant,
m'a rendu toute mon activité pour le travail ,
que je négligeais un-peu. Car j'avais déja
formé le projet de prendre le parti des armes,
& M. le Marquis m'avait répondu d'un prompt
avancement. Projet en l'air, comme tu vois !
Il aurait fait avancer son Beaufrère, mais un
Étranger ?.. D'ailleurs le titre de beaufrère
du Marquis m'aurait procuré une considéra-
tion, qui est nécessaire dans le Service, pour

X 3

vivre avec des Officiers fièrs de leur noblesse,
& qui ne voient qu'avec peine des Roturiers
partager leurs emplois. Je m'en tiendrai
donc à la peinture. Ursule prend des leçons
de mon Maître; ses progrès égalent les miens;
& nous sommes tous-deux surpassés par M.<sup>lle</sup>
Fanchette. Cette aimable Enfant est un
trésor. Elle grandit; elle est presque formée
pour la tâille & la beauté. Je sens aujour-
d'hui, que j'aurais pris facilement pour elle
les sentimens que ma Cousine cherchait à
faire naître. Mais on lui a parlé contre moi
sans-doute; car ses politesses, à mon égard,
deviennent de jour-en-jour plus froides &
plus reservées. On a eu raison. Adieu,
mon Frère: je suis p'us peiné que je ne saurais dire.

### CXIV.<sup>ME</sup>
### *Le Même au Même.*

1 octobre.

[ Le second Amant d'Ursule la quitte. Edmond
exprime son chagrin de ce que les deux
établissemens ont manqué.]

EH-BIEN, mon Frère? j'ai le malheur
d'être bon prophète? Le Conseiller écrit
qu'il a fait des réflexions; que sa Famille a
d'autres vues; qu'elle s'oppose.... Il craint
que l'accident arrivé n'en soit connu.....
Jour-de-ma-vie! c'est lui qui nous a fait manquer un établissement illustre; & il ose aujourd'hui... il dédaigne une Fille trop faible

pour lui, trop tendre,... ou plutôt trop imbécile ; elle ferait marquise, fans la fote
tendreffe.... Ma Cousine avait bien raison
d'empêcher Urfule de le connaître ; & plût-
à-dieu qu'on ne fe fût jamais écarté de ce premier plan!... La voila desefpérée ; elle
pleure, & dit qu'elle ne faurait fe repentir du
facrifice qu'elle a fait à l'Ingrat... Je m'en
repens affés pour elle!... Si j'avais pu pré-
voir la mort (ou la fouftraction) de l'Enfaut !
(car, fans en rien témoigner, j'ai de furieus
foupçons!)... Ne desefpérons pourtant de
rien ; je veux revoir le Marquis.

Annonce ces fâcheuses nouvelles à nos Parens, avec les adouciffemens que tu fais mettre à tout; car il le faut, afin qu'ils règlent là-
deffus leur conduite avec le Confeiller, qui
eft retourné au pays. M. Gaudet l'y a fuivi,
pour obferver toutes fes démarches: ce chèr
Ami eft infatigable, & facrifie tout, lorfqu'il
faut nous fervir... Ah! pourquoi eft-il lié...
Souhaits inutiles! mais je n'en fais que de pareils depuis longtemps; hors celui (j'aime à en
être fûr) d'être chéri de mon vertueus Aîné.

<hr>

C X V.<sup>me</sup>    même jour.

E D M O N D, à G A U D E T.

[ Mariage du Marquis : Edmond parle à fon Ami
d'infamies qu'il a faites avec un certain N'ég'ret. ]

Redouble de foins à l'égard du Confeiller, mon *féal* Ami ; car il n'y a plus d'efpé-

X 4

rance ici pour ce que tu fais. Le Marquis vient d'épouser une riche & noble Héritière, si belle, si ravissante, qu'il lui serait impossible de ne pas l'aimer, eût-il encore dans le cœur toute sa passion pour Celle qu'il abandonne. Cependant il a fort-bien reçu la visite que je lui ai rendue ces jours-ci, & m'a renouvelé ses offres-de service, en m'invitant à le voir souvent. Nous saurons bientôt quel fond je dois faire sur tout cela.

Ma Sœur commence à reprendre un-peu de tranquilité ; nous la dissipons M.<sup>lle</sup> Fanchette & moi : les Lettres qu'elle reçoit font aussi beaucoup d'impression sur elle. Le dévelopement de ses talens étonne jusqu'à ses Maitres. Elle nous sert de modèle, lorsque nous avons besoin d'une belle figure de Femme, pour quelque tableau de prix ; & elle ira au Salon, avec un grand sujet d'histoire, Alexandre recevant la Mère & la Femme de Darius ; Ursule est Statira. Ce qui me fait encore un vrai plaisir, c'est qu'elle est grandie depuis son accident : tu infères de-là, que le petit échec qu'ont reçu ses appas doit être à-peu-près réparé. Faut-il avouer que j'ai été curieus de m'en assurer, un-jour qu'elle prenait le bain dans sa chambre avec M.<sup>lle</sup> Fanchette ? J'ai profité de cette occasion, pour dessiner le nud, d'après deux Objets aussi parfaits : ces deux esquisses sont charmantes ! car j'ai eu la mê-

me occasion , & plus belle encore le lendemain pour y retoucher.  Je me promets de
profiter souvent de la manœuvre adroite que
j'emploie (1).  Ursule , parfaitement formée , a la mollesse & le nourri des contours;
c'est Vénus, ou la nature dans sa perfection;
Fanchette, plus délicate, est moins achevée;
c'est une Grâce, c'est Hébé.

Nous recevons N'èg'ret en ton absence;cet
Orignal amuse Laure:  ce qui me surprend,
c'est que l'avanture que je t'ai contée, & qui
lui tenait si fort au cœur, qu'elle l'a fait sortir de son caractère , ne l'ait pas dégoûté de
notre société !  C'est un petit libertin bien
effronté, que M. N'èg'ret ! comment-donc !
il veut absolument que nous alions voir des
Filles !  & j'ai mis déja deux ou trois-fois le
piéd chés ces viles Créatures, pour m'amuser de ses procédés singuliers avec elles.  A
la-vérité , je n'étais pas fâché de connaître
par-moi-même cette classe d'Infortunées ,
qui traînent dans l'avilissement une vie pénible , en se consacrant au plaisir (2).  Si j'a-
vais plûs de temps, je te décrirais quelques-
unes de nos Avantures:  Mais je me borne-
rai à deux, ou plutôt à une.  La première ,
que j'abrégerai , nous est arrivée dans une
chambre, au premier sur-le-derrière , obs-

_________________

(1) Infortuné! que fais-tu! le crime te guette!
il va te saisir!

(2) V. le Pornographe, édition de La-Haie. 1776.

cure comme un cachot, empeſtée par la fumée du boudin & des ſauciſſes qu'on y feſait cuire. Nous y trouvames deux Filles fort-mal-propres ; une petite Blonde aſſés gentille, & une autre très-laide : nous avons tiré au ſort ; la Laide eſt échue à mon Compagnon (par une petite tricherie de la Blonde), & N'èg're a été forcé par la faim du plaiſir de careſſer ce Monſtre : toutes ſes ſuppliques pour obtenir un baiſer de la Blonde, ont été ſuperflues.... Je tais le reſte. Mais je ne me refuſerai pas à te détailler la ſeconde avanture ; d'autant qu'il me ſemble t'avoir ouï-dire que tu connaiſſais très-peu cette eſpèce de Femmes-là.

Il y a quelques jours, que nous aperçumes à la ſortie du *Palais-royal*, une grande Fille fort bien-faite. N'èg'ret me tourmenta pour la ſuivre. Je me rendis, bien resolu de ne pas lui diſputer les faveurs de ſa Belle. Nous fumes introduits dans un vaſte appartement au ſecond, rue *du-Chantre*, où tout était élégant, commode, magnifique-même. On nous accueillit à-merveilles ; c'eſt l'ordinaire : l'entrée de ces endroits eſt toujours agréable. —Mes Enfans, nous dit la grande Fille, vous êtes deux ; il ne ſerait pas décent que vous n'euſſiez qu'une Femme—. Elle nous quitta, ſans attendre notre réponſe, & revint au bout d'un moment avec une Voiſine charmante, mais petite, qu'elle nommait *la-*

*Dupleſſis* ; (pour elle, c'eſt *la-Lebrun*). Que dis-tu de la politique de ces Filles dans leurs aſſociations ? une grande avec une petite, & ſi elles ſont trois, l'âge , la couleur & la tâille diffèrent toujours, afin de contenter tous les goûts. Je t'avoûrai que j'étais comme interdit ; je n'avais encore vu que des *Gouines* , c'eſt le mêts favori de N'èg'ret : mais le bon-goût de la parure de Celles-ci, l'enjoûment & la légèreté de leurs propos, une apparence d'aisance & de politeſſe , tout cela m'étonnait , & m'intéreſſait preſque. N'èg'ret paraiſſait tout-hors de lui ; & ſemblable à l'Ane de Buridan , il demeurait immobile entre deux Beautés égales , ſans être pareilles. La Grande m'a enfin demandé, Laquelle je choisiſſais ? Je n'ai répondu qu'en donnant la main à *la-Dupleſſis*. Ah ! mon Ami, que ces Femmes ſont dangereuses ! & qu'elles le feraient bien davantage, ſi... Mais il ne faut pas anticiper. Ce n'était plus ici des Souches, comme les premières ; la Petite-perſonne m'a fait des careſſes qui m'étaient encore inconnues : un feu brûlant s'eſt fait ſentir ; les écarts voluptueus de cette Fille m'ont enivré........ J'ai ſuccombé. Mais à-peine l'éclair du plaisir a-t-il diſparu, que le masque de mon Amante eſt tombé : je l'ai vue me préſenter de l'eau du plus grand ſens-froid ; s'en ſervir elle-même ; d'une manière qui me répugne encore, tant elle ſentait *le métier* ; ſe regar-

der dans les glaffes, en détonnant fans goût
une ariette dont elle eftropiait les paroles ;
venir enfuite f'affeoir auprès de moi, en me
difant d'un ton mauffade : —M'ame Lebrun
& fon petit Maure ne finiffent pas ! Vive
moi ! en deux tours-de-main, je dépêche
mon Homme & m'en débarraffe—! Ce difcours m'a révolté ; lorfque je croyais cette
Fille fenfible, c'eft qu'elle fe *dépéchait!*
Quelle horreur ! Cette avanture-ci me
guérirait mieux que la première, toute dégoûtante qu'elle était, de la frénéfie de
voir des Proftituées. En vérité, je n'en
fuis pas fâché : fi les feints emportemens de
tendreffe, les foupirs, l'égarement affecté de
la-Dupleffis euffent été vrais, je revoyais
cette Créature, & peut-être étais-je perdu ;
car Dieu fait où le goût du plaifir facile m'aurait conduit !

Tu vois que je ne te cache rien de mes folies, chèr Ami : c'eft que j'imagine que tu
fauras apprécier de petits écarts, néceffaires
à la Jeuneffe pour la former ; dumoins me
propofé-je de tirer du fruit de celui-ci, à
l'aide de tes confeils.

---

## CXVI.ME

20 octobre.

### GAUDET, à EDMOND.

[ Il donne à mon pauvre Frere de bons avis, par
de mauvais motifs. ]

EST-CE un fi grand malheur, que de fes
deux Amans, ta Sœur ne puiffe faire un Mari?

Je ne le crois pas: elle est jeune, belle, riche;
elle a de l'esprit, des talens, des Amis; que
lui faut-il de plûs pour être heureuse? Laure
t'apprendra tous les détais du mariage du
Conseiller, que je ne veux pas répéter ici.
Parlons de toi.

La débaûche, mon chèr Edmond, doit
toujours être évitée; elle ne mène à rien; si
ce n'est qu'elle fait quelquefois la fortune des
Favoris d'un Grand vicieus. Un Beau-gar-
son, comme toi, a-t-il donc besoin de la vile
ressource des Prostituées, pour trouver les
plaisirs de son âge? Eh-quoi! voudrais-tu
déja partager l'infamie de ces vieux Libertins, qui ne pouvant être accueillis par les
Femmes honnêtes, vont chés une vile Créature, le reste des Laquais, des Escrocs,
des Espions, de la plus crapuleuse Solda-
tesque, chercher une sale volupté, dans des
caresses payées en détail, acquittées de la
manière la plus insultante & digne de Ceux
qui les exigent? Qui voit-on hanter les Prostituées, les Entretenues, & mêmes les Filles-
de-théâtre? Des Gens décriés, ou qui méritent de l'être; des Dupes qui se ruinent
par une vie crapuleuse, sans jamais rencontrer la jouissance delicieuse qu'ils cherchent
à se procurer, & qu'ils payent si chèr! Tu
ne verras chés les Prostituées vulgaires, outre
les Vieillards libertins, que ces jeunes Fa-
rauds du bas-étage, qui n'ont pas une fortune
suffisante pour se donner avec des Femmes

bien-mises , des airs d'Hommes-à-bonnes-
fortunes ; des Militaires perdus de mœurs &
même d'honneur ; de misérables Ouvriers ,
qui ayant les paſſions vives , ſacrifient le bien-
être d'une ſemaine , à la triſte ſatiſfaction de
careſſer à-la-hâte le fantôme d'une Femme.
Et c'eſt toi , toi , Édmond , qui as pu t'aſſi-
miler déja plusieurs-fois à toute cette Ca-
naille ? Tu as pu livrer ton corps aux attou-
chemens d'une Salope, la honte de ſon ſexe,
dont les appas triturés par tout ce qu'il y a de
plus vil dans le nôtre , n'offrent que la triſte
& dégoûtante image de la Nature dégra-
dée par la brutalité !... Fi ! fi ! ne me parle
plus de ces baſſes avantures ; ou je me verrais
obligé de te rappeler que tu es aimé de M.<sup>me</sup>
Parangon ; de cette Femme touchante, hon-
nète, & ſi belle, que tout ce que la débauche
peut t'offrir, n'approche pas à cent piques de
ce que te reſerverait la vertu. Je ſens bien
que la compagnie de N'èg'ret eſt dangereuse :
mais que cet Homme lui-même te ſerve de
comparaison : où voudrais-tu qu'il alât ! Il
ſerait excusable , ſi on pouvait l'être ; les
eſpèces de Monſtres, tels que lui, n'ont pas
d'autres reſſources , & ſes Pareils ſont peut-
être une des raisons pour leſquels le Gouvernement tolère la Proſtitution : tolérance néceſſaire , mais bien malheureuse ! puiſqu'elle
contribue à la propagation d'une maladie
cruelle , qui ſemble rendre la condition de
l'Homme pire que celle des autres Animaux.

J'ai été bien-aise d'avoir occasion de faire cette vive sortie contre un desordre qui révolte la nature ; pour te faire comprendre qu'un Homme qui a secoué les préjugés, n'est pas dèslors le sectateur de tous les vices, & de tous les abus : il respecte la Nature & ses lois sacrées : si d'abord, & dans le premier moment de liberté, il ressemble au plomb suspendu, qui, éloigné de la perpendiculaire, retourne beaucoup au delà ; l'Homme éclairé revient aussi, comme ce plomb, peu-à-peu au juste milieu qui constitue l'Honnête-homme & le bon Citoyen. C'est la position où je me trouve, & celle où te desire

Ton Ami dévoué.

⁂

## CXVII.me

25 octobre.

### EDMOND, à PIERROT.

[ Il m'annonce le mariage du Conseiller : Morale des Grands corrompus : Il me parle d'une infamie pour Ursule, que je ne compris pas dans le temps.]

JE crois que vous n'ignorez plus chés vous, que le Conseiller vient de se marier avec une D.lle *Lin**, jeune personne de bonne-famille, mais bourgeoise comme la nôtre, & sans-doute moins riche que notre Sœur. J'aprens cela par une Lettre de M. Gaudet à une Dame Laure. de ses amies. Ursule est instruite depuis une heure, & je suis content de la manière dont elle a pris cette nouvelle. Je te dirai plûs ; le Marquis aime toujours notre Sœur ; il a

découvert qu'on l'avait trompé, pour lui
faire épouser une Demoiselle son Égale, &
que son Fils n'est pas mort : il fulmine contre
ses Parens, & il leur a déclaré l'un de ces
jours, que s'il n'avait pas d'Héritier, il ferait
casser son mariage. Le lien où il est retenu,
loin d'éteindre ses sentimens, les a rendus
plus vifs. Je le vois souvent : il me fit hièr
une singulière proposition ; c'est d'être l'ami
d'Ursule ; qui, dans le fond, dit-il, est sa
véritable épouse ; de lui monter une maison,
de lui donner un équipage, & de la faire jouir
de quarante-mille livres de rentes, y compris
ce qu'elle a. Le Marquis allègue plusieurs
raisons pour me déterminer à le seconder ;
& la première, comme la plus forte sans
doute, c'est que parmi les Gens de sa condition, l'usage est d'avoir Quelqu'un : ce qui
est si constant, qu'un de ses Oncles étant entré, le Marquis n'a pas changé d'entretien.
L'Oncle y a pris part, & a seulement dit à
son Neveu, —Qu'il falait toujours sauver
les apparences ; que sa Femme étant jeune,
aimable, il ferait de la plus grande imprudence de l'autoriser, par son exemple, à violer
la foi conjugale : qu'au reste, l'ayant épousée
sans l'aimer, & seulement par convenance,
i falait avoir un ou deux Héritiers ; & qu'ensuite ils seraient libres : que le mariage n'é-
tait pas un esclavage éternel, comme le Peuple & quelques Préjugistes se l'imaginent ;

mais

mais un contrat social, pour donner des Sujets à l'État, & perpétuer son nom par deux tiges également riches & illustres-. Il m'a paru que c'était avec ces raisons qu'on avait déterminé le Marquis à se marier; car il a répondu, d'après cette idée; —Que son lien n'en était pas moins indissoluble, & son Fils sans état; qu'on se ressouvint de la protestation qu'il avait faite, que s'il n'avait pas d'Héritiers, il provoquerait la dissolution de son mariage, & qu'on avait promis de l'appuyer-. L'Oncle a souri de cette idée; car les mariages ne se cassent pas ainsi.

Une autre raison que le Marquis m'a donnée, c'est qu'il est à-propos, de faire prendre à ma Sœur un essor dans le monde : l'aisance, une table ouverte lui procureront une Société choisie, au-milieu de laquelle elle brillera par ses grâces & ses talens, & prendra le ton qui lui sera nécessaire un-jour. Je lui ai représenté qu'une Fille ne pouvait guère tenir maison, sans donner à parler. Il n'est pas demeuré court là-dessus; il m'a cité une certaine *Ninon De-Lenclos*, qui était bien-pis que ce qu'il propose que soit Ursule, puisqu'elle était galante, & qui néanmoins fut recherchée en son temps de tout ce qu'il y avait de grand & d'honnête dans le monde ; car elle fut même l'amie de M.ᵐᵉˢ De-Maintenon & De Sévigné, quoique la Première fût dévote & toute-puissante auprès de Louis-

XIV. —Elle est même (ajouta-t-il) encore aujourd'hui respectée de là Postérité–.

Je ne sais trop ce que c'est que cette vie-là; mais Ursule ne saurait la goûter. Je crains qu'elle ne soit redevenue tendre. Un des Elèves de notre Maître, très-joli garson, & fort mauvais-sujet, a, je crois, trouvé le chemin de son cœur. Je desapprouverais beaucoup ce panchant, & parce-que c'est un Parti sans fortune, & parce-que ce Jeune-homme est une brute: c'est un libertin, qui se range depuis qu'Ursule l'a remarqué: or je sais que l'amour, en s'éteignant, laisse retomber le Vicieus dans ses anciennes habitudes. Ursule parait écouter volontiers mes avis là-dessus; j'espère quelque-chose de sa raison, & plûs encore des conseils de ma Cousine. Je t'engage à lui marquer ton sentiment, ou à lui faire écrire par ta Femme, avec laquelle je sais qu'elle est en relation: j'emploierai aussi M. Gaudet: réünissons-nous contre cette passion, tandis qu'elle est encore faible; car si elle se fortifiait, tous nos eforts échoueraient contr'elle. Après de si belles espérances, nous rabaisserions-nous à un *Lagouache!* sans mérite, sans fortune; paresieus, gourmand, ivrogne, idolâtre de sa figure!... Il est des choses biens-difficile à digérer dans la vie! mais de toutes, la plus cruelle, c'est d'avoir marqué la fortune & l'illustration par sa faute!

## CXVIII.me

15 novembre.

*EDMOND, à GAUDET.*

[Il fait connaiffance avec la Marquife de ***.]

Voici du neuf, chèr Ami! Depuis ma dernière Lettre, j'ai vu fouvent le Marquis: fes bontés ont redoublé; notre familiarité eft devenue plus intime; il m'a préfenté à fa Femme, & m'a mis fous fa protection. En quelques jours, mes progrès ont été rapides dans la faveur de ma nouvelle Protectrice. Lis ceci bien-attentivement.

Lorfque le Marquis me préfenta, la Marquife était à fa toilette: peu fait aux ufages reçus, je fus furpris qu'il m'introduisît auprès d'une jeune Beauté demi nue, dont les tréfors étaient les plus féduifans qui puiffent frapper les ieux d'un Mortel. Une jupe courte laiffait voir une jambe fine, dont un piéd mignon complétait les grâces: fon corfet demi lacé, ne raffemblait pas encore fa gorge, qu'on voyait dans toute fa beauté naturelle; fa taille fuelte avait un charme que je ne puis rendre; fes ieux une douceur enchantereffe, & tous fes appas, une appétiffante fraicheur. Je fus ébloui; la Marquife f'en aperçut, & le Marquis lui-même en parut flaté. Pour me donner le temps de me remettre, il fit mon éloge. La jeune Dame me demanda, fi je voulais confacrer quelques matinées à la peindre en Nymphe?

Juge fi je faifis avec ardeur cette occafion de voir fouvent une fi belle Perfoñe! Nous avons coñencé dès le lendemain: le complaifant Mari nous laiffe exactement feuls. Je t’avoûrai même, qu’il va paffer avec ma Sœur autant de temps que j’en emploie avec fa Femme: je m’y prête d’autant plus volontiers, que je hais beaucoup un certain Lagouache, dont Urfule f’eft coîfée, & avec qui je voudrais la brouiller.

La jeune Marquife, dès la feconde féance, m’a paru favoir l’avanture de fon Mari avec ma Sœur; elle m’a fait entendre, qu’elle le foupçonnait d’aimer encore Urfule; qu’il négligeait fon Epoufe, & qu’elle y était affés indifférente. Mais tout cela d’un air enjoué, qui me furprenait. J’ai travaillé.

Les propos légers de l’aimable Marquife m’ont enhardi; j’ai hazardé quelques douceurs qui n’ont pas déplu.

La troisième-fois que je fuis revenu, la belle Marquife a voulu fe montrer fous un nouveau jour; celui d’une aimable Malade. De ma vie je n’ai rien vu de plus intéreffant! mais (admire combien je fuis gaûche! ) je ne m’apercevais pas au galant négligé, de l’indifpofition qu’on voulait avoir. —Comment me trouvez-vous? —Charmànte, madame: votre fraîcheur... —Je fuis malade à mourir. —Vous avez toujours l’air fi délicate, madame, qu’à-peine peut on diftinguer... —Il

est vrai.— C'est le privilége de la beauté parfaite ; la maladie même n'ôte rien à ses charmes... (j'ai réparé ma sotise, comme tu vois):
Si Madame le veut, je profiterai de cette intéressante langueur—... On a souri nonchalamment, & j'ai pris le pinceau : mais les couleurs le cèdaient à celles de la jolie Malade.

A la quatrième séance, j'ai apporté le
portrait de ma Sœur dessiné sur le nud. La
Marquise, qui ne connaît pas Ursule, s'est
récriée sur sa beauté ; elle en a fait honneur
à mon imagination. J'ai dit que c'était ma
Sœur. Elle a rougi, & m'a demandé bien
sérieusement, si je ne l'avais pas flatée ? J'ai
répondu, que je n'avais pas atteint la nature.
—Il serait possible—! a-t-elle répété deux ou
trois-fois. Elle me regardait, baissait les ieux,
les relevait sur moi, & les baissait encore.
—Vous êtes d'un beau sang, a-t-elle dit enfin ! & je suis sûre que vous aurez des Enfans
qui seront charmans, pour peu que votre Moitié soit d'une figure qui réponde à la vôtre—?
J'ai eu la vanité de répondre, qu'elle devi-
nait juste ; que je m'étais connu deux Filles,
dont la beauté l'emportait sur celle de ma
Sœur elle-même ; —Ce qui doit peu surprendre ( ai-je dit à-demi-bas ), ce sont les
Enfans de l'Amour. Cette confidence m'a
valu un petit sourire enchanteur. Nous
avons été fort-bien ensemble le reste de la
séance ; & les discours de la Marquise me
donnaient quelquefois de la présomption.

Enfin, la cinquième fois que je suis revenu pour son portrait, & lorsqu'il a été fini, elle a pris celui de ma Sœur, & l'a regardé d'un air rêveur & chagrin. Après cinq grandes minutes de contemplation & de silence, elle a dit : —Il est pourtant bien agréable d'avoir un tableau où l'on soit toute soi-même, & où notre image ne soit pas surchargée de ces vaines draperies qui ne sont pas nous, & ne valent guère la peine qu'on a prise à les peindre !... J'ai dixsept ans, du mois passé :... ( & me montrant son bras à découvert jusqu'au-dessus du coude : ) Croyez-vous que je fusse en tableau comme votre Ursule ? —Dix-fois mieux (ai-je osé dire). —Oh ! c'est trop ; & je ne vous crois plus.... aussi-bien, c'est une folie—. Je voyais dans ses ieux qu'elle voulait quelque chose ; elle hésitait, elle rougissait même. Enfin, elle m'a demandé comment je m'y étais pris, & si ma Sœur s'était volontairement soumise à me servir de modèle ? J'ai conté la tricherie que j'avais faite. La Marquise s'est mordu les lèvres, & a changé de conversation.

Quelques jours après, je suis retourné chés elle : on ma dit en entrant, qu'elle n'était pas visible. Je ne savais trop ce que cela voulait dire, & j'en tirais un fort-mauvais-augure : déja, suivant mon usage, lorsque j'éprouve quelque mortification, je me rendais justice, & redevenais modeste, quand la Femme-de-chambre voyant que je me difposais à me retirer, m'a dit que Madame avait recommandé, dans le cas où je viendrais, qu'on me priât d'attendre qu'elle fût libre. En même-temps, elle m'a introduit dans une pièce voisine du cabinet de fa Maitreffe. J'y étais à-peine, que le Marquis a paru. —Vous arrivez bien à-propos (m'a-t-il dit en riant) : je quitte ma Femme ; je viens de la furprendre à contempler le tableau de votre Sœur : cette vue m'a fait naitre une idée : Si nous nous procurions une pièce de comparaison ? La Marquife vaut fon prix ! —Quoi ! lui ai-je dit, vous permettriez que je viffe... —Paix ! a-t-il interrompu, en me mettant la main fur la bouche ; les Confeffeurs, les Médecins, les Avocats & les Peintres font difcrets par état, & ces Hommes là ne font pas réputés faits comme les autres. —A-la-bonne heure, ai-je repris en riant : Il me fiérait mal de me faire prier, pour une auffi agréable occupation. —Venez donc, a-t-il ajouté. Je l'ai fuivi dans un réduit qui n'était éclairé que par un œil-de-bœuf, pratiqué dans le volet, auprès duquel était une table pour pofer ce qui m'était néceffaire. En fortant, il a laiffé la porte ouverte à-demi. Deux minutes après, j'ai vu la belle Marquife dans fon boudoir, prefque nue, qui fefait mille petites façons pour entrer dans un bain froid qu'on lui avait préparé. Les crayous me sont tombés des mains, à la vue de tant de beautés. Cependant la raison m'est revenue, & j'ai fait réflexion que je venais de perdre un temps que je ne ratrapperais peut être jamais. Je me trompais ; on m'a donné tout le loisir & toutes les facilités que je pouvais desirer: Je voyais tour-à-tour paraître des appas dignes des Dieux. Il semblait qu'on attendît que j'eusse fini mon esquisse pour quitter cette pièce ; dès que j'ai eu donné le dernier coup-de-crayon, on est sortie. Je suis resté environ un quart-d'heure à retoucher quelque chose, pour donner aux contours le moelleus que mon imagination me retraçait parfaitement, mais que je n'avais pu rendre dans toute sa vérité, en dessinant à-la-hâte, de peur de perdre la beauté suivante, en voulant trop-correctement exprimer celle qui frappait ma vue. On est venu me dire, que la Marquise m'attendait. Elle était à sa toilette, & j'ai de nouveau admiré mille trésors, dont je me suis rempli l'imagination. A mon retour chés moi, j'ai mis la main à l'ouvrage, & comme les beautés que j'avais à traiter n'ont pas un caractère aussi particulier que l'air du visage, & les traits délicats de la physionomie, j'ai achevé de mémoire. Ce travail m'a tenu quelques jours ; le Marquis l'est venu voir, & il en a été on ne peut pas plus content.

Hièr, je suis retourné chés la belle Marquise.

quise. Je fesais porter avec moi bien-enve-
lopée, l'image de la plus jolie des Femmes.
On m'a fait attendre, & j'ai eu le temps de
retoucher, d'après le plus charmant des Mo-
dèles, quelques endroits particuliers, trop-
parfaits, pour que l'art les atteignît tout-
d'un-coup. Je n'avais pas besoin de la tête ;
j'avais copié un portrait de la Marquise ; ainsi
l'ouvrage étant aussi achevé que je pouvais le
faire, dès qu'elle a eu quitté le bain, je l'ai
précédée dans son boudoir, & j'ai mis son
portrait à la place & dans la même bordure
que celui d'Ursule, que j'ai caché.

La Marquise est arrivée : ses ieux n'ont
pas d'abord cherché le tableau ; c'est après
quelques minutes de conversation, qu'à-propos de quelque-chose que je lui disais sur sa
beauté, elle a voulu apparemment voir si
Ursule avait cette perfection. Je ne saurais
t'exprimer l'aimable étonnement qui s'est
peint dans ses regards & dans toute son atti-
tude, en se reconnaissant. Sa jolie petite
bouche était ouverte à-demi, & l'on voyait
répandu sur son visage, un air mêlé de joie,
de surprise & de pudeur. Ah ! qu'elle était
adorable dans cet instant ! j'étais tenté de
tomber à ses genous, & de lui rendre hommage, comme à une Divinité. Une foule
de questions ont suivi : —C'est mon portrait !
Comment avez-vous pu... Mais, je dois me
fâcher... Peut-être est-ce M. le Marquis....
Ah ! c'est un tour... Convenez que je dois

être … surprise … car enfin vous n'avez pas vu tout cela… Ce serait une chose horrible… Susette? (*sa femme-de-chambre*) auriez-vous part à ce procédé-là?..... Mais non, vous êtes le seul coupable, Monsieur, & vous serez seul puni: je ne veux que vous en sauver la honte… Susette, laissez-nous-. Susette s'est retirée. —Au-fond (a dit la Marquise, dès que nous avons été seuls) je trouve pourtant que je vous dois de la reconnaissance, pour la peine que vous avez prise, & pour la manière obligeante dont vous m'avez traitée dans ce tableau; car … il est impossible que je sois aussi bien-? Tu sens tout ce que je devais répondre. —Di-ons plutôt (a-t-elle interrompu), qu'un habile Artiste ne peut faire que du parfait; voila pourquoi vous m'avez si bien traitée, & je ne vous en dois que plûs de reconnaissance; sur-tout si vous m'avouez que vous avez agi par l'ordre du Marquis-. J'ai bien vu qu'il falait en convenir: & dès que j'ai eu fait cet aveu, on m'a dit mille choses flateuses, même tendres: mais je n'osais les croire telles: ce n'est que de ce matin, que je sais par la petite Susette (qui parait me vouloir du bien), que la démarche du Marquis auprès de moi, avait été faite à la prière de sa Femme, la décence empêchant la Marquise de la faire elle-même; & que j'étais *au-mieux* dans son esprit (ce sont les termes de Susette). En conséquence, dans l'entretien que j'ai eu

avec la Marquise, j'ai déployé quelques-uns
de mes talens pour la galanterie: mais avec
toute la reserve convenable : car sans connaître le monde, la raison me dit, qu'une
Femme audessus de nous, qui nous aime,
& qui souhaite de l'être, ne veut pas néanmoins que l'Amant franchisse la distance qui
le sépare d'elle ; que l'en rapprocher petit-à-
petit, & se l'égaler enfin, est un plaisir qu'elle
se reserve tout-entier. Et j'imagine qu'il en
est beaucoup, à compter depuis le *Comte-
d'Essex*, amant d'une Reine ( dont j'ai vu
l'un de ces jours la tragédie ) jusqu'au bas
Galant d'une simple Bourgeoise, qu'une
familiarité prématurée a perdus.

Je te rendrai-compte de mes progrès ( si
j'en ai ). Ah! chèr Ami, quelle volupté !
C'en est un nouveau-genre, que je ne connaissais pas, que de posséder une Femme sur
laquelle on osait à-peine lever les ieux ; de se
la soumettre ; & non-seulement elle, mais
dans sa Personne une Famille orgueilleuse,
qui ne laissait tomber sur nous qu'un regard
de dédain !... Ah! si je puis venger ma Sœur,
je m'en aquitterai *au-mieux*, je t'assure !

J'apprens actuellement d'Ursule, que le
Marquis vient de lui tenir les plus tendres
discours, & de lui faire des propositions très-
avantageuses * : elle m'assure qu'il s'est expri_   * Voyez
mé avec tant d'honnêteté, qu'il paraissait   l'Lettre
plutôt chercher à lui dire des choses obli_   précéd.
geantes, qu'à lui demander du retour ; il ne

Z 2

lui fesait envisager ses sentimens, que comme une suite nécessaire de la perfection de sa beauté... Il serait à souhaiter pour elle & pour nous, qu'elle eût pensé de la sorte il y a cinq mois! Cependant, je suis charmé de cette nouvelle façon de voir; car ce miserable Lagouache me donne de terribles inquiétudes! Ce que c'est que les Femmes! leur cœur est un labyrinthe, où l'on se perd! elles sont pairies de vanité, & toujours prêtes à s'avilir; elles ont de l'esprit, des lumières, de la raison; & à-l'instant où l'on s'y attend le moins, elles démentent tout cela, pour se conduire comme des sotes, des ignorantes & des insensées. J'avoue que je ne puis expliquer ce caos de contradictions.

Adieu, chèr Mentor: cette idée m'appesantit, m'inquiète, me chagrine. Je me jète entre tes bras; l'amitié remédie à tout.

*CXIX.*<sup>ME</sup>       22 novembre.

*GAUDET, à EDMOND.*

[Avis d'un Homme perdu, qui veut qu'un-autre se perde avec la prudence du siécle.

T'y voila donc, à cette époque heureuse, que j'ai tant desirée, mais que je n'attendais pas sitôt! Mais une chose suspend ma joie: Pourras-tu soutenir ton bonheur? sauras-tu en user? Car le grand écueil des Jeunes-gens nés dans la médiocrité, lorsqu'ils viennent à être aimés d'une Femme-de-condition, c'est de s'oublier, & de se rendre

bientôt infuportables par leur impertinence.
Je ne te foupçonne pas de tant de petiteffe
& de folie ; & d'ailleurs, tu as toi-même
aperçu cette pierre-d'achoppement : mais tu
n'es pas affés complaifant, affés adulateur ; il
faut ramper d'abord avec ces Femmes, pour
règner enfuite fur elles ; en-même-temps
qu'on doit éviter la baffeffe, qui nous attire-
rait leur mépris.  Que de confeils ta fitua-
tion actuelle demanderait! de quelle prudence, de quelle adreffe n'as tu pas befoin !  La
première, & la plus importante des règles
à fuivre, c'eft, comme je viens de le dire,
qu'il ne faut pas que la déférence ait l'air de
la fervitude ; elle rappellerait à ta Maitreffe
l'idée de ton infériorité : il ne faut pas non-
plus, que tes manières aient trop l'aisance
des Seigneurs, que tes fentimens affichent
trop la nobleffe ; cela ferait dire, *C'eft dom-*
*mage qu'il n'ait pas de la naiffance ; il eft*
*déplacé dans fon état!* parceque cette idée
rappelle toujours l'inégalité. Prens donc un
jufte milieu, en ne fesant rien qui foit indigne du Seigneur le plus poli ; & rien
qui foit audeffus du Bourgeois bien-élevé le
plus modefte.

La Marquife va t'ouvrir la porte du grand-
monde : profite-s-en : voila enfin une paffion
digne de toi !  Laiffe, dédaigne tes anciennes inclinations ; & ta Dame Parangon,
avec fa farouche vertu ; & la petite Fanchette, née pour être la tendre Tourte-

relle de quelque Bourgeois casanier ; toutes les Femmes & Filles de cet acabit : sur-tout, point de ces Femmes-galantes par état ou par métier, Actrices, Entretenues, &c.[a] Il te faut en-outre une politique nouvelle: ne reçois point de rétribution pour les ouvrages de ton art ; tout Homme payé , est un Homme avili ; & c'est une vérité, même pour les Poètes : travaille , mais comme un Homme audessus de sa profession : tes ouvrages en paraîtront meilleurs ; & le prix qu'on y mettra , ce seront des services bien-audessus du paiement. Excelle néanmoins ; suis toute l'impulsion de ton génie : mais ne te produis qu'auprès des Femmes ; ne cherche pas d'autres Mécènes ; tu as pour réüssir avec elles des talens sûrs ; un Garson tâillé comme toi , d'une figure aussi intéressante , qui réünit aux grâces d'Adonis le mérite d'Alcide , pourrait-il trouver de froides Protectrices à Paris , & dans notre siècle ! Cet avis ne vaudrait pourtant rien , si je ne butais qu'à faire de toi un grand Peintre ; mais j'ai bien d'autres projets ! Il te suffira donc d'être le *Dorat* de la peinture. Mais ( & je le répète ) prens-garde aux écueils ! En te livrant à Une-seule , tu pourrais te faire des Ennemies dangereuses ! il faut savoir être infidèle avec art : il n'est plus de passions éternelles ; ce sont des feux-de-paille , dont brûlent nos Belles ; mais ils en font d'autant plus ardens , quoiqu'un rien

les embrâse , & qu'un rien les éteigne : évite
donc la jalousie du moment , & bientôt l'inconstance te rendra maître de toi-même ;
tu ne seras plus Amant , mais en te condui-
sant bien , tu demeureras l'Ami & le Pro-
tégé.  Revenons à la Marquise.

Je ne saurais te dissimuler combien je
suis flaté de ton avanture.  Pour te la conserver , étudie les dispositions de ta Conquête ; flate ses panchans , adule & nourris
jusqu'aux vices qui pourront t'être utiles....
Je crois entrevoir que le Marquis va chercher à renouer avec Ursule : mais qu'importe , si la tournure que vont prendre les choses est plus avantageuse à ta fortune , que
ne l'eût été son mariage avec ta Sœur ? C'est
par la Femme que tu seras porté où je t'attens ; elle sera bien-plus active qu'un Homme ne l'est pour un-autre...  Je te conseille-
rais même de travailler un-peu à détruire les
scrupules de la gentille Ursule (1) : je présume que le Marquis s'attachera d'autant plus
constamment à elle , qu'il ne saurait plus en
faire sa Femme : & tu sens comment une intrigue de cette nature cimenterait tes liai-
sons avec l'adorable Marquise !...  Si tu fesais entrer ta Sœur dans tes vues ?...  Le
Marquis serait occupé : De votre côté , la
Marquise & toi , vous auriez grand soin d'é-
viter l'éclat , sur-tout de vous contenir dans
les bornes les plus sévères en-présence des Va-

(1) Oh ! le detestable Homme !

lets. Rarement un Mari se plaint de sa Femme, s'il n'est averti & forcé de le faire par le murmure public ou domestique. Dans le cas où la Marquise aurait des principes, tu me le marqueras ; nous travaillerons de-concert à lui donner une façon-de-penser convenable. Ce ne sont pas ces Femmes-là qui sont les plus difficiles à soumettre ; je craindrais bien-davantage une Évaporée Les Anglais-presbytériens, qui sont un crime du rire, ne connaissent guère le cœur-humain ! une Rieuse est un sable mouvant, sur lequel nulle impression ne dure assés, pour qu'on puisse y revenir, & la fortifier. Je suis      Prêt à tê servir *per fas & nefas.*

## C X X.<sup>ME</sup>

1 décembre.

### PIERROT, à EDMOND.
#### [ Pronostics trop véritables ! ]

JE ne sais comme tout ça va, mon Frère ; mais on n'est pas content chés nous des Lettres d'Ursule ; elle écrit comme elle n'é-crivait pas, tu vas en juger, en voila deux que je t'envoie en original (1). Et-puis ; qu'est-que c'est donc que cette inclination pour ce Lagouache, dont tu m'as fait un si beau portrait ? Je ne comprens pas que notre Sœur s'entête pour un Sujet comme ça, malgré sa connaissance, & tes avis      Nos chèrs Père & Mère n'en veulent pas enten-

_______________

(1) Ce deux Lettres, qui s'étaient égarées, sont aujourd'hui dans l'Ouvrage qui complette celui-ci.

dre parler ; & c'eſt dit pour toujours.   Une Fille comme elle, qui a du mérite & une fortune faite, peut attendre qu'elle trouve chauſſure à ſon piéd : c'eſt donc pourquoi, mon Frère, nos bons Père & Mère te re-mettent toute leur puiſſance paternelle ſur Urſule, entens-tu bien, mon Frère ? & tu n'auras qu'à lui montrer cette Lettre, par laquelle auſſi, de mon côté, je te recom-mande de ne pas ſouffrir qu'elle faſſe un ſi mauvais établiſſement.

Mais, mon chèr Edmond, faut-il te dire à toi-mème ce que je penſe à ton ſujet ? Oui ; car autrement je trahirais notre bonne ami-tié. Je ne ſais quoi me dit que quelque malheur vous menace notre Sœur & toi ; & c'eſt d'après vos Lettres que cette idée là me vient comme malgré moi. Je vois dans vo-tre conduite à tous deux des choſes entor-tillées ; il ſemble que vous en avez honte, & que vous m'écrivez comme pour préparer vos excuſes, quand je ſaurai vos fautes un jour.. Mon chèr & pauvre Edmond ! ſou-viens-toi de notre enfance ; des promeſſes que nous nous faiſions l'un à l'autre, après avoir entendu quelqu'inſtruction de notre Père, d'être honnêtes-gens & bons chré-tiens ; rappelle-toi notre pauvre Mère, & comme elle nous parlait ſouvent du plaiſir qu'elle aurait quand nous ſerions grands, de nous voir nous porter au bien, tout en faiſant notre chemin dans le monde ! Et ſi je puis me compter pour quelque chose dans ton cœur, souviens-toi de ton Aîné, qui t'aime, & qui tient à ton honneur, à ton bien, à ta vertu & religion comme aux siens propres. Oh! que je serais dolent, si des fautes ou des malheurs... Tiens, mon Frère, une larme vient de couler de mes ieux: mon dieu! qu'elle est amère!... Fanchon, ma femme, ta sœur, mon Ami, aussi tendre en ton encontre que si elle était du même sang, fait tous les jours des prières pour toi: & ça me console; car elle est si bonne! Dieu écoute les demandes que lui font les Bons, dans la droiture de leur cœur. Cette pauvre Femme! elle t'aime comme ses Enfans... Mais à-propos de nos Enfans, ils commencent à courir autour de nous, mon Ami; & leur vue me fait quelquefois oublier tous mes chagrins... Ah! Edmond! souvent aussi, elle les renouvelle! Ces jeunes Enfans me remémorient nos années premières, & je me dis: —Voila comme nous étions mes Frères & moi; Edmond était comme son Filleul: nous sommes séparés à-présent—!... Et mon cœur tressaute, & mes ieux se mouillent... Quant à Bertrand & Georget, ils ont de bonnes Femmes... Je te dirai à ce sujet-là, qu'Edmée & son Père nous sont venus voir la semaine passée. L'honnête, le bon homme que le père Servigné! Et si tu avais vu comme Edmée se complait avec Fanchon, & comme Fanchon lui rend la réciproque ! Ma Fé ne me disait : —Nous devons cette bonne & aimable Sœur à Edmond ; c'est lui qui nous l'a donnée : mais lui, qui nous le rendra-?... Elles ont bien parlé de toi : & c'est une admiration comme tu te fais aimer & regretter ! il semblait que toute leur joie eût été de te voir... Mon Edmond, les amitiés d'ici sont toutes sincères ; & on dit que celles de la Ville sont toutes trompeuses. Je sais bien que tu seras aimé par-tout ; mais il me semble que l'amitié des Méchans & des Malhonnêtes, n'est qu'une distillation de venin ; c'est tout-au-moins l'amitié du Chat ; la griffe est sous la caresse. Par-ainsi, je te recommande bien de la prudence ! & la tranquilité de la Famille dépend à ç't'heure de vous-deux, Ursule & toi.

* * *

## CXXI.<sup>me</sup>

20 décembre.

### EDMOND, à GAUDET.

### [ Ursule se fait enlever. ]

AH ! chèr Ami ! Ursule & Lagouache sont disparus !... Ce Misérable l'enlève !... ou plutôt elle se livre... Imprudente Fille ! & plus fausse encore qu'imprudente ! Comme elle me trompait, en feignant de bien recevoir mes conseils, & d'écouter les galanteries du Marquis ! Ainsi que moi, il est furieux contr'elle, & contre son indigne Chois. Mais ce n'est pas tout : comment avouer à mes Parens un malheur de cette espèce ! ah dieu ! que de reproches ! Mais qui s'y ferait attendu ! une Fille ſi ſage (1), ſi raiſonnable, qui était en commerce de Lettres avec M.me Parangon !... Nous feſons des recherches : le Marquis vient d'obtenir des ordres ; & je ne doute pas que les Fugitifs ne ſoient bien-tôt arrêtés. Mais, mais, nous ne répare-rons que la moitié du mal. J'attens ta ré-ponſe, mon Ami, ou ton arrivée... M.me Canon fulmine ; elle m'accuſe de mauvais-exemple ; d'avoir fait-faire malgré elle des parties, & elle dit mille autres baliverneres ; comme ſi c'était tout cela qui eût perdu ma Sœur : c'eſt l'amour. O fatale paſſion !.. La Marquiſe eſt fâchée de ce contretemps, qui va nous laiſſer ſon Mari ſur les épaules....... De manière ou d'autre, vole à mon ſecours.

______________________________

(1) Sage ! elle était au Marquis !

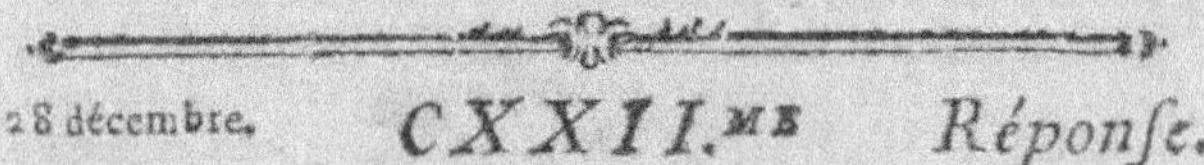

28 décembre.     *CXXI.*me     *Réponſe.*

[ Comme un Scélérat enviſage le crime. ]

JE me ſerais preſqu'attendu à cette eſcapa-de, quelque bonne opinion que j'euſſe de ta Sœur : mais je t'avouerai que je n'ai pas oſé t'en toucher un mot. Mon Chèr, dès qu'une Femme a goûté des plaiſirs de l'amour, fût-ce par violence, elle reſiſte difficilement à la tentation ; c'eſt la marche, depuis Caſſan-dre, fille du bon roi Priame, violée dans le temple de Minerve par le blaſſémateur Ajax, laquelle ſe proſtitua enſuite, juſqu'à ta Sœur incluſivement. NOS COUREUSES DE PARIS, pour les trois-quarts, ont été livrées. Cela n'eſt pas conſolant ! mais c'eſt la vérité.

Tu peux compter ſur moi ; je partirai ſous peu de jours. Je crois qu'il eſt temps de m'expliquer clairement avec ta Sœur ; cette Fille n'a plus de préjugés. N'écris rien à tes Parens ; j'eſpère enſevelir cette avanture dans l'oubli. Je viens de voir la belle Parangon ; elle eſt demeurée comme anéantie à cette nouvelle ! J'aurais eu beau-jeu, & je m'en ſerais donné, ſi ce n'avait pas été ta Sœur ! M.ᵐᵉ Canon lui a écrit ; la Lettre eſt arrivée comme j'étais-là, elle y fait réponſe actuellement, pour lui recommander le ſecret : —Ce que c'eſt que de nous—! diſait M. De-Pagueville, en voyant un Cheval mort : Et moi, je dirai : —Ce que c'eſt de la vertu des Femmes—! Entre nous, la belle Dame a pris le ſage parti de te fuir !

Quant à l'adorable Marquiſe, je m'en tiens à ce que je t'ai déja marqué. Ménage la : ſeconde ſon Mari, lorſqu Urſule ſera retrouvée, elle ne doit plus être ſcrupuleuse. A l'avenir, ne prens donc plus le ton effrayant pour des bagatelles ! tu parles d'une Fille enlevée de ſon plein-gré, comme d'une Ville miſe-à-ſac ! Va, tandis que tu te tourmentes, la Belle ſ'enivre de volupté dans les de ſon Amant... à-moins qu'elle ne ſoit déja revenue : car je la connais ; elle t'aime.

P.-ſ. J'envie le ſort de ce Lagouache ! tu ſais mes deſſeins, & comme je deſire un Fils !

 *CXXIII.*ᵐᵉ *Replique.*
[Urſule revient; baſſeſſe de ſon Amant: Turpi-
tude d'Edmond, & vices qui l'occaſionnent. ]

Pour la première-fois, tu traites trop-
familièrement les malheurs de ton Ami, &
je ſuis mécontent de ta Lettre. Ce n'eſt pas
que je ne l'aie enviſagée ſous toutes les faces;
je te coñais aſſés pour ne te pas croire inſen-
ſible; j'ai découvert aiſément que ce ton léger n'eſt pris que pour me conſoler indirec-
tement, & rendre l'impreſſion moins dou-
loureuſe, moins profonde. Mais tel eſt
mon caractère, que je plaiſante volontiers
ſur ce qui me concerne; aulieu que je donne
une importance infinie à tout ce qui regarde
mes Proches ou mes Amis. Prens donc une
autre fois le ton léger, quand un revers me
ſera perſoñel; & traite avec p'ûs de gravité
ce qui intéreſſe ma Sœur; autrement tu en-
venimeras la plaie, loin de la guérir. Après
cet exorde, que j'ai cru néceſſaire, je t'annonce que tu as deviné juſte dans ta dernière.

Urſule eſt retrouvée: Lagouache eſt un
ſcélérat; je viens de l'en convaincre. Cette
pauvre Fille eſt revenue d'elle-même, ne pouvant plus ſupporter l'idée du trouble & de la
douleur que ſa fuite devait me cauſer. Elle
m'a témoigné tant de répugnance à retourner avec M.ᵐᵉ Canon, qui peut-être même
ne la recevrait pas, que j'ai conſenti qu'elle
reſtât où elle eſt. M. le Marquis était ve-

nu dix-fois le jour s'informer de ce qu'on ap-
prenait; il est entré chés Laure, où la Fu-
gitive avait fixé notre entrevue, un instant
après moi. La vue d'Ursule l'a frappé si vivement, qu'il n'a pu dire un mot. Revenu
à lui-même, il s'est approché de l'Ingrate:
—Mon bonheur a toujours dépendu de
vous, (lui a-t-il dit), & ma vie même est
attachée à la manière dont vous alez me
recevoir: Mademoiselle! vous fuyez un
Homme qui vous adore, pour un Misérable
qui vous trompe—. Ursule a voulu justifier
Lagouache. —Le mot dont je me suis servi
n'est pas exact (a repris le Marquis): quel
Être-pensant pourrait voir tant d'attraits,
sans en être touché! mais une Brute n'est
pas en état de vous apprécier. Voulez-vous
être convaincue qu'il n'aime que la fortune,
dans une Fille aussi charmante que vous
l'êtes? Consentez-y, & je vais lui faire
proposer le don de cette fortune, à-con-
dition qu'il ne vous épousera que pour me
livrer votre Persoñe—? Ursule assurait que
Lagouache ne serait pas capable de cette in-
dignité: Elle a pourtant consenti à l'épreuve.
—Vous alez le connaitre—(a dit le Marquis.)

Il nous a fait cacher ma Sœur & moi derrière un paravent, & il a prié Laure d'envoyer chercher Lagouache. Le vil Personnage ne s'est pas fait attendre. Le Marquis
lui a demandé des nouvelles d'Ursule. Il a
ricanné. Alors le Marquis de ce ton pro-

tecteur, familier aux Grands, a fait ses propositions. Je m'attendais à quelques difficultés : mais non ; le parti a été accepté sans
balancer, avec une bassesse plus odieuse que
l'action même. Il a dit au Marquis : —Vous
savez ce qu'elle vaut, puisque vous lui avez
fait un Enfant, malgré elle, dit-on ? —C'est
une une action dont je rougis (a répondu le
Jeune-seigneur). —Bast ! je croquerais moi
cent Poulettes comme ça, que je n'en serais
que plus glorieus ; & je les revendrais ensuite, si je trouvais Marchand, à tel prix qu'on
m'en voudrait bien donner. —Alez m'attendre chés moi (a dit le Marquis en dissi-
mulant sa colère). Quant à moi, j'avais toutes les peines du monde à me contraindre ,
& si la conversation eût encore duré deux
minutes, je me montrais, & poignardais le
Scélérat. Ursule en larmes lisait mon agitation dans mes regards, elle me serrait dans
ses bras & me retenait de toutes ses forces.

Dès que Lagouache a été sorti, je me suis
écrié, —Voila un abominable Coquin ! —Vous
l'avez entendu—! (a dit le Marquis). Ursule
en a très-bien agi : elle a remercié M. De-***,
en l'assurant que les larmes qu'il voyait étaient
les dernières. Ces paroles, & le ton dont
elle les a dites, ont touché le Marquis au
point, qu'il s'est mis à ses genous. Ursule
lui a tendu la main, qu'il a baisée. Is me
paraissent, en ce p em e moment, aussi bien
ensemble que la circonstance le permet, &
j'espère

j'espère beaucoup de cette entrevue, à-moins
qu'il ne survienne quelque nouveau caprice
à notre Inconséquente.   Ce n'est pas que je
voye sans répugnance ma Sœur engagée dans
une galanterie, après avoir refusé d'être é-
pouse légitime : mais je cède aux circonstances ; Lagouache était pis que cela : d'ailleurs
mon intrigue avec la Marquise, les effets,
qu'elle doit produire ; ce que toi-même
attens d'Ursule depuis si longtemps, tout
me fait une loi de braver le préjugé, en sa-
crifiant la délicatesse.

Après avoir placé auprès de ma Sœur une
Fille dont nous sommes sûrs, nous avons été
joindre Lagouache : les Domestiques ont
reçu ordre d'entrer à un certain signal.   Le
Marquis a traité ce Miserable comme il le
méritait, & sa colère s'enflâmant par la
lâcheté du Personnage, il s'est abaissé jusqu'à
le frapper.   Malgré la fureur dont j'étais animé, j'ai demandé grâce pour lui.   M. De-
*** s'est modéré sur-le-champ ; mais il lui
a prescrit de quitter Paris dans trois heures, sous peine d'être assommé dans quatre,
s'il y était rencontré.   Et pour qu'il n'eût
aucun prétexte de différer, il lui a compté
vingtcinq louis.   Lagouache les a pris avec
sa bassesse ordinaire : mais en sortant, il s'est
répandu en invectives.   Les Domestiques,
dont nous n'avions pas eu besoin, ont cru
qu'il s'échappait, & ils l'ont si fort maltraité,
que nous craignons pour sa vie.   Le Marquis
l'a fait mettre au lit, & on n'épargne rien

pour fauver fes jours. Nous fommes très-fâchés de cet accident, qui pourrait faire un éclat desagréable. Voila pour ma Sœur.

Quant à moi, la Marquise me traite bien. Son portrait eft achevé : les nudités n'ont rien d'indécent, m'étant attaché à n'exprimer les beautés naturelles que d'une manière flateuse : on l'a mis dans fon boudoir, & celui d'Urfule lui fert de pendant. Mais ce qui m'a furpris, c'eft que la Marquise, en les fesant voir l'un & l'autre à deux de fes Amies, leur a dit : —Cette Autre, c'eft la Maitreffe de mon Mari : comment la trouvez-vous? On a fait des comparaisons, l'éventail a joué : tu devines que l'avantage eft refté à la Marquise. Son Mari eft entré : on a demandé fon avis? Il l'a donné froidement, en faveur de fa Femme : mais fes regards dévorans décidaient pour Urfule. Il a promis à la Marquise fon portrait de la même main que les deux autres. —Il manquera quelque chose à la décoration-(a dit une des deux Dames). Et f'approchant de l'oreille de la Marquise : —A-côté du portrait de fa Maitreffe (montrant le Marquis) celui d'un Joli-homme qui vous venge-. La Marquise a fouri, avec un regard furtif lancé vers moi. Quel charme! Juge-s-en par fon effet! l'enthousiafme m'a faisi ; j'ai détaché le portrait de la divine Marquise & j'y ai donné un dernier coup-de-pinceau, qui a répandu dix-fois plûs de vie fur fon adorable figure.  Elle a fenti ce que fignifiait cette action ; fes beaux ieux , en m'encourageant , augmentaient ma verve , & m'ont élevé audeffus de moi-même.  Après avoir reçu les complimens des Dames , j'ai paffé dans le cabinet du Marquis , pour commencer l'efquiffe de ce *bon* Mari :  je compte le faire reffemblant ; je reserve les adulations & la flaterie de mon art , pour le portrait qu'il doit faire placer chés Urfule : elle aura beau fe dire qu'il eft embelli ; infenfiblement on f'accoutume à trouver à l'Original les grâces d'un portrait flaté.

Faut-il te parler net ?  Je crois le Marquis inftruit des fentimens que nous avons l'un pour l'autre fa Femme & moi ; qu'il les tolère , & qu'il nous fournit les occasions de nous voir !  Il eft vrai que je fais beaucoup pour lui !  Auffi me traite-t-il en frère ; on dirait qu'Urfule eft fa femme , par l'égalité qu'il met entre nous.  De fon côté , ma Sœur, que ce procédé touche , devient complaisante... Mais que dis-je-là !... Mon Ami ! les anciens préjugés ne f'étouffent pas aisément !  ma Sœur entretenue !... Banniffons de vains fcrupules : la manière honnête , refpectueuse , dont le Marquis en use avec elle doit me raffurer.  Elle tient maison , donne à manger , préside une Affemblée de Beauxefprits , à-l'inftar de M.<sup>me</sup> *Geoffrin*.  Déja un Auteur bien audeffus de N'èg'rer, fe propose de lui dédier un livre.  Imagine de

quelle lauréole cet hommage va ceindre sa
tête !... Le Marquis lui fait donner des leçons de déclamation par un Acteur du théâtre-français ; un Chanteur de l'Opéra , & le
plus célébre Danseur forment , l'un sa voix ,
& lui donne le *goût-du-chant* , l'autre sa démarche , & cultive ses dispositions naturelles pour l'art de *Terpsycore*. Il se propose
de lui faire essayer ses talens sur un théâtre
particulier ; si elle réüssit , nous verrons celui des grands théâtres qui conviendra davantage à son talent : elle y brillera cinq
à six-fois , pour se donner le charme propre
à des Femmes , devenues les Idoles du
Public. J'approuve fort tous ces projets ;
car je pense que les talens de ma Sœur , &
un-peu de célébrité deviendront un nouvel appui pour ma fortune. Le Marquis vient
de lui donner sa petite-maison du faubourg
*Sainthonoré* toute-meublée ; nous devons
l'y installer demain : elle aura les soixante-
mille-livres , & elle m'a promis d'elle-même,
que la meilleure partie en sera employée à
mon avancement.

[ Plus de huit mois se sont écoulés , depuis qu'Edmond est à Paris : il écrivit à nos Parens à la
bonne-année , mais sans la souhaiter , comme
si ça était une chose trop-triviale.

☞ Il y eut ici quatre Lettres , deux de ma pauvre Sœur , lesquelles marquent son pervertisse-
ment , & deux Réponses de la Marquise : mais
ayant fait un nouveau RECUEIL principalement
des LETTRES de l'Infortunée , je les y ai mises.

## CXXIV.<sup>me</sup> 16 mars 1753.

### EDMOND, à GAUDET.

[Il raconte une avanture dont il ne fait pas le fond.]

LA Marquise me donne chaque-jour de nouvelles marques d'une préférence flateuse. Mais je n'ose compter fur un bonheur trop audeffus de moi. J'ai cependant employé ta recette : je fuis à-l'affut des moindres lueurs de bonne-volonté. Je ménage furtout la jeune Susette fa femme-de-chambre, & ma conduite avec elle vient de donner-lieu à une fingulière avanture! Elle me parlait d'elle hièr-foir ; & moi, je comprenais de la Marquise ce qu'elle me disait. Je répondais en-conféquence de mon erreur. La Fripone f'eft aperçue du qui-pro-quo : elle a proposé un rendévous pour la nuit prochaine. J'ai accepté avec tranfport. A minuit, elle eft venue m'ouvrir une porte du jardin, qui donne fur le boulevard. Je l'ai fuivie jufqu'à fa chambre, qui eft à-côté de l'appartement de fa Maitreffe, où j'ai penfé qu'elle me conduisait : mais un petit bruit de rideau que nous avons entendu, lui ayant fait fouffler la lumière, je n'ai plus fu où j'alais. Elle avait quitté ma main dans le premier mouvement de crainte ; elle ne l'a reprise qu'au-bout d'un inftant, pour me conduire dans un alcove. Elle f'eft mise au lit, apparemment ; car m'étant approché d'un , je l'y ai trouvée. Elle m'a invité à m'y glisser, d'un son-de-voix, si ressemblant à celui de la Marquise, que je m'y suis trompé. J'ai fait les choses en-conséquence; & la Fripone a dû bien rire, de s'entendre quelquefois appeler *mon adorable Marquise!* Car le matin, mon Ami, le matin! au grand jour, j'ai trouvé... Susette à-côté de moi!... Je me suis resigné: Susette a vingt ans; elle est blanche comme lis, vermeille comme la rose, ardente au déduit amoureus... Mais je croyais posséder la Marquise, & la chute de la Maitresse à la Suivante est toujours desagréable! Que dis-tu de tout cela?

*P.-s.* Ursule est charmante, & le Marquis est content d'elle: il dit qu'elle le tourmente le plus agréablement du monde depuis queljours, en le provoquant à certaines dépenses qu'il ne pouvait auparavant lui faire agréer.

<hr>

20 mars.     CXXV.<sup>ME</sup>     *Réponse.*

[ Gaudet devine la vérité: Il parle d'après ses connaissances au sujet d'Ursule.]

D'APRÈS les circonstances de ton avanture mûrement pesées, je gajerais que tu as eu la Marquise au lieu de Susette. Il n'est pas vraisemblable qu'une Jeune-fille de cet âge se donne ainsi à un Inconnu: Il faut être de qualité, pour avoir les passions aussi impérieuses. Voila ma conjecture, qui est presqu'une certitude. Mais redouble de prudence, & tout en tâchant de pénétrer son secret, par quelque moyen non-équivoque, feins de le lui laisser. N'y a-t-il pas quelque marque ? un rayon-de-lumière ne peut-il se glisser ? les habits, la coîfure, la chaufsure, examine tout par le tact, & compare ensuite, au retour de la lumière.

Quant à ta Sœur, veille sur elle ; & de peur qu'elle ne te trompe, pénètre ses moindres pensées : les Femmes sont doubles & n'ont de l'esprit qu'à-la-chinoise ; c'est-à-dire un esprit-de-finesse, dans lequel elles nous surpassent : mais l'esprit-mâle est toujours au-dessus de leurs petites trames ourdies dans l'obscurité. Depuis son échappée avec Lagouache, j'oserais à-peine me fier à elle, pour ce que tu sais. Lorsque les Femmes commencent à donner dans la philosophie, si elles ne sont pas sagement guidées, elles la portent d'abord à l'extrême, & ne veulent plus aucun frein. Elles ne redeviennent raisonables, qu'après des égaremens multipliés, qui souvent les perdent sans ressource : car c'en est fait d'une Femme, après les mêmes choses qui entâment à peine un Homme. Observons la route qu'elle va prendre : si c'était celle que je présume, il faudrait hâter la crise, chacun de notre côté, afin de rendre l'égarement plus court. Je te verrai le plutôt que je pourrai ; mais toujours trop-tard : vous voila dans la crise la plus décisive de votre vie, ta Sœur & toi !

## CXXVI.<sup>me</sup> *Fragment.*

*17 avril.*

### EDMOND, à GAUDET.

[J'ai eue cette Lettre entière ; mais depuis elle
s'est déchirée en partie : on y lisait ce qui suit :]

URSULE fit le 12 une répétition, & elle
devait débuter à l'Opéra vendredi dernier,
dans le *Devin-de-village*, par le rôle de M.<sup>lle</sup>
*Lyonnais*, dans le ballet qui termine ce
charmant intermède : elle y a reçu des ap-
plaudissemens extraordinaires ; il est impossible d'imaginer une danse plus voluptueuse
& plus légère..... M. le Marquis n'en veut
Pas davantage, & elle en reste-là. Plusieurs
Seigneurs qui l'ont vue, ont envoyé chés
elle : l'Ambassadeur de *** est le plus
obstiné ; Ursule vient d'éconduire sans réponse son troisième message. Il est fort-âgé :
le tempérament érotique se prolonge chés
ces Italiens........ (*Lacune d'une demi-page.*)
Elle a joué sur un théâtre particulier le joli
rôle de la Statue, dans l'acte de *Pygmalion*:
quelle touchante naïveté ! quelle voluptueuse innocence ! j'en suis enc... ém... (*lacune.*)
La Marquise sait tout cet arrangem.... el...
...... —Tout est dit, je crois, entre votre
Sœur & mon Mari ? —Mais, mad... —Mon
dieu ! vous savez que je ne suis pas jalouse !...

M.<sup>me</sup> Canon est surprise qu'Ursule ne soit
pas retournée demeurer avec elle. Cela ne
câdre plus avec nos vues... (*Le reste est déchiré.*)

*Fin de la Quat.<sup>me</sup> Partie & du Tome II.*

www.ingramcontent.com/pod-product-compliance
Lightning Source LLC
LaVergne TN
LVHW051950060726

842528LV00002B/273